湛庐 CHEERS

与最聪明的人共同进化

HERE COMES EVERYBODY

完美的投资组合

IN PURSUIT OF THE PERFECT PORTFOLIO

[美] 罗闻全（Andrew W. Lo）
斯蒂芬·R. 福斯特（Stephen R. Foerster） 著

安昀 译

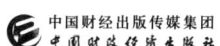

中国财政经济出版社

你能找到适合自己的投资组合吗？

扫码激活这本书
获取你的专属福利

扫码获取全部测试题及答案，
一起了解如何打造完美的
投资组合

- 现代投资组合理论之父是（　）。

  A. 哈里·马科维茨

  B. 沃伦·巴菲特

- 投资组合的"多元化"具体体现在四个方面：股票的多元化、资产类别的多元化、市场的多元化和（　）。

  A. 空间的多元化

  B. 投资方的多元化

  C. 国别的多元化

  D. 时间的多元化

- 投资组合中最大的变量是什么？

  A. 投资者

  B. 财务顾问

  C. 市场

  D. 通货膨胀

扫描左侧二维码查看本书更多测试题

ANDREW W. LO

麻省理工学院终身教授
生物金融学创始人
罗闻全

证伪"随机游走假设",30岁拿下麻省理工学院终身教职

1986年,刚刚26岁的麻省理工学院教授罗闻全和他的合作者、沃顿商学院的克雷格·麦金利(Craig Mackinlay),向一场庄严的金融学者会议提交了一份论文。两人在论文中宣称,他们已经证明股票价格并不是随机游走的。他们验证了1962—1985年1 216周的单只股票、股票组合和股票指数等数据,所有这些案例都与随机游走假设相悖。后来,他们在1999年出版的《华尔街的非随机漫步》(A Non-Random Walk Down Wall Street)一书中描述了当时人们的震惊反应。

在接下来的10年中,罗闻全和麦金利大部分时间都在回应各种针对他们的研究结果的批判,并进一步寻找证据来支持研究结果。到2000年《华尔街的非随机漫步》第7版发布时,随机游走假设的提出者伯顿·马尔基尔(Burton Malkiel)也不得不承认实际上市场并不是随机游走的。

1990年,30岁的罗闻全获得了麻省理工学院的终身教职,成为麻省理工最年轻华人终身教授,该纪录至今仍无人打破。

 ### 颠覆金融学经典教条,开创"适应性市场假说"

2013年,尤金·法玛(Eugene Fama)凭借开创"有效市场假说",荣获诺贝尔经济学奖,这称得上是全球金融资本主义时代的一个标志性事件,因为有效市场假说正是全球金融资本主义最重要的理论支柱。而罗闻全认为,有效市场假说是不成立的。

他致力于从进化论的角度解释人的行为和市场运行机制,并提出了"适应性市场假说"。

在"有效市场假说"中,这个市场不会犯错,也无视变化。显然,这样的市场在现实世界中不可能存在。而"适应性市场假说"把人性、专业

背景、环境和动态发展的因素都融入了理论框架之中，从而较好地解决了这些问题。"适应性市场假说"认为，人既不是理性的，也不是非理性的，而是适应性的；人作为一种生物，最重要的目标是适应环境变化，扩大生存机会。或者说，人既是理性的，又是非理性的，它们的差别有时并不重要，因为它们都服务于适应环境、争取生存的目标，都是适应性的一部分。

1992年美国大选期间，民主党战略家詹姆斯·卡维尔（James Carville）用一句"笨蛋，重要的是经济！"，简明扼要地提出了克林顿团队的首要目标；而罗闻全用一句"笨蛋，重要的是环境！"给了所有经济学家一记警钟。

还记得巴菲特说的那句话吗？"如果市场是有效的，那么我只能沿街乞讨。"

 创立生物金融学，从进化心理学角度解释人类投资行为

罗闻全综合利用神经科学、进化论和计量经济学等方法，提出了一个全新的金融市场理论，揭示出投资者如何才能作出正确的金融决定。他首创的生物金融学理论，已在全球产生深远影响。

他认为，金融体系是一个生态系统，没有必然的稳态，金融市场体现了人类的行为方式。没有一个单一的数学模型可以描述金融体系的运作方式。这取决于生态系统中的物种、资源、环境……人们能想到的所有有关真实生态系统的一切，都可以应用于生物金融学。

罗闻全和他的同事对波士顿地区的一些交易商进行了长期跟踪调查，监测他们进入市场投资时的呼吸、体温、排汗、心跳速率以及肌肉活动情况。

罗闻全总结说："优秀的交易商在进行交易时，明显带有感情色彩。"他预测，洞察进化心理学，将改变个人财富和风险管理的技术。美国财政部认同他的理论，请他成立金融研究办公室，希望针对金融业提供更可靠的资讯和预测能力。

投身生物医学创新，4年打造出一家价值90亿美元的上市公司

2012年，罗闻全的母亲罹患肺癌。在母亲接受治疗时，他关注到了一家生物技术公司，该公司正在开发一套治疗肺癌的技术。抱有希望的罗闻全以为在不久之后，母亲的病情能有幸在这一技术的救治下治愈，遗憾的是，他的母亲终究没能等到这套技术的问世。当得知研发进度缓慢很大程度上是受资金所限时，罗闻全默然了。

作为一名经济学家，他大概能理解背后的原因；但作为一名重疾病人的儿子，他感到愤怒——当听说利率、股市波动以及美联储的政策可能会间接影响到是否推广一种有效的方法来治疗肺癌，病人的家属可能很难接受。随着对生物制药市场现状的进一步观察，罗教授备感担忧。近几十年来，生物制药研发效率下降十分显著，这意味着开发新药的成本在不断上涨。换言之，药物研发的金融风险更加明显。正因如此，流入早期药物研发阶段的资金越来越少，这种规避风险和不确定性的趋向导致整个生物制药行业陷入了尴尬的境地，而癌症和罕见病治疗的进程也因为"融资"层面的问题变得缓慢。

后来，罗闻全经研究发现，现代金融工程理论能够有效地帮助人类抗击癌症。抗癌药物的研发是一项失败概率极高的创新活动，为了分散风险，提高投资的多元化程度，金融专家针对这一活动设计了一套资产投资组合工具，将众多抗癌药物研发机构吸纳进来作为其投资对象，这既增强了投资的吸引力，也为研发活动寻找到了稳定的资金来源，显著提高了抗癌药物研发的成功率。

经过一系列研究和数据模拟，罗闻全提出了一种新的思路——"巨型基金"（Megafund）。在"巨型基金"的理念框架下，一家采用全新运营模式的生物科技公司BridgeBio（Pharma）应运而生。2017年，BridgeBio已经初步搭建起了一个涵盖"探索标的基因疾病 — 研究疾病疗法 — 临床测试和检验 — 商业化生产与临床使用"全流程的药物研发平台。2019年6月26日，BridgeBio成功登陆美国纳斯达克交易所，当日收盘涨逾62%，市值达到了33亿美元，夺得当年度"最大生物科技IPO"桂冠。BridgeBio在4年的时间里，完成了从创建到获得资本市场的认可这一历程，也是创业企业中比较快速上市的案例之一。可以说，BridgeBio的成功对于全球生物制药行业产生了深远的启发。

作者相关演讲洽谈，请联系
BD@cheerspublishing.com

更多相关资讯，请关注

湛庐文化微信订阅号

In Pursuit
of the Perfect
Portfolio

序　言

完美的投资组合真的存在吗

　　2011年，纪念哈里·马科维茨（Harry Markowitz）对金融界贡献的会议行将结束时，一名会议组织者和与会者聊起：如果没有马科维茨对投资组合理论的贡献，投资界会是什么样子？"想象一下，"这位组织者说道，"如果马科维茨向伟大的投资者巴菲特询问有关投资的建议，巴菲特的回答可能是'把你的钱给我，我会替你打理好的'。显然，考虑到巴菲特的过往纪录，他一定可以做得非常出色。但是，那些无法请巴菲特为自己管理资金的投资者又该怎么办呢？再想象一下，如果巴菲特找到马科维茨，问他'你能做些什么来帮助我投资'，那么马科维茨的回答将是'我这里有一套投资组合管理的框架和可复制路径'。"

我们赞赏巴菲特、约翰·邓普顿、彼得·林奇、戴维·肖、吉姆·西蒙斯以及其他许多伟大投资者的投资传奇，他们的投资风格和方法不易复制。然而，马科维茨及其诺贝尔奖获得者同行，如詹姆斯·托宾（James Tobin）、保罗·萨缪尔森、威廉·夏普（William Sharpe）、迈伦·斯科尔斯（Myron Scholes）、罗伯特·默顿（Robert Merton）、尤金·法玛、罗伯特·希勒（Robert Shiller）以及其他杰出的研究人员，为投资者创建了一个投资框架和可复制路径，从而提升了优秀投资管理的可及性。本书将在后文中详述他们对投资组合管理作出的贡献。

世界上真的存在能够提供理想的风险收益配比的完美投资组合吗？在过去的10多年中，我们向投资界10位著名的标志性人物和思想领袖提出了这个问题。他们是哈里·马科维茨、威廉·夏普、尤金·法玛、约翰·博格（Jack Bogle）、迈伦·斯科尔斯、罗伯特·默顿、马蒂·莱博维茨（Marty Leibowitz）、罗伯特·希勒、查尔斯·埃利斯（Charles Ellis）和杰里米·西格尔（Jeremy Siegel）。他们的回答既出乎意料又在情理之中。我们的先驱者，尽管不算一个多元化的群体（参见图0-1），但在这个领域确实是有代表性的。值得欣慰的是，如今的投资界正日趋多元化，我们希望本书能促使未来的投资先锋们将这一趋势继续向前推进。虽然在不断发展的投资世界中，我们可能永远无法达成"完美的投资组合"这样一个难以捉摸且不断变化的目标，但依然有一群学者和实践者在这一领域不懈努力着。在本书中，我们考察了学者和实践者们的研究是如何促进业界对"完美的投资组合"的理解的，以及从中获得了哪些关键经验和教训，正如约翰·洛克（John Locke）所言，"这是对真实且坚实的幸福的不懈追求"。

个人投资者和专业投资组合经理都在寻找能够在给定风险水平下提供尽可能高的预期回报的投资组合，他们面临着许多重要问题：

- 我们所说的多元化到底意味着什么？为什么它至关重要？

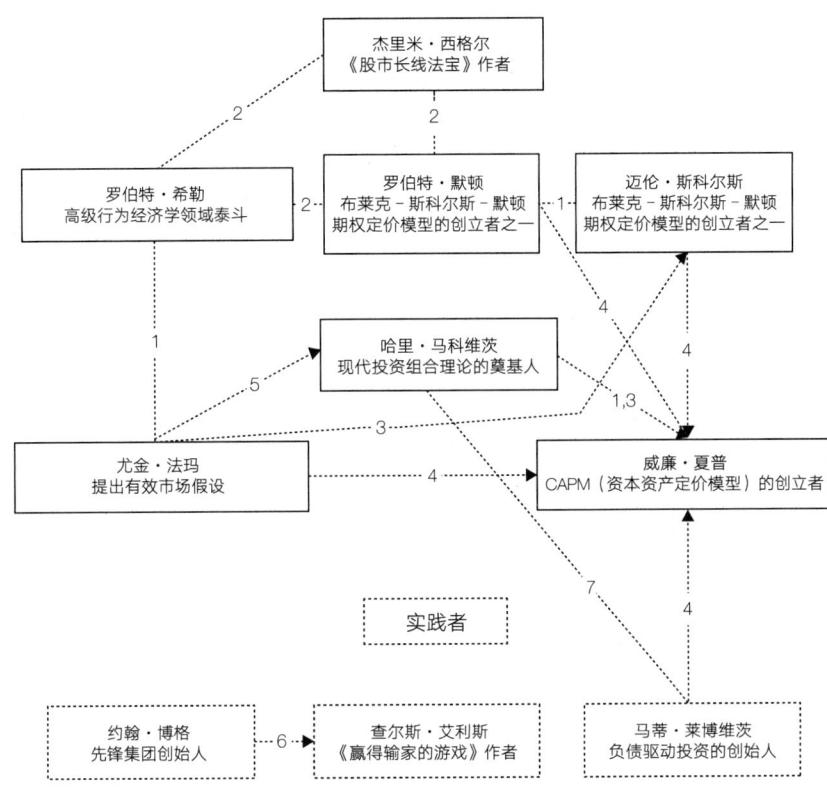

图 0-1 投资界的先驱们以及他们之间的联系

- 我们应该如何将国债等无风险资产与股票等风险资产结合起来？
- 投资者应该只投资指数基金，还是应该积极管理投资组合？
- 选股和择时究竟有多重要？
- 如何衡量绩效？
- 海外投资与国内投资相比，哪个更重要？
- 什么是衍生证券？这些非传统资产扮演了什么角色？
- 小盘股、价值型股等不同风格的股票是否重要？
- 当其他投资者的行为可能不理性时，我们该如何进行投资？

本书提供了对这些问题以及其他更多问题的洞察。我们研究了投资界学者和实践者在这些领域对投资组合管理的关键贡献，然后为包括新手和专业投资者，以及正在学习投资组合管理课程的普通读者撰写了本书。我们在书中回顾了投资组合管理的历史和发展过程，解释并强调了过去70年中业界最重要的研究者的主要贡献，即现代投资组合理论。我们在美国圣迭戈、蒙特雷、旧金山、纽约、剑桥、芝加哥、莫尔文和费城等地进行了许多深入而有趣的访谈，书中的每个章节都对应着不同的学术或行业思想领袖。在结语中，我们从与这些主要投资组合管理参与者的访谈中总结了经验教训，并总结了有关投资组合的10大原则，以帮助你确定自己的投资理念，从而制定专属于你自己的完美投资组合。

在帮助大家追求完美投资组合的过程中，本书有一项重要的投资免责声明：我们[①]不会为你提供财务建议。我们出版本书的目的是介绍知识，提供信息和见解，而不是提供法律、税收、投资、财务或其他专业领域的建议。我们不能保证这本书的内容没有错误或者对每个人都有用。其中一些采访是一段时间之前进行的，因此信息的即时性和代表性可能会发生变化。本书中包含的信息、观点和见解并未针对任何个人的投资目标进行调

---

① 指普林斯顿大学出版社、作者和采访对象。

整。需要说明的是，所有投资策略和投资行为都有可能导致损失。任何对历史或潜在投资业绩的提及都不是对任何具体结果的建议或保证。我们强烈鼓励你咨询金融专业人士，以便根据你个人的财务目标、需求和风险承受能力评估本书中讨论的想法或策略是否适合你。我们祝愿你的投资取得成功，但任何损失都应该由你自己承担。

我们感谢所有重要参与者对本书的投入和提供的见解，任何疏忽和错误都是我们的责任。我们感谢杰娜·卡明斯（Jayna Cummings）仔细审查了我们的初稿和并提供了编辑支持，杰夫·西尔贝曼（Jeff Silberman）提供了有用的建议，约翰·科克伦（John Cochrane）提供了详尽而深刻的评论，威尔·戈茨曼（Will Goetzmann）提供了他对第1章的独特的历史观点，迈克尔·诺兰（Michael Nolan）和小约翰·博格（John Bogle Jr.）提供了关于第5章的评论，这些工作极大地提升了本书的阅读价值。我们感谢高级编辑乔·杰克逊（Joe Jackson），以及杰基·德莱尼（Jackie Delaney）、乔希·德雷克（Josh Drake）和普林斯顿大学出版社的优秀团队，还有韦斯特切斯特出版公司（Westchester Publishing Services）的德博拉·格雷厄姆·史密斯（Deborah Grahame Smith）和伊冯娜·拉姆齐（Yvonne Ramsey）。我们感谢玛丽埃伦·奥利弗（MaryEllen Oliver）校对手稿，感谢亚历山德拉·尼克森（Alexandra Nickerson）编制索引。我们还要感谢《投资管理杂志》（Journal of Investment Management）编辑吉福德·方（Gifford Fong），他组织了一次会议，与会者包括我们的许多受访者，此次会议为本书贡献了很多精彩的思想火花。我们特别感谢哈里·马科维茨、威廉·夏普、尤金·法玛、约翰·博格、迈伦·斯科尔斯、罗伯特·默顿、马蒂·莱博维茨、罗伯特·希勒、查尔斯·埃利斯和杰里米·西格尔，感谢他们在投资组合领域的研究和教学，感谢他们的智慧引领着我们前行，以及愿意花宝贵的时间接受访谈并审阅相关章节。

我们希望你能像我们一样享受这次智慧的旅行！

In Pursuit of the Perfect Portfolio

译者序

现代资产管理行业的晨昏

我怀着复杂的心情译完了全书。

一方面是崇敬与感激。书中这些伟大的金融思想领袖无疑是现代资产管理行业当之无愧的奠基者。若不是他们,我们也许还不甚明了什么是多元化?多元化对于投资组合有什么意义?国债等无风险资产如何和股票等风险资产相结合?投资者应该如何选择指数基金和主动投资?选股和择时哪个重要?如何评价投资绩效?衍生证券有什么作用,如何定价?……若不是他们,现代资产管理行业也许很难出现,至今仍是 a collection of boutiques(一众小作坊)。

他们厘清的几条重要原则，如今已经成为常识，并且后人们在此基础之上建立起了资产管理业的"大厦"：要考虑收益和风险的平衡；不要把鸡蛋放在同一个篮子里；风险可以被分为系统性风险和非系统性风险；非系统性风险可以通过有效多元化来消除；择时的胜率很低，从长期来看对组合收益是负贡献；指数基金不但成本低而且投资绩效超过大多数主动管理者；主动投资的基本目标是追求超额收益；应该用风险调整后的收益来衡量投资绩效；综合运用期权，可以做到市场中性；……

另一方面则是困惑。尽管资产管理行业已然繁荣如斯，但在我看来，有两种主要的风险仍没有减小。

第一种是相隔不多几年就会出现的"十/百年一遇"的金融危机。从20世纪90年代的储贷危机、长期资本管理公司危机和亚洲金融危机、21世纪的次贷危机和欧债危机，直到新近的硅谷银行危机，危机出现的频率并不低。看似有效分散化和完美对冲的投资组合似乎总会碰到一场注定的危机，然后把数年积累的投资收益悉数交回，而且因为资产管理业规模的扩大而产生了显著的负外部性。人性亘古难变，人们总是做线性外推，在歌舞升平之时加杠杆，在尘埃落定之际又谨慎保守。期权的定价很能表明这一点，如果人们尊重现实风险的"肥尾"特征，就不应该有那么多虚值期权存在，而这些虚值期权又是为投资组合"上保险"的利器。然而现实从不是呈线性变化的，所以每次能够真正享受到足额甚至超额保险赔偿的永远都是少数人。《史上最伟大的交易》（*The Greatest Trade Ever*）一书就生动刻画了做一个"少数派"有多么艰难。

第二种，在中国以及全球的基金投资者中，有一个相似的现象，就是基金收益率和基民实际收益率之间的差异显著，即"基金赚钱，基民不赚钱"，这也是一种风险。究其原因，无非是基民拿不住，该恐慌的时候贪婪，该贪婪的时候恐慌，从而造成事实上的"高买低卖"。对于这种风险，我归纳下来，大概有以下四种原因及解法：其一是人性使然；其二是要充分尊重投资者适当性原则，把合适的产品卖给合适的人；其三是经济和市场本身就有周期，在基金发行时点的选择上，管理人应该做更多的功课和有更大的勇气；其四是管理人要尽量提高基金业绩的平稳性和可预测性，减少基民产生恐慌和贪婪心理的机会。

可见，理论、模型和工具再复杂，都难以对抗人性中的"追涨杀跌"和"恐慌、贪婪"等特质，这是一种难以分散的风险。我们必须承认，任何风险管理方法都很难战胜人性中的这些特质，所以我们要避免和它们对抗，尽量选择避开。

In Pursuit of the Perfect Portfolio
目录

序　言　　完美的投资组合真的存在吗
译者序　　现代资产管理行业的晨昏

第 1 章　**世界上最初的投资艺术**　　　　　　　　　　001
　　　　　美索不达米亚和投资的曙光　　　　　　　　　003
　　　　　从公元前到公元后：钱币、债券、股票和其他　006
　　　　　早期的所谓"泡沫"　　　　　　　　　　　　010
　　　　　多元化投资的雏形　　　　　　　　　　　　　014
　　　　　20 世纪的投资科学　　　　　　　　　　　　 016

第 2 章　**哈里·马科维茨与风险分散的魔法**　　　　　019
　　　　　一个陌生人的建议　　　　　　　　　　　　　021
　　　　　图书馆里的灵光乍现　　　　　　　　　　　　024
　　　　　投资组合理论的横空出世　　　　　　　　　　030
　　　　　优秀的同行者　　　　　　　　　　　　　　　036

为什么是马科维茨	040
行为金融学的诞生	043
马科维茨的完美投资组合	045

第 3 章　威廉·夏普与 CAPM 的完美世界　053

"喜欢它的诗意……极具美感"	056
不应被遗忘的对角线模型	060
给我一个 C，给我一个 A，给我一个 P，给我一个 M	065
CAPM 被填补的数学空白	072
走向巅峰的高产岁月	075
如果你不能打败市场，那就加入吧	080
夏普的完美投资组合	081

第 4 章　尤金·法玛与有效市场假说　085

法玛 VS 希勒：有效市场假说与行为金融学的缠斗	088
努力战胜市场	090
一通改变命运的电话	092
随机游走揭示的"肥尾"现象	094
史上最初的"事件研究"	096
资产定价和市场有效性永远紧密相连	099
贝塔已死	104
三因素模型：贝塔已死	105
主动型投资经理的圣杯	110
高峰迭起的学术生涯	112
法玛的完美投资组合	116

第 5 章　约翰·博格与先锋集团的长赢之道　　119
《波士顿的巨款》　　122
先锋集团的设计蓝图　　125
惠灵顿基金　　126
博格干的"蠢事"：开创指数基金时代　　130
萨缪尔森效应　　133
高歌猛进的先锋集团　　136
是时候转向成本问题假说了　　137
2007 年的精准预测　　139
博格的完美投资组合　　141

第 6 章　迈伦·斯科尔斯与布莱克-斯科尔斯-默顿期权定价模型　　149
伟大的冰球小镇　　152
芝加哥大学的高光时刻　　154
当布莱克遇见斯科尔斯　　156
无比美妙的布莱克-斯科尔斯模型　　159
一波三折　　165
先回风之城，再续加州梦　　167
金融衍生品的爆炸性增长　　169
衍生品是大规模杀伤性金融武器吗　　173
斯科尔斯的完美投资组合　　176

第 7 章　罗伯特·默顿与衍生品的新世界　　183
年轻的交易员　　186
从学生到教授，在麻省理工学院的学术时光　　190

是竞争，也是合作	193
默顿模型，献给衍生品新世界	196
"金融界的牛顿"	198
衍生品，更好的、透明度更高的金融工具	201
默顿的完美投资组合	203

第 8 章　马蒂·莱博维茨与负债驱动投资　211

一切从纽约出发	214
恰逢其时的合作	218
免疫策略的世界	227
颠覆资产配置的传统	229
阿尔法猎手和贝塔放牧者	232
捐赠基金模型	233
莱博维茨的完美投资组合	235

第 9 章　罗伯特·希勒与非理性繁荣　241

折中主义经济学家的根源	244
理性的开端	246
过度的波动性	249
著名的"非理性繁荣"演讲	253
此"泡沫"非彼"泡沫"	256
被 CAPE 武装的骑士	262
在 MacroShares 中创建市场	264
希勒的完美投资组合	268

第10章　查尔斯·埃利斯与赢得输家的游戏　273

　　从调频广播电台到哈佛商学院　275
　　与洛克菲勒家族一起摇滚　278
　　埃利斯的创业之路　283
　　输家的游戏　284
　　耶鲁模型　289
　　《东方快车谋杀案》带来的启示　292
　　再探绩效投资　293
　　指数化投资革命　294
　　埃利斯的完美投资组合　296

第11章　杰里米·西格尔与股市长线法宝　303

　　为什么是经济学而不是金融学　305
　　热衷于投资的经济学家　310
　　六解"股权溢价"谜题　312
　　长线投资股票　315
　　关于科技灾难的预言　319
　　陷阱与浪潮　321
　　牛市与熊市的对决　323
　　ETF 的智慧　327
　　西格尔的完美投资组合　328

结　语　到底什么是完美的投资组合　333

　　来自 10 个伟大头脑的建议　336
　　构建完美投资组合的 7 大原则　346
　　16 类典型投资者，你是哪一类　352

THE STORIES, VOICES, AND KEY INSIGHTS OF THE PIONEERS
WHO SHAPED THE WAY WE INVEST

In Pursuit of the Perfect Portfolio

第 **1** 章

世界上最初的投资艺术

投资艺术从"理性经济人"(homo economicus)这一假设诞生之初就开始了。最早的投资形式可以与远距离交易所必需的风险和回报决策联系起来。在新石器时代晚期的中东地区,即公元前9500年—公元前8500年,出现了定居的村庄生活。当时,来自约旦河谷的定居者与安纳托利亚中部高原和扎格罗斯-金牛座弧形地区(今属土耳其)的人们进行黑曜石、驯化小麦和绵羊的长途贸易。这一时期的商人在这些商业交易中面临着巨大的危险,他们每天都在做有关风险与回报的决策,以追求经济利润。由于这些商人做出了一些非常精明的投资决策,长途贸易变得空前繁荣,行程跨越2 400千米,并涉及多种原材料。

美索不达米亚和投资的曙光

从广义上看,我们可以把投资组合看成为了未来而储蓄或投资的资本。最近的证据表明,这些新石器时代定居者对待谷物的方式与我们今天对待投资组合的方式基本相同。食物储备是经济发展的重要组成部分。另外,人类在死海附近的考古挖掘中发现了强有力的证据,证明在植物驯化之前世界上就存在多元化的粮仓。这一证据表明，当时的定居者能够减少季节性的食物短缺风险，并得以在某一地区定居超过一个季节。这些储存设施是早期风险管理的一种重要形式，使定居者能够拥有稳定的食物供给，预防干旱，并为下一个播种季节做好筹划。

投资也与金钱的时间价值直接相关。例如，投资实际上是随着时间推移转移经济价值，为企业家提供当前所需的现金，以换取分享未来利润的承诺。在书写发明之前，会计就已经发挥着重要作用，因为记录双方之间的交易和合同至关重要。以商品形式记账的证据可以追溯到公元前 7000 年，美索不达米亚早期的城市居民就使用类似棋子大小的符号来记账。考古学家最初并不清楚这些符号的用途，但一位考古学家最终发现，在公元前 3100 年的古乌鲁克石碑上，也以楔形文字记录着这些符号。考古学家们继而发现，食物的符号是从一个盘子形状的标记演变而来的；大多数象形文字代表日常商品，如绵羊和面包。事实上，所有这些古老的碑刻都是账本或者合同，可能是某种中央权力机构（如寺庙）用来记录和说明进出商品的。

这些石碑还为我们提供了古代贷款的记录。例如，公元前 2400 年左右苏美尔人的一条记录可能是已知最古老的个人贷款：尤尔－加里马（Ur-garima）借给普祖尔－埃什拉特（Puzur-Eshrat）40 克白银和 900 升大麦。大约在同一时期，已知最早的担保债券发行：如果债务人未能偿还贷款人，担保方将保证偿还。一块用楔形文字书写的石碑表明，这种保证支付粮食的债券是在美索不达米亚的尼普尔发行的。这种债券由一名抄写员起草，四名见证人见证，通常一式三份。

其他古代记录显示了更为复杂的商业行为，包括我们认为的现代金融工具的前身。例如，衍生品合同实际上可以追溯到公元前 1900 年。衍生工具之所以得名，是因为它们的价格来源于某些基础证券，比如商品的价格。已知的第一批衍生品合约，即今天的期货合约，是在美索不达米亚用楔形文字书写在黏土片上的，内容涉及商品的未来交付，通常与贷款相结合。其中一份合同是由商人马格拉图姆·阿克沙克-舍米（Magrattum Akshak-shemi）与其客户达姆卡姆（Damqanum）签订的，双方就未来交易 30 块指定长度的木板达成了一致意见。

当著名考古学家莱纳德·伍利爵士（Sir Leonard Woolley）发掘美索不达米亚乌尔城邦时，他的惊人发现之一就是，乌尔是已知最早的金融区，以及债券交易市场可能的诞生地。伍利发现，在公元前 1796 年，一位名叫杜穆齐·加米尔（Dumuzi-Gamil）的受过良好教育的商人与其合伙人舒米·阿比亚（Shumi-abiya）向另一位商人舒米·阿布姆（Shumi-Abum）借了 500 克银子。杜穆齐·加米尔同意在 5 年内（相对较长的期限）以 3.8% 的年利率归还他所持的白银份额。但舒米·阿布姆并没有简单地持有这笔贷款，而是转身将其出售给某些知名商人。这些商人在贷款到期时成功地收回了贷款，这表明债券交易市场已经初具雏形。乌尔的这些资料表明，此类个人票据的流动市场已经初具雏形。考虑到货币的时间价值原理，杜穆齐·加米尔很可能利用这笔贷款为他的面包经销商生意提供资金。他还利用部分资金以 20% 的月利率——相当于近 800% 的年复合利率，进行放贷。

但并非所有的投资和交易都适合每个人。在社交媒体出现的几个世纪之前，信誉已显示出其重要性。大约在公元前 1750 年，迪尔蒙地区的一位名叫埃厄·纳西尔（Ea Nasir）的铜交易商可谓名声扫地。事实上，可能是世界上最古老的投诉信（尽管是写在石板的）赋予了他一个不讨人喜欢的形象。他的职业生涯似乎有一个不错的开端，在乌尔与皇宫做生意时，他被认为拥有很好的信誉。然而，许多商家对其经营的铜的品质有诸多不满，这些抱怨都被永远地刻在了石头上。一个名叫纳尼（Nanni）的人估计非常沮丧，因为他的抱怨遍布石板的正反两面："纳西尔，你竟然以次充好，你为什么要以这种方式如此轻蔑地对待我？你要知道，在乌尔，我再也不会接受你的劣质铜。"考古证据表明，埃厄·纳西尔的财富最终减少了，他被迫从铜交易市场转向利润较低的市场，如房地产和二手衣服交易。

从公元前到公元后：钱币、债券、股票和其他

任何金融体系的命脉都是货币。货币作为一种交换媒介，催生了比易货贸易更为有效的交易系统。同时，货币也可以作为一种表示财富水平的记账单位，以及供日后使用的价值储存手段。为了实现这些功能，货币需要具备耐用、可互换、便携和可靠等特性。虽然易货贸易被认为已经存在了至少10万年，但已知最早的钱币是在今天土耳其以弗所的阿耳忒弥斯神庙中发现的，大约是公元前600年铸造的。这些钱币由金银合金制成，上面刻有吼叫的狮子图案。虽然跨历史时期衡量价值比较困难，但考古学家们认为，最早的一枚钱币在当时可以买到大约10只山羊。

继美索不达米亚早期的衍生品之后，另一种衍生品合约，即看涨期权，在公元前600年左右的古希腊已经开始萌芽。看涨期权允许买方选择在未来某一日期以商定的价格购买特定资产。关于此类交易的最早记载之一与橄榄压榨机的价格有关。当时，橄榄油被用于制造肥皂和烹饪，也被用作灯的燃料和皮肤软化剂。在经历了数年的歉收之后，古希腊哲学家和数学家泰勒斯（被称为希腊七贤之一）利用天文学预测橄榄即将丰收。在冬季，泰勒斯与人敲定了看涨期权，以便在春季以低迷的即期价格购买橄榄压榨机。他从灰心丧气的种植者那里买下了所有他能找到的橄榄压榨机，并在如期而至的丰收季发了财。正如亚里士多德后来在其著名的《政治学》中所述，泰勒斯"成功地证明了，哲学家们如果愿意，就很容易致富，尽管这不是他们真正关心的事情"。

公元前4世纪，著名的希腊演说家德摩斯梯尼（Demosthenes）曾试图解决一个投资问题。他的父亲在去世时拥有一家家具厂、一家兵工厂、几

笔贷款投资和一些其他资产。① 然而，由于监护人管理不善，这笔资产减值得相当严重。因此，德摩斯梯尼在 21 岁时，将监护人告上了法庭。在庭审辩论中，德摩斯梯尼试图确定遗产的原始价值，以及如果管理得当应得的价值，即进行了今天所谓的净现值计算。德摩斯梯尼最终胜诉，但只获得了遗产价值的一小部分。

从公元前 3 世纪（甚至更早）开始，捐赠基金就在古希腊和罗马帝国出现。捐赠的目的是收集慈善捐款，并在保留资本的同时分配捐赠投资产生的资金。最早的一些捐赠被用来在每年的庆祝活动中封赏各个部落、支付教师的工资以支持教育事业，或者用于宗教仪式中的牲口献祭。在某些情况下，本金以 12% 的利率借出，不过 10% 的利率后来更为常见。当时的捐赠甚至考虑到了税收政策，这与今天的情况类似。这一时期，许多知名的捐赠就是出于避税的考虑，精英和富有的捐赠者可以通过捐赠使得其资产免受可能的税收评估，从而减少纳税金额，甚至可能增加他们的私人财富。

大约在公元前 221 年，中国的第一位皇帝秦始皇统一度量衡，将一种方孔铜钱作为帝国的统一货币，也是唯一可以流通的货币。尽管考古记录显示，类似的铜钱可能早在数百年前就已经生产出来了。这些铜钱的标准重量为半两，即约为 8 克。这些铜钱是环形的，中间有一个方孔，可以串在一起。此类铜钱的铸造一直持续到 1912 年，即清朝灭亡之时。这些铜钱很重要，因为与现在的货币一样，它们是法定货币。没有任何如黄金等贵金属作为背书，它们的价值仅仅来源于法令和百姓的认可。

一旦硬币成为法定货币并且其重量和金属类型不再重要，纸币成为被接受的货币就只是时间问题。银行票据，这种当今最常见的货币形式，起源于中国的唐朝（公元 618—907 年）。公元 1005 年左右，中国商人创造了第

---

① 这可以称作投资组合的早期证据，其价值高于今天的 1 100 万美元。

一张纸币。其想法是将一定数量的货币存入当地商会，商会会给商人开具一张书面收据。然后，该收据可以被带到另一个城镇，并通过该商会兑换成货币。不同的商会会定期结清欠款，从而避免了运送大量现金的危险。直到公元841年，政府才禁止这种惯常做法，垄断了纸币的发行。

在中国的宋真宗时期（公元968—1022年），世界上第一张官方纸币被设计出来。这些纸币的面值是1～10贯（或串），分别相当于1 000～10 000枚铜钱的价值。然而，在兑现时，实际只有一部分面值能以现金支付。例如，1贯纸币可以兑换770枚铜钱。几个世纪后，马可·波罗等欧洲探险家将纸币的概念从中国引入西方世界。今天，纸币无处不在。美国纸币的正面写着"这张纸币是适用于所有公共和私人债务的法定货币"，背面写着"我们相信上帝"。事实上，你得真的相信美国财政部和美联储会兑现这一承诺。

政府债券的前身，即公共融资的最初形式，于1172年出现在威尼斯。我们今天所说的债券实际上是偶然产生的。当时，威尼斯共和国正与东罗马帝国争夺亚得里亚海的控制权。拜占庭皇帝曼努埃尔·科姆尼诺斯一世（Manuel I Komnenos）指控威尼斯商人放火烧了君士坦丁堡的一个街区，于是将他们关进监狱，并抢走他们的货物，制造了一场人质危机。对此，威尼斯总督维塔尔·米切尔二世（Vitale II Michiel）下令迅速组建舰队，发动战争，以解救人质并收回威尼斯人的财产。然而，由于宗教高利贷法的存在，贷款在当时是非法的。

为了给舰队提供资金，维塔尔总督设计了一个被称为"prestito"① 的借款计划（严格来说，不是贷款），类似于强制性税收，但承诺在债务到期前支付5%的利息。该计划在政府和民众之间建立了借贷关系，而不是将债

---

① 意大利语，意为"借款"。——编辑注

权控制在少数投资者手里。"prestito"计划非常受欢迎，在里亚尔托市场内被频繁交易。遗憾的是，维塔尔总督的舰队并不顺利。当维塔尔总督率领的由 126 艘船组成的舰队停靠在小亚细亚海岸外时，曼努埃尔·科姆尼诺斯一世承诺通过谈判来解决问题，以此拖延时间。然而，威尼斯舰队突然遭到瘟疫的蹂躏，数千人因此而死亡，只有大约 1/4 的船员幸存。幸存者只得以战败者的姿态回家。在如此惨重的死亡事件中总督却能安然无恙，这件事激起了民愤。于是总督遭到一群暴徒追杀，并最终遭到处决。更糟糕的是，虽然羸弱的威尼斯共和国继续支付贷款人利息，却永远无法偿还本金了。

公共财政对不断扩张的欧洲列强非常有用。第一批政府债券于 1517 年在阿姆斯特丹发行，远早于荷兰共和国成立的时间[①]。而第一批国家政府债券于 1694 年通过英格兰银行发行，以资助英格兰对法国的战争。已知最古老的永续债券之一，即向持有该债券的人永久性地支付固定利率，由荷兰乌特勒支水务委员会于 1648 年发行，书写于山羊皮上，其筹集的资金用于支付工人的工资。这些工人在河流的一个弯道附近建造了一系列桥墩，以防止水流侵蚀。该债券的独特之处在于它至今仍在支付利息。耶鲁大学是 5 名债券持有方之一，该永续债券曾在其拜内克图书馆展出。2015 年，该图书馆现代书籍和手稿馆长蒂莫西·杨（Timothy Young）前往阿姆斯特丹，一次性收取了过去 12 年的利息，价值为 136.20 欧元。在此之前，耶鲁大学于 2003 年一次性收取了过去 26 年的利息。

世界上最古老的股份制公司可以追溯到 1369 年。当时，一群法国磨坊主成立了荣耀巴扎克勒公司。磨坊主们共享一条河流的永久租约，并为此设计了利润分享计划。几年后，其中一位磨坊主在偿还某位商人的债务时因故延迟了 10 年，随之而来的诉讼解决方案催生了一种新的公司结构，即通过选举产生的董事会来保护股东。这种公司被视为独立于股东之外的独立法人

[①] 荷兰共和国成立于 1581 年。——编者注

实体。荣耀巴扎克勒公司在经历了洪水、溃坝、浮冰、饥荒、瘟疫和一场革命后幸存了下来，同时仍坚持将 100% 的利润用于分红。公司股份是可转让的，在某些年份，股份的换手率能达到约 20%。股份交易还有一个值得注意的要求：除了支付一大笔公证费外，新股东还必须为整个董事会举办晚宴。

第一批"现代"股份制公司包括成立于 1600 年的英国东印度公司和成立于 1602 年的荷兰东印度公司。英国东印度公司垄断了英国与印度以及后来的中国之间的贸易，而荷兰东印度公司是由荷兰政府主导的几家荷兰公司合并组成的，这些公司垄断了荷兰和印度之间的贸易。1609 年，荷兰东印度公司成为第一家通过发行派息股票来筹集大量资本的现代股份公司。在随后的一个多世纪里，这些股份支付了高达 22% 的惊人股息。当然，这些回报伴随着巨大的风险，比如与长途贸易相关的风险以及公司这种新的组织形式本身所带来的不确定性。最初，股东可以在未来的航程中进行再投资，也可以获得股息分配。如果股东感到失望，他们可以要求收回股本并撤出资金。然而，到了 1609 年，荷兰东印度公司的董事们认定公司股份不可退还。于是，一个活跃的二级市场发展了起来，因为仅在阿姆斯特丹就有超过 1 000 名股份认购者。到 1607 年，1/3 的原始股份已经易手。虽然最初的计划是在 10 年内清算股份，但荷兰东印度公司直到 1796 年才正式解散。

早期的所谓"泡沫"

从金融意义上讲，"泡沫"有时是一个模糊的词，意思是由非基本面因素引起的资产价格快速上涨（后文中将有更多关于"泡沫"的内容）。据说，最早的"泡沫"之一发生在 17 世纪的荷兰，经 19 世纪的一本书而被广为传播，并在 20 世纪末受到质疑，这就是臭名昭著的郁金香泡沫。郁金香最初是一种生长于中东的花卉，在荷兰广受欢迎。16 世纪 30 年代，郁金香球茎的交易被炒得火热。后来，花店甚至使用本票买卖仍埋在地里的郁金香球茎。考虑到票据的买卖与几个月后的实际交付之间的时间差，投机者出现了，他们通常是加了高杠杆的。

根据查尔斯·麦凯（Charles Mackay）在其1841年的经典著作《大癫狂》(*the Madness of Crowd*)中所描述的，1637年，当郁金香泡沫达到顶峰时，有将近5公顷的土地被用来专门种植一种稀有的郁金香球茎，即森佩尔·奥古斯都（Semper Augustus）。麦凯在书中讲述了一名水手将一种罕见的郁金香球茎误认为洋葱而误食的逸事，而当时单个这种球茎的价值足以为全体船员提供一年的食物。然而，根据麦凯的说法，1637年2月，由于郁金香交易者再也找不到买家，市场枯竭，价格暴跌。罗伯特·希勒在讲述当时的狂潮时说："荷兰人把它称为'风之商'，直接翻译过来就是'风之交易'。他们的意思是，那些郁金香的价格就像风一样虚幻，只是空气而已。"

然而，经济学家彼得·加伯（Peter Garber）最近的研究揭穿了郁金香泡沫的真相：许多标注的价格是基于期货合约的，而当时期货合约是非法的，因此无法执行。实际上，买方只预付了合同价格的一小部分。许多所谓稀有球茎的报价来自当时用来警示世人的小册子，其中提到的价格很有可能是在投机顶峰时期的期货价格，而不是实际报价。最初的价格上涨还有一些基本面原因，因为当时在法国，女性在礼服顶部展示新鲜的郁金香已经成为一种时尚。没有证据表明有大量外资流入或用于投机的贷款；类似地，也没有可靠的价格数据来佐证所谓的稀有球茎价格暴跌。随后的历史表明，随着时间的推移，稀有郁金香球茎的价格急剧下降是在情理之中的。加伯的观察也表明，"一名荷兰商人留下的昂贵球茎被一名粗鲁的水手当成午餐"的故事是难以置信的。有趣的是，加伯虽然注意到了普通郁金香球茎价格的迅速崛起和突然崩盘，但他无法解释这些现象。

另一个早期的股市泡沫与投资史上最富有传奇色彩、最具创新性和争议性的人物之一苏格兰人约翰·劳（John Law）有关。约翰的父亲威廉·劳（William Law）是一名金匠，但之后成功进入了放贷行业。1683年，威廉在去世前不久，买下了位于英国爱丁堡北部的一座庄园，并指定将这一庄园留给他的长子约翰。威廉的第二任妻子琼·坎贝尔（Jean Campbell）被指定为约翰的主要监护人。由于与继母不和，16岁的约翰离家出走（也有可能是被赶了出去）。约翰在法庭上起诉自己的继母没有履行监护人的义务。而坎贝尔则在法庭证词中抱怨约翰深夜外出赌博。此案最终庭外和解，很显然，约翰用了一部分赔偿款来偿还赌债。

23岁时，约翰在布卢姆茨伯里广场（Bloomsbury Square）的一场决斗中杀死了一名男子，并被判处死刑。后来，他成功越狱并逃往欧洲大陆，并在那里利用自己的算术技巧成为一名赌博经纪人。与此同时，约翰还撰写了一些关于货币创新的文章，并向法国执政者提交了关于在法国设立银行的建议。1715年国王路易十四去世后，法国处于破产状态，年轻的路易十五的摄政王奥尔良公爵任命约翰为财务总管。

作为法国摄政王的朋友，约翰得以成立一家被授权发行法定货币（纸币）的银行，这是欧洲首次全面使用法定货币。他还成立了密西西比公司，以开发北美密西西比河沿岸的法国领土。后来，他被授予殖民地贸易和加拿大海狸毛皮贸易的25年垄断权，并拥有收取法国税款以换取法国公共债务的权力。凡此种种，皆被认为是法国财政体系的一部分，或者正如后来一些人认为的，这是一个阴谋的一部分。这一财政体系涉及几项灵活的机制安排，但本质上是将政府债务转换为政府股权。约翰允许公众对密西西比公司进行投资，旨在推高公司股价，以诱使债权人将债权转换为股份，从而有助于股价的炒作。同时，密西西比公司也通过兼并和收购来实现增长。

1719年，法国出现了对密西西比公司股票投机的狂潮。用目前的术语来说，其市盈率（P/E）约为45倍，几乎是当今典型市盈率的3倍。然而，在 1720 年，当预期利润迟迟无法兑现时，股价暴跌。约翰被迫逃离了这个国家，来到意大利威尼斯居住。在那里，他继续以赌博营生并从事绘画买卖。

大约在同一时间，英国也出现了类似的泡沫。南海公司是一家股份制公司，1711 年在英国成立。该公司对南美洲大部分地区拥有垄断贸易权，尽管西班牙和葡萄牙在那里扎根已久。然而，这项贸易权并没有实际意义，南海公司的真正业务是为了帮助英国政府融资（类似于密西西比公司）。在经历了近 20 年花费巨额资金的战争后，英国政府的借贷利率处于高位。1719 年，南海公司向议会提交了一项全面方案，向公共债权人发行自己的股权，以换取他们的资产（类似政府债券）。这一方案附带了大量贿赂，因而成功地获得了议会的支持。南海公司能够通过不断上涨的股价和延长的收购期限来吸引公共债权人。1720 年初，该公司的股价为 130 英镑，但到 6 月已升至近 1 000 英镑。然而，随着南海公司的未来前景受到质疑，人们对该股票的信心也逐步减弱。到 1720 年 10 月，该公司的股价已降至 200 英镑左右。

价格上涨本身并不意味着泡沫，它们可能反映出越来越多的盈利机会。密西西比公司和南海公司股价的快速上涨和随后的倒闭是否真的是泡沫？加伯再次质疑这一说法，历史学家弗朗索瓦·维尔德（Francois Velde）也持同样的看法。根据加伯的说法，约翰制订了通过金融创新和改革来振兴法国经济的计划。随着约翰权力的扩大，他成功的概率也在增加。但随着密西西比公司股价的下跌，约翰的敌人也在崛起，他们执意要解散公司。维尔德将密西西比泡沫的英文名 the Mississippi Bubble 与法文原名 *le système de Law*（劳氏体系）进行了对比。维尔德指出，所谓的泡沫不是自发产生的，而是约翰所设计的整个体系的一部分。根据历史学家安托因·墨菲（Antoin Murphy）的说法，它是"一个宏伟的设计"。与其他泡沫的不同之处在于，密西西比泡沫只包括一只股票。维尔德强调，该股票的价格并不是我们今天所认为的市场价格，其代表的价值本身就受到约翰的影响（或操控）。真正的问题在于，暴跌之后的价格是否揭示了其真正的价值。维尔德得出结论，在股价的最高点，约翰所期望的价格可能比其还要高出 2～3 倍。这意味着造成股价高估的并非"疯狂和非理性的市场，而是约翰本身"。

在英国，南海公司的股价与许多其他股票一样下跌，包括所谓的泡沫公司（bubble companys）。1719—1720 年成立的此类公司多达 190 家。这一下跌也发生在议会于 1720 年 6 月通过的禁止成立未经授权公司的《泡沫法》(Bubble Act) 于 8 月 18 日开始实施之时。由于许多股票都是以保证金购买的，只有少量的首付款，价格的下跌迫使许多卖家进行清算，以及被要求增加保证金，从而加剧了股价的下跌。

加伯认为，这三个早期的所谓泡沫的共同点是，都存在着促使价格上涨的基本面原因。即使在今天，许多公司虽拥有前景光明的商业模式却一时无法实现，但这并不意味着这些公司的投资者必然是非理性的。泡沫之争还在继续，我们将在后文慢慢道来。

多元化投资的雏形

虽然现代投资组合理论直到 20 世纪中叶才出现，但多元化的好处似乎在 18 世纪末就已经被人发掘。它发生在法国的路易十六时期。当时的法国财政部长希望在不给法国纳税人带来负担的条件下，允许法国人参加美国独立战争。因此，财政部长从许多私人投资者处筹集了大量贷款。这些贷款是以终生年金的形式偿还的，但其关键点在于：贷款人可以决定年金的受益人是谁。只要这个人还活着，贷款人就会收到年度付款。还有一项规定要求，每年贷款人需要把受益人带到法国政府面前两次，以证明这个人仍然活着。尽管在今天来看，基于年轻人的年金估值更高，因此也更昂贵，但在 1757 年，法国政府放弃了年龄分级，把所有年金进行了统一定价。最初，这几乎没有什么影响，因为大多数年金购买者都是为自己、配偶或仆人购买的成年人。然而，聪明的瑞士银行家们没过多久就发现并利用了这个系统的漏洞。

因此，在 1771 年，一个被称为"日内瓦三十女童"（Trente demoiselles de Geneve）的投资计划诞生了。日内瓦的一些银行建立了投资信托，其底层资产就是法国政府发行的年金池。这些银行创建了一份日内瓦女童的名单，这些女童的年龄通常为 5～10 岁。她们都是经过精挑细选的患过天花之后而幸存下来的所谓"生命特遣队"。大多数年金信托包含 30 名左右的女童，因此被称为"三十女童"。这些女孩也被称为"不朽者"，在她们各自的社区中名声大噪，因为她们的生命维系着如此巨量的财富。各年龄阶段的日内瓦人都投资于该信托计划，据估计，当时日内瓦 90% 的财富都投资于这些年金，甚至还有国外资本。银行将这些资金池的一小部分转售给个人投资者，就像导致 2007—2009 年金融危机的主要诱因现代抵押贷款证券化一样。一切都进展得很顺利，直到法国财政部意外破产，导致年金支付放缓，数千名投资者血本无归。

今天，当谈到多元化证券时，我们常常会想到共同基金。第一个共同基金 Eendragt Maakt Magt 实际上是在 1774 年由一位名叫亚伯拉罕·范·凯特维奇（Abraham van Ketwich）的阿姆斯特丹经纪人创建的。资金被投资于外国政府债券、银行债券和西印度群岛种植园贷款。该基金承诺每年派发 4% 的股息，并计划在 25 年后清算和返还收益。2 000 份额销售殆尽之后，范·凯特维奇还为那些希望出售份额的人开发了一个二级市场。这种投资工具类似于今天的封闭式共同基金。与现代共同基金一样，其招股说明书中列出了潜在的投资类别。这些条款还规定：任何时候，基金都需要包含至少 20 个投资类别，每个类别至少包括 20～25 种证券。

范·凯特维奇在取得最初的成功之后，于 1779 年推出了第二只共同基金，名为 Concordia Res Parvae Crescunt。相较于第一只基金，该基金的一个主要特点在于：其投资政策更加自由，只规定基金必须投资于"可靠的证券和因为价格下跌而可以低于其内在价值购买的证券……"。这一策略听起来很像本杰明·格雷厄姆和他最著名的弟子巴菲特开创的现代价值投资。

随着这些类型的投资信托或封闭式共同基金在1868年传到伦敦，然后在19世纪90年代传到美国，一种新的投资理念最终形成。1924年，马萨诸塞州投资者信托基金成为美国第一家开放式共同基金。此类开放式基金允许以当期价格随时申购或赎回份额。巧合的是，20多年之后，《财富》杂志的一篇以马萨诸塞州投资者信托基金为主题的文章，吸引了普林斯顿大学年轻本科生约翰·博格的目光，他将掀起一场共同基金业的革命，后文将会加以详述。

20世纪的投资科学

投资艺术虽然已经实践了几个世纪，但投资科学却是一项彻底的现代发明，是资本和数学的结晶。赌博的数学模型尽管在吉罗拉莫·卡尔达诺（Girolamo Cardano）于1565年出版的著作《论赌博游戏》（the Book on Games of Chance）中已被提及，但直到20世纪才形成了严肃的投资理论。

1929年股市崩盘后，大萧条为4篇关于投资的主要学术文献创造了理想（或者说不幸）的诞生环境。1930—1939年，欧文·费雪的《利息理论》（1930年）、凯恩斯的《就业、利息和货币通论》（1936年）、约翰·伯尔·威廉姆斯（John Burr Williams）的《投资价值理论》（1938年）、约翰·希克斯（John Hicks）的《价值与资本》（1939年）陆续出版。这些书主要面向经济学家，对投资行业影响甚微，对个人投资者的影响更小。事实上，费雪在1929年10月股市崩盘的三天前发表了著名的关于股市已达到"永久性高平台"的论断，更是让金融经济学家在从业人员中的声誉一败涂地。

然而，即使从当代的角度来看，20世纪30年代的投资理论也出人意料地复杂，包括净现值、股息贴现模型、套利定价以及著名的关于资本结构中性的莫迪利亚尼-米勒定理的前身。其中，凯恩斯的《就业、利息和货币通论》最为复杂。凯恩斯雄心勃勃，他试图将投资理论与宏观经济政策相结合。直到20世纪末之前，众多中央银行一直将这本书作为自己的指导手册。然而，就连凯恩斯在描述金融市场的行为时也不得不放飞自己：他将股市比作选美比赛，并将价格波动归因于"动物精神"。

但是，作为一名投资者，凯恩斯的表现非常出色。他从1921开始管理自己的母校剑桥大学国王学院的捐赠基金，直至1946年去世。大卫·钱伯斯（David Chambers）、埃尔罗伊·戴姆森（Elroy Dimson）和贾斯廷·富（Justin Foo）在2015年的一份研究论文中煞费苦心地还原了凯恩斯的投资回报。从1921年8月底到1946年8月底，凯恩斯的投资组合的年复合回报率为14.41%，而同期英国股票市场指数的年复合回报率为8.96%。钱伯斯和戴姆森还发现了一个远比凯恩斯的整体业绩更为显著的事实：在1932年，凯恩斯的投资策略有了巨大的改进。1921—1931年，凯恩斯的复合回报率仅为8.06%，略好于英国股市指数的6.67%；但1931—1946年，凯恩斯的复合回报率为18.84%，远远超过这15年期间英国指数的回报率10.52%。凯恩斯究竟做了什么改进？

根据钱伯斯和戴姆森的说法，凯恩斯发现了长期投资的好处，将他的投资哲学从自上而下的宏观驱动交易风格转变为自下而上的基本面选股这一价值投资者风格。毫无疑问，凯恩斯在担任国王学院捐赠基金会财务官的前半场所经历的令人失望的回报，促成了投资组合策略的这一惊人转变。当凯恩斯因在金本位问题上立场摇摆不定而受到批评时，据说他给予的解释是："当事实发生变化时，我改变了我的想法。那么你呢，先生？"凯恩斯的投资哲学也是如此。

遗憾的是，这些知识都没有被写入凯恩斯的《就业、利息和货币通论》或其后续著作。因此，除了剑桥大学及其校友们，很少有人受益于凯恩斯从其投资生涯中获得的洞察力。尽管凯恩斯对宏观经济和政府政策产生了巨大影响，但他对投资领域的影响却出人意料地有限，即便他作为一名投资者取得了出乎意料的成功。"授人以鱼不如授人以渔"，凯恩斯为剑桥大学提供了许多条"鱼"，但当他于1946年去世时，他也带走了他的"鱼竿"和"鱼线"。

不过，上述状况在1952年被永久性地改变了。

THE STORIES, VOICES, AND KEY INSIGHTS OF THE PIONEERS
WHO SHAPED THE WAY WE INVEST

In Pursuit of the Perfect Portfolio

第 2 章

哈里·马科维茨与风险分散的魔法

- 1990年诺贝尔经济学奖得主
- 行为金融学鼻祖
- 现代投资组合理论奠基人,该理论被称为"现代金融学的宇宙大爆炸理论"和"华尔街的第一次革命"
- 著有《投资组合选择》、《风险收益分析》4卷本等

HARRY MARKOWITZ
哈里·马科维茨

人们认为，"不要把所有鸡蛋放在一个篮子里"这句话起源于17世纪，但分散化的概念至少可以追溯到莎士比亚的作品，甚至可以在《圣经》中找到。虽然现在想创建一个多元化的投资组合而不是投资于一系列看似颇有增值潜力的证券，已经是司空见惯的做法，但情况并非总是如此。马科维茨为多元化的概念提供了理论和过程，他催生了投资组合管理行业。1952年，马科维茨发表了《投资组合选择》（*Portfolio Seletion*）这一里程碑式的论文。据他回忆道，在那之前，从未有人"提到投资者应该了解什么是多元化投资组合，以及如何权衡风险和回报。令人惊讶的是，人类这么久都没有察觉，而是留待我去发现这个秘密"。在寻找完美投资组合的过程中，所有的投资者都应该为马科维茨的发现而喝彩。

一个陌生人的建议

马科维茨年轻时曾遇到一个问题，由于其出人意料的解决方案，他永远地改变了投资世界。接下来，在谈到1950年至关重要的那一天之前，我们先来了解一些背景情况。

马科维茨于1927年出生于芝加哥。他成长于离市中心14千米的中产阶级社区，对于大萧条给数百万美国人带来的痛苦并没有很多感受。正如他所说，"我是独生子，有自己的房间。在房间里，我会听收音机里的古典音乐，还有做家庭作业"。马科维茨的父母经营着一家食品杂货店，并且家的隔壁就是一家肉铺。"我们从不缺少食物。类似于青豆这种食物应有尽有。"食品杂货店与肉铺为邻，这意味着"我们有蔬菜，他们有肉"。童年的马科维茨生活得无忧无虑，他打棒球、踢足球、下棋，还在高中管弦乐队里拉小提琴。此外，马科维茨还是国家业余密码破译俱乐部的成员。他喜欢阅读，但很快不满足于像《影子》(*Shadow*)这样的冒险类半月刊，他迷上了达尔文的经典著作《物种起源》。马科维茨对达尔文在论证中运用的简洁逻辑印象特别深刻。

年轻的马科维茨喜欢物理学，尤其是天文学。在高中期间，马科维茨阅读了众多伟大哲学家的原著，比如大卫·休谟的《人性论》。他经常去位于芝加哥市中心的颇具情怀的旧书店买书。休谟是马科维茨最喜欢的哲学家，他为休谟许多发人深省的逻辑论点所打动。例如，休谟认为，即便一个球在地板上弹了1 000次，我们也不能肯定它会第1 001次做同样的事情。

马科维茨就读于家乡的芝加哥大学。在那里，他花两年时间拿到了哲学学士学位，并在之后取得了硕士学位。根据他的入学考试成绩，马科维茨被豁免参加物理学课程的学习。然而，作为学士学位课程的一部分，芝加哥大学提供了多种调查课程，并非常强调阅读原始材料。当马科维茨完成了所有这些课程，准备选择高一级的院系时，他的思想与物理学已经渐行渐远。由于自身喜爱数学，并且在那些调查课程中阅读了一些社会科学方面的书籍，马科维茨决定选择经济学。

经济学吸引马科维茨之处在于其理论结构及应用价值。早年对于休谟作品的阅读激发了他对哲学问题的兴趣，比如"我们知道什么？""我们如何知道它?"以及围绕这些问题的不确定性。因此,马科维茨被吸引到研究不确定性领域的经济学分支,特别是冯·诺依曼和奥斯卡·莫根施特恩(Oskar Morgenstern)创立的博弈论和期望效用理论。随后,马科维茨又加入了芝加哥大学的伦纳德·吉米·萨维奇(Leonard Jimmie Savage)团队,从事主观概率方面的研究工作。期望效用理论是经济学中的一个框架,用来解释人们在一生中是如何根据自己的消费和储蓄偏好做出决定,比如他们想消费多少以及何时消费或储蓄。萨维奇提出了精辟的自证明论论点,即当需要在不确定的条件下作出经济决策时,个人应该以主观概率的信念最大化其预期效用。萨维奇说服了包括马科维茨在内的许多人:在客观概率无法获取的情况下,理性的决策者会运用基于主观概率的信念最大化他们的期望效用。换句话说,当客观性不存在时,使用自己的信念是合理的。马科维茨后来认为,自己从休谟、冯·诺依曼和萨维奇那里收获最多,并说:"这就是我所站的巨人的肩膀。"

除了萨维奇之外,米尔顿·弗里德曼(Milton Friedman)、佳林·库普曼斯(Tjalling Koopmans)和雅各布·马尔沙克(Jacob Marschak)都是马科维茨在芝加哥大学求学时的杰出的良师益友。弗里德曼于1946年加入芝加哥大学,讲授经济理论。在那之后的30年中,芝加哥大学都堪称弗里德曼的知识家园。弗里德曼后来在1976年获得诺贝尔经济学奖。萨维奇也于1946年加入芝加哥大学,并在1948年与弗里德曼共同发表了著名的《风险选择的效用分析》(*The Utility Analysis of Choices Involving Risk*)。弗里德曼后来说:"萨维奇是少数我会毫不犹豫地称之为天才的人之一。"

1944年,库普曼斯应邀加入了考尔斯经济研究委员会[①]。随后,在经济学家马尔沙克的邀请下,该委员会与芝加哥大学开展了合作。马尔沙克深为该委员会主席、身为芝加哥报业继承人的经济学家阿尔弗雷德·考尔斯三世

[①] 后更名为考尔斯研究基金会。——编者注

（Alfred Cowles III）所吸引。库普曼斯说："这是与马尔沙克长期密切互动、合作和个人友谊的开始。马尔沙克是一位文质彬彬、睿智机敏的学者，他通过精心挑选团队成员，保持真正开放的工作和讨论风格，创造了一种罕见的研究环境。"库普曼斯后来在 1975 年获得了诺贝尔经济学奖。1948 年，库普曼斯接替马尔沙克成为考尔斯经济研究委员会的研究部主任。在马尔沙克的众多重要贡献中，有一篇非常具有影响力的文章，那便是他将冯·诺依曼和莫根施特恩的期望效用理论概念"翻译"成了更容易被其他经济学家理解的语言。

直到 1950 年，马科维茨还在芝加哥大学攻读经济学博士学位。和大多数博士生一样，他已经到了必须选择论文题目的阶段，并且正为选择论文主题而发愁。于是马科维茨去向他的博士课程导师马尔沙克求助。当马科维茨来到马尔沙克的办公室时，马尔沙克正忙得抽不开身，于是马科维茨在前厅等候。仿佛命中注定一般，当时除了马科维茨之外，前厅里还有一名股票经纪人，他也在等马尔沙克。他们聊了一会儿马科维茨的论文，直到马尔沙克忙完邀请马科维茨到他的办公室。在随后的讨论中，马科维茨对马尔沙克说："那名股票经纪人说我应该写一篇关于股票市场的论文。您觉得如何？"从此，在那具有决定性的一天，在等候时偶然遇到一个陌生人的马科维茨，即将踏上一条通往诺贝尔经济学奖的道路，成为现代投资组合理论的创始人。后来马科维茨坦言，这是他从股票经纪人那里得到的最好的建议。

图书馆里的灵光乍现

在那次命中注定般的邂逅以及经过导师的点拨之后，马科维茨决定继续奋战手头的一篇论文，其主题是将数学和统计技术应用于股票市场。但颇为讽刺的是，作为一名穷学生，马科维茨没有任何投资经验。他回忆道："当时，我对与投资有关的情况一无所知。我只是需要写一篇论文，然后有人建议我写一篇关于股票市场的论文，就这样，一件事导致了另一件事。这只是一个学位的问题。"当时，马科维茨已经受邀成为考尔斯经济研究委员会的学生成员和研究助理。马尔沙克认为，马科维茨的论文主题是有研究价值的，而且该委员会主席阿尔弗雷德·考尔斯三世本人也对这个主题颇感兴趣。

考尔斯经济研究委员会是由阿尔弗雷德·考尔斯三世于1932在科罗拉多州斯普林斯市创立的。后来，该委员会又于1939年搬到芝加哥，并与芝加哥大学开展合作，直到1955年迁至耶鲁大学。考尔斯是一家投资咨询公司的总裁，他的一部分工作是提供投资预测。考尔斯喜欢将自己的预测与其他投资公司的预测进行比较，以确定遵循他建议的投资者的收益情况。在经历了1929年股市崩盘以及随后的股价持续下跌之后，考尔斯认为大多数预测者只是在猜测市场的未来前景，因此他于1931年停止了预测服务，转而对股市回报进行系统性的研究，这又激发了他对基础经济研究的兴趣。于是考尔斯为考尔斯经济研究委员会的成立提供了财政支持，初始预算为1.2万美元。在之后的岁月中，考尔斯经济研究委员会在经济思想方面展现其超凡的领导力和影响力，并以其麾下众多诺贝尔奖得主而闻名：肯尼斯·阿罗（Kenneth Arrow）、加林·库普曼斯、米尔顿·弗里德曼、赫伯特·西蒙（Herbert Simon）、劳伦斯·克莱因（Lawrence Klein）、詹姆斯·托宾（James Tobin）、杰拉德·德布鲁（Gerard Debreu）、佛朗哥·莫迪利亚尼（Franco Modigliani），当然，还有马科维茨。马科维茨说："如果你计算一下诺贝尔奖授予考尔斯经济研究委员会成员的人数……那么你可能会说：'哦，这个委员会一定是业界巨擘，它产出了数千篇论文，其中2%都获得了诺贝尔奖。'或者更为夸张地说，这里的每个人几乎都获得过诺贝尔奖。诺贝尔经济学奖的密度在芝加哥大学比在其他任何大学都要高……"不过，马科维茨对该委员会的描述颇为简单，他称其为"一个小型但令人兴奋的团体"，由库普曼斯领导，其前任是马尔沙克。马科维茨说："我就这样跌跌撞撞地走入了经济学的世界，而且是在芝加哥大学，我也不知道我后来会成为诺贝尔奖得主之一。"

马尔沙克向马科维茨提供了一篇考尔斯撰写于 1932 年的预测论文和一本出版于 1938 年的股票市场历史专著，作为其论文的背景读物。并且，马尔沙克将马科维茨推荐给时任芝加哥大学商学院院长马歇尔·凯彻姆（Marshall Ketchum），以获得一份建议读物清单。尽管马科维茨从库普曼斯那里学过统计学和线性规划，但他从未上过金融学课程。凯彻姆推荐了格雷厄姆和多德的经典著作《证券分析》（Security Analysis）和维森伯格的《投资公司调查》（Survey of Investment Companies），以及另一部如今并不太为人所知的经典著作，约翰·伯尔·威廉姆斯（John Burr Williams）的《投资价值理论》（The Theory of Investment Value），让马科维茨了解该行业的基本背景信息。

在《投资价值理论》一书中，威廉姆斯将投资称为一门新的经济学分支，并描述了何为"聪明的投资者和专业的投资分析师"。威廉姆斯提出的许多概念在今天依然有着惊人的现实意义。例如，他定义了"投资价值"（我们现在通常称之为内在价值或公允价值）为未来股息的现值，我们现在称之为股息贴现模型。从本质上讲，威廉姆斯主张购买低于其投资价值的股票，以避免纯粹的投机行为。《投资价值理论》一书将数学方法称为"一种强大的新工具，它的使用有望帮助投资分析取得显著进步"。鉴于其当时看来极不寻常的数学严谨性，马科维茨对这本书的兴致之高可想而知。

彼得·伯恩斯坦（Peter Bernstein）是著名的基金经理、教育家，著作等身，包括著名的《投资革命》（Capital Ideas）。伯恩斯坦早在 20 世纪 50 年代就为我们提供了基于股票投资的视角。对于 1929 年的经济崩溃和大萧条，许多市场参与者的心中仍留有伤痕。当时，股票价格仍远低于 1929 年的峰值水平，而在谨慎的投资者中，投资股票的信心从未像现在这样脆弱。个人信托和不动产的股票投资比例被法律限制在 50% 以下，而且只有约 6% 的人口持有股票。为了补偿风险，许多优质股票支付的股息率是储蓄账户利率的 3 倍以上。在发生过几起引人注目的案件之后，当时股市在公众心目中几乎是与不法行为密切相关的。人们认为股市是"投机者的游乐场"。据马科维茨回忆，伯恩斯坦曾在一次投资会议上评论说："你不知道20世纪50年代以前的投资是什么样子的……大家围坐在一张桌子旁边，这帮家伙认为这个行业会走强，那个行业会走弱，然后再试图说服投资委员会，就像一群业余投资者一样。"因此，当马科维茨开始构思他的论文时，他发现尽管有一些时下关于证券分析和选股的研究，也有一些时下流行的与投资相关的图书和文章，但学术界对投资组合管理领域几乎没有什么兴趣。

1950年的一个下午，在芝加哥大学商学院图书馆研究新选定的学位论文主题时，马科维茨豁然顿悟：在读威廉姆斯的书时，他注意到威廉姆斯隐含地假设股票之间的风险是不相关的。"一位金融专家怎么会在1937年撰文认为，当股票价格戏剧性地从1929年的峰值下跌到1933年的低谷时，它们的回报率是不相关的呢？"马科维茨突然想到，如果投资者只关心某只股票的预期回报，那么可以推知他们应该也只关心整个股票组合的预期回报。但马科维茨很快发现，这种方法的逻辑结论是，投资者在其投资组合中只会放一只股票，即预期回报最高的股票。马科维茨意识到这是不对的。

马科维茨在维森伯格的《投资公司调查》中发现，许多投资者比较关注多元化，并通过共同基金进行投资。常识表明，一个人不应该把所有的鸡蛋都放在同一个篮子里，因为把所有的钱都投资在一只股票上是相当危险的。然而，马科维茨认为威廉姆斯的分析中缺少了一些关于整体投资组合风险的概念。马科维茨在J. V. 厄彭斯基（J. V. Uspensky）的《数学概率导论》（*Introduction to Mathematical Probability*）中找到一个公式，该公式可用于衡量整个股票投资组合的风险。在一个投资组合中，重要的不仅仅是每只股票的个体风险，还包括各只股票涨跌之间的相关性。马科维茨回忆道："我的洞见是，你需要考虑相关性。这是我职业生涯中的第一个顿悟时刻……曾经有人问我：'你当时知道你未来将会获得诺贝尔奖吗？'我说：'不知道，但我想我应该会获得博士学位。'"

如果你对数学感兴趣，上过高中代数课程，或者单纯地只是想了解事物是如何运作的，那么下面是投资组合风险公式的全部内容，以及马科维茨发现它时如此兴奋的原因（剧透：并非每个公式都像 $E=mc^2$ 那么简洁而优雅）。我们将尽力使一切显得很简单，假设你在投资组合中只持有两只股票 A 和 B，每只股票你都配了一定的权重，比如 A 的权重（W_A）为 40%、B 的权重（W_B）为 60%。在我们的例子中，只要权重相加等于 100% 即可，具体怎么分配并不重要。我们的目的是评估与仅持有 A 或 B 相比，你这个投资组合的风险或波动性如何。

为了实现这一目标，我们首先需要估计 5 个数字，并将其输入公式之中：你对 A 的预期回报、你对 B 的预期回报、你仅持有 A 时的波动性或风险、你仅持有 B 时的波动性或风险，以及 A 的回报率相对于 B 的回报率的变化。前两个输入是股票的预期收益，中间两个输入是它们的方差（Var），最后一个输入是 A 的预期收益和 B 的预期收益之间的相关性（Corr）。还有一种相关的方法可以衡量股票的波动性，正如任何一个数学家都会告诉你的那样（尽管你可能会后悔问这个问题），用标准差（SD），即方差的平方根：$SD=\sqrt{Var}$。把所有信息整合起来，可以得到我们双股票的投资组合的风险或方差公式：

$$Var_{portfolio} = w_A^2 \times Var_A + w_B^2 \times Var_B + 2 \times w_A \times w_B \times Corr_{A,B} \times SD_A \times SD_B$$

其中，$SD_{portfolio} = \sqrt{Var_{portfolio}}$

这个公式中隐藏着关键洞见，你可以试着推导一下，或者干脆相信我们。在几乎任何情况下，投资组合的整体风险都要小于单只股票风险的加权平均值。从数学上讲，即 $SD_{portfolio} < (w_A \times SD_A + w_B \times SD_B)$。唯一的例外是什么？想象一下，一个投资组合中只拥有埃克森美孚和雪佛龙两只股票，并且假设这两只股票步调一致。我们进一步假设，每只股票的预期年回报率

为 10%，回报的波动率即标准差为 30%。对于具有这种特征的典型股票，在整个投资期的大约 2/3 时间里，其收益率在正负一个标准差之间波动，即介于 -20% 和 40% 之间。这个双股票投资组合具有与单独投资每只股票时相同的风险特征，换句话说，多元化没有带来任何好处。

现在想象一下，你的投资组合中拥有能源公司和航空公司，或者任何两只回报不同步的股票。比如，油价上涨对能源公司来说是个好消息，但对航空公司来说是个坏消息，因此这两只股票呈负相关。在这种情况下，总体投资组合波动率小于两只股票的平均波动率，正如马科维茨发现的那样，相关性很重要，而这正是威廉姆斯所忽视的。

在参加库普曼斯的活动分析课程时，马科维茨接触到了线性规划[①]的概念，库普曼斯被认为是这一技术的共同发现者之一。库普曼斯要求学生描述一个资源分配问题，并确定线性规划是否适合应用于此类问题。马科维茨描述了一个投资者在试图降低风险的同时寻求高回报的案例，但他认为这种情况不适合使用线性规划。马科维茨的作业成绩被评为 A，库普曼斯鼓励他无论如何都要努力解决这个问题，这为马科维茨的学位论文提供了进一步的动力。

有一天，当马科维茨在芝加哥大学商学院图书馆阅读威廉姆斯著作的时候，他画了一个简单的图表。由于要处理预期收益和风险这两个变量，马科维茨将股票的预期收益作为横轴，将风险作为纵轴，开始构建他的第一个投资组合。库普曼斯曾在他的线性规划课程中，对生产活动的有效和低效组合做了区分：有效是指在不放弃其他事情的情况下，你无法从一件事情中获得更多的收益，这是一个经典的权衡问题。马科维茨也将股票投资组合区分为收益和风险的有效组合，或是不如其他组合的低效组合。股票的有效组合后来被称为有效前沿。马科维茨就此发现了现代投资组合理论的基础。

---

① 线性规划是一种确定模型最优结果的方法，特别适用于那些涉及权衡取舍的模型。

这一发生在某个下午的顿悟，促使马科维茨提出了关于投资组合选择的论文主题。马科维茨的建议被接受了，这最终促成了他第一篇重要论文的发表。他画的那个简单的图表就是马科维茨后来所说的"世界上第一个有效前沿"。

投资组合理论的横空出世

在获得博士学位的两年前，马科维茨的文章发表在 1952 年 3 月的《金融杂志》(Journal of Finance)上，该杂志是美国金融协会的出版物。当时，金融学是经济学的一个相对较新的分支，该杂志于 1946 年才开始出版。相比之下，美国经济协会的主要出版物《美国经济评论》(American Economic Review)早在 1911 年就开始出版。

我们将时间线拉到近 70 年后来看，马科维茨当时发表的文章在形式上与最近的《金融杂志》刊出的文章有着显著不同：这篇文章的标题为《投资组合选择》(Portfolio Selection)，简洁明了；这篇文章只有一个作者，而今天多个作者的做法更为普遍；马科维茨所属的兰德公司位于加利福尼亚州的圣莫尼卡，是一个非营利性的政策智库，不像今天的大多数作者都隶属于某所大学；这篇文章很简洁，只有 11 页文字加上 4 页图表，并且只参考了 3 份文献资料，而如今论文的参考文献动辄超过 50 份。不过在当时看来，这篇文章的不寻常之处在于使用了大量的数学方程，这反而是当今的普遍做法。

马科维茨首先描述了在构建投资组合时应该采用的两阶段过程。有趣的是，他最初并没有提到投资组合的构成成分，比如股票与债券，但在文章后半部分他却谈到了证券，也就是今天所说的普通股投资。该过程的第一阶段描述了投资者如何形成对未来表现的预期，例如股票的预期回报；第二阶段是马科维茨的研究重点，从这些预期回报开始，最终进行股票投资组合的选择。这个过程的第一阶段与其称为证券分析，不如说是纯数量分析。马科维茨将之描述为"'另一个故事'……我只读了第 1 章的第 1 页",因此他当时的研究仅是点到为止。不过,他对"另一个故事"的提及预示着量化投资策略即将到来。

针对威廉姆斯的《投资价值理论》中投资者在选择投资组合时可能遵循的方法,马科维茨发表了不同见解。威廉姆斯建议,投资者应该最大化贴现预期回报。让我们仔细地来看一下。假设一位投资者购买了一只派息股票,并计划长期持有该股票,比如 10 年,那么他需要确定未来 10 年预期支付的股息,还需要预测 10 年后股票的价格。利用货币的时间价值(一年后收到的 1 美元价值低于今天收到的 1 美元),可以将预期现金流贴现到当前,以确定公平价格。

另一种方法是将出售价格视为已知,投资者可以确定隐含回报率,即今天的内部回报率。例如,如果我们今天以 20 美元的价格购买一只股票,预计一年内派息 1 美元,然后不久以 22 美元的价格出售该股票,隐含回报将为 15%,即资本收益 2 美元加上股息 1 美元,20 美元投资的总收益为 3 美元。虽然持有一只股票超过一年的数学问题更为复杂,但原理是一样的。

通过一些基础的数学推导,以及假设投资者不允许做空[①]股票,马科维茨能够证明,如果投资者只关心预期回报的最大化,那么一个人的所有资金都应该放在一种提供最高预期回报的证券中。如果有多种证券能提供相同的最高回报,那么投资任何一种证券都是一样的。然而,如果允许投资者做空股票,人们就会动用无限量的资金做空预期回报最高的股票。在这种情形下,多元化将不起任何作用。马科维茨很快就否定了这一规则,因为它既无法解释投资者行为(我们在现实世界中没有观察到这些策略),也不能指导投资者应该如何行动。

---

① 做空是投资者一种普遍的做法,即借入自己并不拥有的股票,然后出售,希望在获利后以较低的价格回购。

相反，马科维茨提出了一种不同的方法。他认为，投资者既希望获取高预期回报，又厌恶回报的波动性。如前所述，方差是一种统计量，可以用来描述回报的可变性，或者更准确地说，描述每年的回报相对于多年平均回报之间的偏离程度，类似的统计量还有标准差。在实践中，方差可用于描述股票回报中蕴含的风险。假设股票 A 在过去 5 年中每年都有 10% 的固定收益，那么它的方差及其标准差为 0。假设股票 B 在这段时间内的平均回报率为 10%，但在过去 5 年中每年的回报率分别为 16%、-9%、14%、6% 和 23%。虽然股票 A 和股票 B 的平均回报率相同，但股票 B 的波动性要大得多。

我们如何量化这两只股票之间的差异？股票 B 每年的回报率与其平均值 10% 的偏差分别为 6%、-19%、4%、-4% 和 13%。为了计算股票 B 的方差，我们先将每一年的偏差进行平方计算，以确保所有数字都为正，再将这些平方后的偏差相加，然后将总偏差除以总年份数。由此得出的数字就是方差：股票 B 每年的收益率与其平均值的偏差越大，方差就越大。通过方差的平方根，我们就能得到标准化的偏差度量，即标准差，我们可以用百分比表示。在这个例子中，标准差为 12.2%。在股票 A 和股票 B 之间做选择时，投资者会选择前者。因为虽然两只股票的预期回报相同，但 A 股的回报方差和标准差更低。

上面的例子表明，我们或许可以通过观察股票的历史表现来估计其预期回报和方差。但马科维茨对这一点保持谨慎，尽管他确实曾经指出，人们可能会把股票的历史表现作为出发点，然后再"把更多的信息纳入考量范围"。然而，马科维茨的文章要点不是我们应该选择股票 A 还是股票 B，而是我们在面对如此众多的选择时应该如何确定股票组合。

马科维茨向读者展示了一个简单的图表（见图 2-1），它刻画了一名同时追求高预期回报和低回报方差的投资者的本质。在图 2-1 的纵轴上，我们可以看到预期回报；在横轴上，我们可以看到回报的波动性。投资者会寻找波动性最小的投资组合，即在水平轴上尽量靠左；预期回报最高，即在纵轴上尽量靠上。

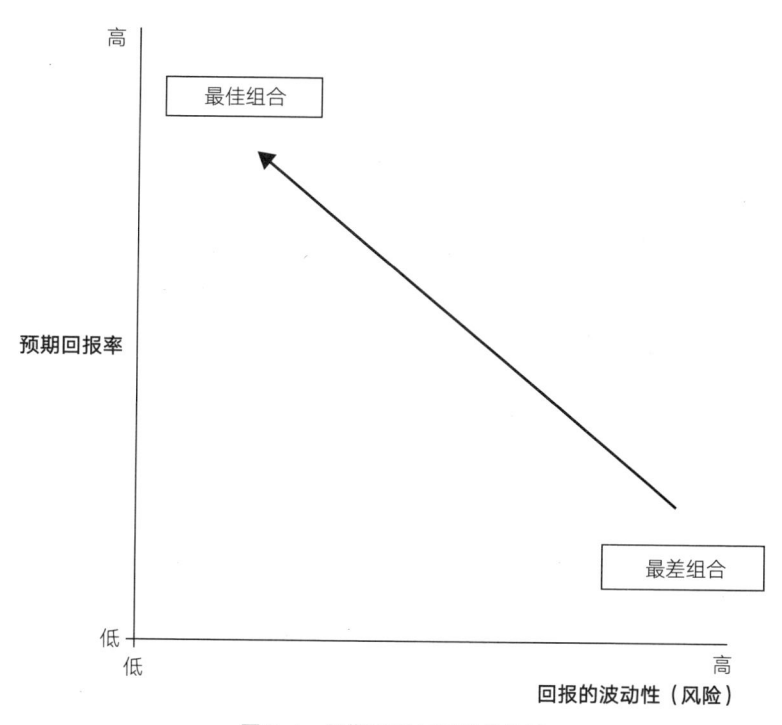

图 2-1 预期回报与风险的关系

马科维茨接着描述了用于确定证券组合的预期回报以及方差（或标准差）的简单数学方程。他指出，对于任何投资组合，最终的标准差实际上都会小于每只股票标准差的加权平均值。这种数学特性通过降低相对于预期回报的风险水平，来创造多元化的好处。多元化的关键在于证券之间的相关性或协方差。

虽然随着投资组合中证券数量的增加，投资组合方差的计算变得相当复杂，但马科维茨的关键洞察在于，在更大规模的投资组合中，股票回报之间的协方差比单只股票回报的方差重要得多。例如，在双股票投资组合中，计算该投资组合方差需要将以下 4 项相加：2 项单个股票的方差项和 2 项股票之间的协方差。在一个三股票投资组合中，则有 3 个方差项和 6 个协方差项；在由 20 只股票组成的投资组合中，有 20 个方差项，以及 380 个协方差项。只要投资组合中的所有股票不是完全正相关的，投资组合的标准差就会小于每只股票标准差的平均值。

马科维茨关键洞见的结论是，各种股票的组合，例如随机选择的双股票、三股票或任意组合等，将产生一组他称为"有效"的特殊组合。图 2-2 显示了这种有效组合（或有效前沿）。这个投资组合的集合比所有其他个股投资和效率较低的投资组合更优。每个有效组合在给定的风险水平之下拥有最高的预期回报率；反之，在给定的预期回报率之下拥有最低的风险水平。

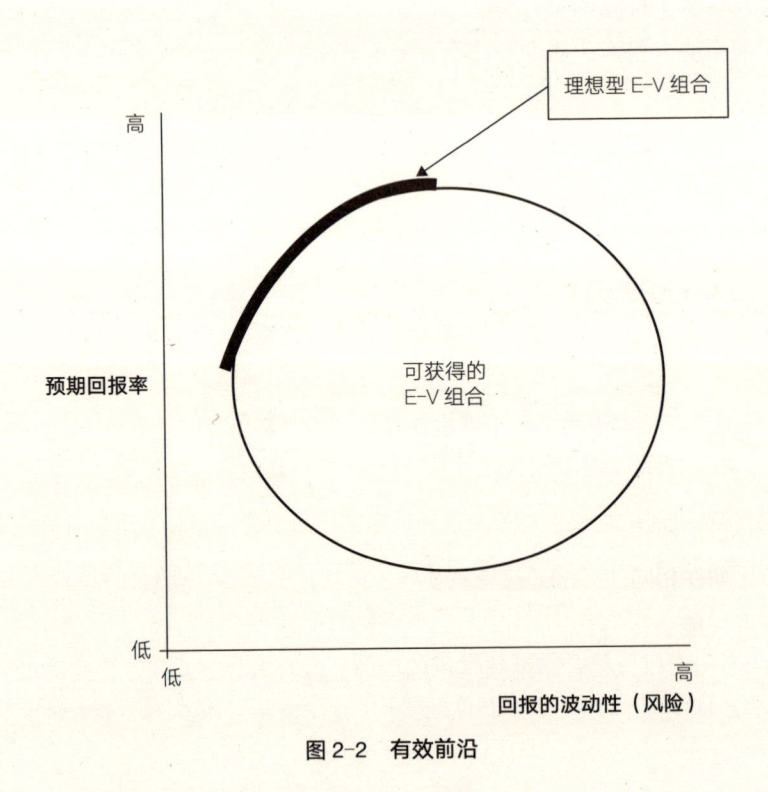

图 2-2 有效前沿

马科维茨曾经指出，"有效曲面的计算可能具有实际用途"。这可以说是一种极为保守的说法。一旦确定了一组有效的投资组合，投资者就可以从中选择自己偏好的风险和收益组合。马科维茨随即指出，在实际运用中首先需要先满足两个条件。首先，投资者必须按照"E-V准则"行事。换句话说，投资者更希望得到更高的期望回报，即E-V准则中的"E"，而同时希望负担更低的方差或波动，即E-V准则的"V"，并且只考虑这两个因素。其次，投资者必须能够得出合理的预期收益和方差或标准差估计。

马科维茨还强调了基于正确的理由进行多元化投资组合的重要性，而不是简单地根据证券数量进行的投资多元化。马科维茨举了一个由60只铁路股组成的投资组合作为多元化投资的错误例子，并表明自己更倾向于选择包含"铁路、公用事业、采矿、各种制造业等"股票的投资组合。马科维茨的直觉是，某个特定行业的股票价格往往会朝着同一方向运动。这再次强调了考虑股票协方差而不是方差的重要性。

马科维茨还对投资和投机这两类行为进行了重要区分，即投资是长期的，而投机本质上是短期的。然而，马科维茨也将投机者描述为不仅关注平均预期回报，即统计术语中的一阶矩，抑或被称为二阶矩的收益方差，而且还关注回报偏态，即概率分布的三阶矩。偏态是指回报以某种不平衡的方式分布的趋势。例如，在正偏态或向右偏态的情况下，一只股票的回报率将高于平均水平，而在负偏态或向左偏态的情况下，回报率将向相反方向倾斜。

马科维茨指出，只关心预期回报和方差的投资者永远不会接受公平的博弈，比如在相同的回报或损失机会下掷硬币。然而，一个也关注回报偏态的投资者可能会接受这样的博弈。马科维茨推断，他的E-V有效模型最适用的是那些不具备赌徒心理的投资者。

写完论文之后，马科维茨继续在芝加哥大学攻读博士学位，但这个过程并非一帆风顺。当时，他已经开始在加州的兰德公司工作，在一次去华盛顿特区出差之后，他在芝加哥稍作停留为他的论文做答辩。"在中转机场着陆时，我想到自己对这个冷僻的领域了如指掌，即便是弗里德曼也很难给我出难题。"回想起来，这可能不是一个明智的想法。

马科维茨回忆道："在我的答辩开始 5 分钟之后，弗里德曼说：'马科维茨，我读过这篇文章，虽然没有发现任何数学错误，但这不是一篇经济学论文，我们也无法基于一篇非经济学论文给你授予经济学博士学位。'在随后的一个半小时，他不断在重复这句话。我的手心开始出汗。还有一次，他说：'你的问题在于，论文的主旨既不是经济学，也不是数学，更不是工商管理。'马尔沙克教授附上一句：'它也不是文学。'大约一个半小时后，他们让我去大厅等候。又过了 5 分钟，马尔沙克出来跟我说：'恭喜你，马科维茨博士。'"

弗里德曼后来告诉马科维茨，其实他从来没有不被授予博士学位的危险。然而，即使在 50 年后，弗里德曼仍然坚持他当时的观点，这可能就是经济学与当时新兴的金融学分支之间的首要区别之一。正如马科维茨在 1990 年诺贝尔颁奖典礼的演讲结束时所指出的那样："关于弗里德曼的论点，有一点我很认同：在我为我的论文答辩时，投资组合理论还不是经济学的一部分，但现在它是了。"

优秀的同行者

著名的学院派金融历史学家马克·鲁宾斯坦（Mark Rubinstein）描述了马科维茨这篇博士学位论文的真正意义："马科维茨 1952 年的论文给我留下的最深刻印象是，其观点是一种横空出世般的创造。"然而有时候，一旦奠定了基础，一个伟大的想法就会同时从众多来源中涌现出来，我们将在后面的章节中再次看到这种情况。当一个人被认为是一个新领域的创始人时，其远房表亲、八竿子打不着的阿姨或叔叔，甚至出生时就分开的兄弟姐妹后来可能都会出现，试图分享一些荣誉。现代投资组合理论也曾数度有此遭遇。

社会学家罗伯特·K.默顿（Robert K. Merton，顺便说一下，他的儿子就是罗伯特·C.默顿，即本书中提到的罗伯特·默顿）所创造的"马太效应"一词，来源于《马太福音》中著名的关于才能的故事。在这个故事中，明智的仆人充分地发挥了钱币的作用，从而得到了奖赏；而愚蠢的仆人只是把钱币埋在了地下，结果受到了惩罚。从本质上讲，马太效应表明富人往往会变得更富，穷人往往会变得更穷。在社会学语境中，默顿指的是一种现象，即知名科学家往往会比不太知名的研究人员获得更多的荣誉，即使他们做的是相似的工作。这一说法是否适用于马科维茨的研究及他随后获得的诺贝尔奖仍有争议。然而，得知其他人所做的相关研究后，马科维茨多次感谢他们的贡献，如布鲁诺·德菲内蒂（Bruno de Finetti）、A. D. 罗伊（A. D. Roy），当然还有他的导师马尔沙克。

意大利统计学家德菲内蒂1927年毕业于米兰大学应用数学系，后就职于意大利中央统计局，直至1931年。随后，他作为精算师在通用保险公司（Assicurazioni Generali）工作。德菲内蒂在工作之余坚持学术研究，1947年，他成为的里雅斯特大学的全职教授。德菲内蒂被认为是20世纪意大利最伟大的数学家之一，一生撰写了300多篇学术论文。据推测，德菲内蒂在担任精算师期间撰写了开创先例的"1940论文"，但后来又转去研究其他项目。

然而，直到最近，德菲内蒂在均值-方差分析领域的研究才在以英语为母语的学术界和金融界得到关注。有两个社会性障碍阻碍了他的研究在讲英语的经济学家中的传播：第一，语言障碍；第二，精算学和金融经济学之间的知识壁垒。有趣的是，德菲内蒂也因其在主观概率领域的研究而闻名，并于1950年受伦纳德·吉米·萨维奇之邀，赴美参加会议。德菲内蒂此前在意大利就结识了萨维奇。然而，当马科维茨的论文在1952年发表时，德菲内蒂1940年的研究却被忽略了。

2006年，德菲内蒂"1940论文"的英文译本出版后，马科维茨写了一篇评论，慷慨地表示"德菲内蒂突破了马科维茨"。德菲内蒂研究的并不是股票投资组合的问题，而是如何确定最佳再保险率的问题。德菲内蒂使用了本质上与马科维茨相同的均值－方差分析方法，但并没有解决他的问题。并且根据马科维茨的说法，德菲内蒂关于解决方案的一个猜想是不正确的。德菲内蒂的分析还包括了我们现在所说的有效边界。然而，马科维茨也指出，"1940论文"的历史意义基本上是"零"。这是因为当时的人们并不理解这项研究的重要性。

1952年，出现了一篇与马科维茨在《金融杂志》上发表的论文更为密切相关的文章，而且这篇文章是用英语写的，作者是罗伊。在1999年对投资组合理论发展进行的回顾中，马科维茨谦虚地承认："基于我在1952年发表的论文，我常被称为现代投资组合理论之父，但罗伊凭借1952年发表的文章也可以获得同等荣誉。"1952年时，罗伊正在剑桥悉尼·萨塞克斯学院（Sidney Sussex College at Cambridge）教书。他学过数学和物理，并于第二次世界大战期间在英国皇家炮兵部队服役。正如罗伊后来向彼得·伯恩斯坦所解释的那样，他撰写这篇文章的主要动机并不是出于投资经验，而是出于对知识的好奇。罗伊还颇为神秘地补充道："炮手的实际经验可能也起到了一定的作用。"

罗伊的这篇文章题为《安全第一与资产持有》（*Safety First and the Holding of Assets*），发表在1952年7月的《计量经济学》（*Econometrica*）杂志上，比马科维茨的文章发表在《金融杂志》仅仅晚了3个月。巧合的是，阿尔弗雷德·考尔斯不仅成立了考尔斯经济研究委员会（马科维茨是该委员会的学生研究员），而且还在1933年为创建《计量经济学》杂志提供了初始资金。罗伊的文章比马科维茨的文章更具技术性，包含更多的方程和数字，这在计量经济学强调统计方法的背景下也不足为奇。文章标题中的"安全第一"指的是个人如何尽可能减少"灾难"或严重经济损失的可能性。

几年之后，在亲自对比这两篇文章的基础上，马科维茨强调了两种方法之间的异同。这两篇文章都建议根据投资组合整体均值和方差进行投资选择。相对于用标准差衡量的风险，罗伊建议将收益最大化，使之高于"灾难性"收益（即最低收益）的某个固定水平。罗伊的投资组合方差公式也包括协方差项，然而，他允许在他的投资组合中进行正投资或负投资，而马科维茨则要求进行非负投资，即不进行卖空。此外，马科维茨允许投资者在任何有效的投资组合中进行选择，而罗伊则推荐一种特定的投资组合。

在思考为什么自己获得了诺贝尔奖而罗伊没有分享时，马科维茨的推测是，可能罗伊在诺贝尔委员会中缺乏知名度。马科维茨认为，罗伊1952年的文章是他在金融领域的唯一一篇文章，而自己之后写了许多文章，包括1959年和1987年的专著，并且直到1990年仍然是一名活跃的研究者。另一种可能性是，马科维茨在他的文章中更注重投资组合理论的实际应用，而非复杂的模型。另外，马科维茨后来专门写了一本书来介绍投资组合理论，这可能也是一个加分项。

马科维茨的博士学位论文导师马尔沙克，也为马科维茨1952年的文章做了铺垫。1950年4月，即马科维茨在芝加哥大学图书馆中顿悟的同一年，马尔沙克在《计量经济学》杂志上发表了一篇文章，他勾勒出了马科维茨在"有效前沿"的描绘中出现的一些相同的细节，包括对均值、方差和相关性的讨论。同样有趣的是，罗伊知道这项研究，并在1952年的文章中引用了这篇马尔沙克的文章。正如菲奥娜·麦克拉克伦（Fiona Maclachlan）最近在关于经济学经典图表的讨论中所指出的那样,"考虑到马尔沙克是马科维茨的博士学位论文导师,如果他的竞争对手在图表的主导性问题上从马尔沙克的文章中获得了灵感,那将是颇具讽刺意味的"。

然而,马尔沙克的确为投资组合理论做出了先驱性的贡献,这一点在马科维茨1999年的回顾中得到了阐述。马科维茨引用了一些著名经济学家对马尔沙克工作的高度评价,特别是马尔沙克在1938年写的一篇文章。在这篇文章中,马尔沙克试图以一种类似于1952年马科维茨使用的方法来处理预期收益和风险的关系。马科维茨评论说:"因此,在1960年之前的投资组合理论发展中,马尔沙克的文章的确占有一席之地,所以这些学者认为它很重要。同时,我也知道马尔沙克并不认为这篇文章对投资组合理论的发展有多重要。因为我的论文导师就是马尔沙克本人,而他从未提及过这篇文章。"

于是马科维茨提出了一个问题:马尔沙克1938年的文章可以被称为投资组合理论的先驱吗?他的回答是:"既是又不是。""不是"是因为马尔沙克在考虑资产时,并没有把它们放在投资组合的背景中来理解;"是"是因为从某种意义上说,马尔沙克为关于市场的理论铺平了道路,这个市场的参与者必须在充满不确定性和风险的环境中行动。

为什么是马科维茨

1951年,在博士学位课程完成后,虽然论文还未撰写完成,但马科维茨已经离开芝加哥大学到兰德公司工作了,他的这份工作与投资组合理论毫无关系。1955—1956学年,马科维茨在休假期间来到考尔斯基金会(Cowles Foundation),该基金会曾应经济学家和后来的诺贝尔经济学奖得主詹姆斯·托宾之邀搬到了耶鲁大学。马科维茨1959年的著作《投资组合选择:有效的多元化投资》(*Portfolio Selection: Efficient Diversification of*

Investments）主要就是在这个时期写成的。

马科维茨关于投资组合理论的观点自他写作博士学位论文开始就有了进化。发表于1952年的文章预示了他的进一步研究，指出"作者打算在未来提出通用的数学处理方法"。正如马科维茨在一次接受采访时所说，《投资组合选择》一书的主要价值在于，向没有接受过高等数学教育的人解释投资组合理论，即那是一本解释性的操作手册。马科维茨将投资组合理论的许多基本假设放在书的后半部分，因为他担心没有人会读它。马科维茨后来问与他分享诺贝尔经济学奖的威廉·夏普是从哪里学的矩阵代数，夏普回答说："是从你书中的第8章。"后来，在教授学生投资组合理论时，马科维茨会开玩笑地说："如果威廉·夏普都能学会矩阵代数，那么你们也能学会！"

马科维茨在考尔斯基金会撰写这本书时，仍然认为自己1952年的文章颇具现实价值，他甚至曾经和一位同事说："那是篇很棒的文章！"客观地说，马科维茨1952年的文章既有经济意义上的实证因素，描述了世界的"现实"，也有规范性因素，描述世界"应该如何"，但1959年写的这本书则严格遵循规范性。

《投资组合选择》的前几章介绍了均值平均收益、方差、协方差、投资组合的均值和方差的概念以及通过均值-方差分析来推导有效前沿的方法。在这本书的后半部分，马科维茨引入了数学概念，对投资组合理论进行了更一般性的讨论，而非局限于其1952年文章中简单的三四种证券投资组合的例子。马科维茨还引入了一种计算机程序，称为临界线算法（critical line algorithm），用于计算大量证券的有效前沿。马科维茨后来声称，在数学家乔治·丹齐格（George Dantzig）来到兰德公司之后，他才真正学会了计算。马科维茨说："我成了他的众多追随者之一。"乔治·丹齐格正是与库普曼斯共同创建线性规划算法的人。

马科维茨认为，分析大型投资组合并估计协方差是一项艰巨的挑战。想象一下，一个包含 100 种证券的投资组合，为了估计有效前沿，即在给定风险水平下具有最高预期收益的风险证券投资组合或在给定预期收益水平下具有最低风险的投资组合，分析师需要估计 100 个预期收益、100 个方差（或标准差）以及 9 900 个协方差。1959 年，还没有一台计算机或计算设备可以随时进行这种计算。然而，马科维茨猜想，如果若干名证券分析师一起努力，也许就能够计算出协方差模型的各项参数。尽管他在讨论中没有提出任何相关的实证分析，但在一个详细的脚注中，马科维茨概述了一种简化的均值-方差分析方法，这种方法被他未来的诺贝尔奖共同得主威廉·夏普称为对角模型或市场模型（本书第 3 章将对此进行详细介绍）。

马科维茨发现了他后来称之为"平均协方差定律"的法则。假设一个投资组合在每个证券上投资相同的金额，随着投资组合中证券数量的增加，投资组合的方差将接近证券之间所有协方差的平均值。如果投资组合中的所有证券都不相关，那么投资组合风险将接近于零。然而，对于相关的证券，即使进行无限分散，仍会留下相当多的风险。这一过程后来被称为分散公司的特定风险，又称非系统性风险，余下无法分散的是市场风险，又称系统性风险。

马科维茨在发表于 1952 年的文章中已经讨论了其分析的一些局限性。他虽然举例说明了三四种证券投资组合的示例，但没有推导出包含任意数量证券的通用情况。马科维茨早期文章的另一个局限性是，假设投资者的偏好将保持不变。在《投资组合选择》一书中，马科维茨通过给出通用投资组合的分析证据，以及将萨维奇、冯·诺依曼和莫根施特恩等人提出的理性行为理论应用于投资者假设，弥补了早期文章中的局限。

回过头来看，《投资组合选择》中涉及主题的宽泛程度是惊人的，这些主题为未来的研究奠定了基础。根据马克·鲁宾斯坦的说法，马科维茨的著作为许多重要的研究途径埋下了伏笔。马科维茨建议使用半方差（semivariance）作为一种风险度量的统计概念，因为它可以捕捉投资者在意的下行风险，但这些投资者却乐于接受方差的上行风险。马科维茨在《投资组合选择》中提出了简化均值－方差分析。马科维茨建议威廉·夏普就这一分析做进一步的研究，这项研究后来成为夏普博士学位论文的主题，也催生了他在金融领域的第一本著作。马科维茨还为投资者的跨期消费效用最大化问题的研究奠定了基础。

数年之后，马科维茨回顾了自己众多具有影响力和开创性意义的出版物。当被问到为什么会有如此高明的见解时，他回答："我经常会想，我该做些什么别人以前没做过的事？在我于1952年撰写《投资组合选择》这篇文章时，我只是读到了约翰·伯尔·威廉姆斯的话，并试图思考这样做的后果。为什么我是第一个想到多元化投资的人？我不知道。我明白我为什么看到它，但我不明白为什么其他人没有看到它……我并不聪明，既不像冯·诺依曼那样善于心算，也没有数学天才高斯那样的高智商。我所做的只是我读到了，然后试图以我不够成熟的方式思考其中的含义。"当然，尽管马科维茨很谦虚，但定义"才智"的一个视角是，尽管许多人都试图去像马科维茨所描述的那样去做，但很少有人达到同样的结果。

行为金融学的诞生

直到近年，被公认为现代投资组合理论之父的马科维茨才被认为是行为金融学的鼻祖。行为金融学是经济学的一个分支，试图解释投资者和金融市场的非理性行为。虽然大多数传统模型假设所有投资者和决策者都是理性的，但行为金融学认识到情况并非总是如此。

行为经济学的起源通常可以追溯到 1979 年丹尼尔·卡尼曼[①]和阿莫斯·特沃斯基（Amos Tversky）这对著名的社会学家组合对前景理论（prospect theory）的发展。这一理论描述了投资者在无法确定各种结果出现的概率时应该如何做出风险选择。前景理论试图从数学上捕捉这种选择相对于财务收益和损失的价值。根据前景理论，这种关系并不总是一一对应的。例如，假设你打算对抛硬币的结果下注，如果硬币反面朝上，你将损失 100 美元；如果硬币正面朝上，你需要赢得的最低金额是多少？你可能会天真地认为也是 100 美元，这看起来似乎很公平。然而，根据前景理论，大多数人需要赢得更多，比如 250 美元，才愿意下注。换句话说，就效用角度而言，损失的影响远大于收益。

1952 年，也就是《投资组合选择》这篇文章发表的同一年，马科维茨又发表了另一篇文章《财富的效用》（*The Utility of Wealth*），他亲切地称之为"马科维茨 1952b"（Markowitz 1952b）。这篇文章的灵感来自弗里德曼的微观经济学课程。马科维茨曾在课上读到了弗里德曼和萨维奇的《关于风险选择的效用分析》（*The Utility Analysis of Choices Involving Risk*），这篇文章试图解释为什么有些人既买保险又买彩票。根据弗里德曼和萨维奇的说法，财富水平较低的人不会购买彩票。这让马科维茨感到困惑。在《财富的效用》一文中，马科维茨解释了弗里德曼-萨维奇模型中的这一明显矛盾。《财富的效用》的关键观点是：你如果想解释真实世界的行为，那么不要把效用和财富联系起来，而要把效用和财富的变化联系起来。

1/4 个世纪后，卡尼曼和特沃斯基开始研究一种决策理论，其成果最终被称为前景理论。特沃斯基让卡尼曼对学术界为研究财富效用所设计的实验

[①] 丹尼尔·卡尼曼认为，噪声是影响人类判断的黑洞。卡尼曼等人在《噪声》一书中通过两个公式揭开了"判断出错"的本质，并且通过对三种噪声的系统性分析直击噪声。该书已由湛庐策划、浙江教育出版社于 2021 年 8 月出版。——编者注

做一个综述。卡尼曼发现，在这些实验中，受试者的财富只被加以很轻微的改变（例如几美元），他困惑于如何能从这样的实验中做出科学的推论。卡尼曼向特沃斯基表达了担心，出乎他意料的是，特沃斯基同意他的看法。然后特沃斯基想到了马科维茨的文章《财富的效用》，他认为这篇文章没有引起足够的关注。读完这篇文章，卡尼曼和特沃斯基都很快意识到，他们应该像马科维茨一样，把他们的理论建立在个人财富变化的基础上。

马科维茨的完美投资组合

自马科维茨的第一篇文章问世，至今已有70余年，那么他的作品对今天的投资者和基金经理还有哪些现实意义呢？马科维茨认为，自从他在芝加哥大学图书馆的顿悟一刻以来，发生了很多事情。他回忆道："我致力于把那个想法、那个时刻转化成一个产业。"在他们共同参与的一次会议上，彼得·伯恩斯坦描述了马科维茨和现代投资组合理论诞生之前的投资管理情况。根据马科维茨的说法，伯恩斯坦说："你们年轻人不知道20世纪50年代以前的机构投资是什么样子的。我们会像你们在电视上看到的那样坐在一起讨论'我认为这个行业或者我认为这个公司……'，然后我们会以某种方式拼凑出一个投资组合。"然后伯恩斯坦冲着马科维茨说："现在，你制定了一个流程。"马科维茨后来表示："听到这句话，我感到全身的汗毛都竖了起来，就在那一刻，我意识到自己已经开始做投资了。"只用一篇文章，马科维茨就建立了现代投资产业。他表示："我创造了从业者赖以生存的投资组合理论的规则。"

正如马克·鲁宾斯坦所观察到的那样，马科维茨在1952年的研究是投资多元化理念的第一个数学阐释。马科维茨帮助我们认识到，可以在不牺牲预期投资组合回报的情况下降低风险（尽管不能完全消除），并向我们展示了如何做到这一点。**重要的不仅是单个证券本身的风险，还包括该证券对投资组合整体风险的影响，而这种影响可以通过每种证券与组合中其他证券收**

益的协方差来衡量。

我们现在都知道多元化很重要，但我们也更加关注证券之间和各类资产之间的相关性。现在，在养老基金和捐赠基金的投资组合经理中，使用马科维茨的有效前沿分析来确定资产组合配比的做法已司空见惯。

根据晨星欧洲的量化研究员保罗·卡普兰（Paul Kaplan）和斯坦福大学的咨询教授萨姆·萨维奇（Sam Savage，马科维茨在芝加哥大学求学时的教授伦纳德·吉米·萨维奇的儿子）的说法，马科维茨为投资组合构建所作的贡献就如同莱特兄弟为航空业所作的贡献一样重要：他构建了一个重要的新模型。然而，一个重要的区别是：虽然飞机仍然保持着相同的基本结构，但它经历了许多变化，例如允许搭载更多的乘客，力求提供更舒适、更快、航程更远和更安全的乘坐体验；而马科维茨最初的贡献是如此简单和意义重大，尽管吸引了大量追随者，但它并没有经历类似的持续改进过程。

温德姆资本管理公司首席执行官、麻省理工学院斯隆管理学院金融学高级讲师马克·克里茨曼（Mark Kritzman）观察到，经过60年之后，马科维茨的均值-方差优化概念已经"非常成熟"，但是"离退休还有很长一段距离"。克里茨曼指出，直到20世纪70年代中期，机构投资者才真正采用均值-方差分析来构建投资组合，原因有二：其一，1974年美国国会颁布了《雇员退休收入保障法》（*Employee Retirement Income Security Act*），该保障法规定了养老基金经理的受托责任。受托人被要求必须谨慎、胜任和勤勉，否则可能要对损失负责。其二，1972—1974年，美国股市经通货膨胀（以下简称"通胀"）调整后下跌了35%，因此投资组合经理正在寻找系统化的方法来更好地管理风险，以及避免法律问题。于是，马科维茨的现代投资组合理论开始流行起来，因为它很有效。

马科维茨本人描述了他所创建的流程是如何在投资行业被确立起来的：

"这个流程理应是一个自上而下的过程，加里·布林森（Gary Brinson，资产管理公司 Brinson Partners 的创始人）等人的研究与我的研究不谋而合。"布林森和他的同事以引人注目的研究而闻名，他们的研究表明，如果由专业机构管理的投资组合没有在现金、股票和债券之间进行适当的资产配置，那么其波动性可以在很大程度上解释同样由其管理的养老基金回报的绝大部分波动。布林森得出结论，股票和债券等资产类别的总体配置是投资组合的重要组成部分："重要的是，虽然许多人无法像巴菲特那样善于选股，但他们仍然能够为客户提供良好的、合理的建议。只要了解了什么是有效边界，他们就可以成为理想的财务顾问。但财务顾问最重要的职责并不是让客户的投资组合简单地处于有效边界上，而是使其处于有效边界上的某个正确位置。这才是正确的流程。"

马科维茨继续分析道："我在图书馆的那一顿悟后来被许多人发扬光大了，包括加里·布林森自上而下的分析方法、罗杰·伊博森（Roger Ibbotson）和雷克斯·辛格菲尔德（Rex Sinquefield）以收集数据和出版年度股市年鉴而闻名的数据、威廉·夏普和 BARRA 公司[①] 创立的协方差模型，以及预期回报模型，等等。我开启了我们的行业先河。这个过程就像是我站在森林里，点燃了一根火柴，然后就看到了整个世界。"

在现代投资组合理论问世之前，投资这件事被完全掌握在专业的精英人士手中。马科维茨所做的是使投资民主化，他提供了一个允许所有人参与的框架。马科维茨声称："我的确相信巴菲特擅长选择股票，但是现在他很少交易。他买入 1 只股票，可能持有 10 年；如果他喜欢这只股票，他会再持有 10 年。关键在于，的确有一些人擅长选股，但是更多的人不擅长。因此，我建议将投资组合管理民主化，这样数以千计的财务顾问可以通过自上而下

[①] 巴尔·罗森伯格（Barr Rosenberg）创立的公司，他是将现代投资组合理论概念应用于投资的先驱。

的流程为投资组合提供良好的建议。"

作为现代投资组合理论的创始人,"完美的投资组合"对马科维茨意味着什么?对此,马科维茨反思了自己的第一个投资决策以及思维的演变过程。马科维茨还想对那些错误地声称他甚至没有使用均值-方差分析的说法做出澄清:"在写 1952 年的那篇文章之前,我从未参与过投资,只是一个没有资金的学生。我第一次有机会投资是在我加入圣莫尼卡的兰德公司之后。他们提供'赌局',比如 TIAA 对 CREF、股票对债券。那时我想,如果股市上涨,我却完全置身事外,那么会显得很傻;如果股市下跌,我却 100% 投入其中,那么看起来也会很傻。所以,我各押一半。可见,当时我只是想最大限度地减少后悔。"

"这是我在 1952 年采取的做法,但不是我今天要做的,也不是我现在会建议 25 岁的年轻人去做的。现在,我可能会 100% 投资于股票。"马科维茨反思了自 1952 年以来发生的许多事情。当前,可协助构建投资组合的基础设施已经非常完备。比如,可以回溯到一个世纪以前的各类股票(比如小盘股)以及其他资产类别的收益率。这些历史收益序列有助于对各种资产类别的均值、方差和协方差进行前瞻性估计。它们是有效前沿分析的关键输入变量。还有一种软件可以快速分析均值-方差投资组合,以优化回报与风险。今天,马科维茨给出的建议将大不相同:**我根据风险敞口的暴露程度了解我所偏好的资产组合,然后投资于该组合。我会通过 ETF(交易所交易基金)来持有股票,通过持有单只债券来代表固定收益。**"

由此可见,马科维茨的思想在其 1952 年的《投资组合选择》一文和随后的同名书之间经历了多次演变。"1959 年,我开始意识到,投资者可能会在选择投资组合时受到其他限制,比如单个证券的上限和某些行业的上限。投资者可能还会有其他线性约束,比如希望将现金流收入水平保持在某一高度,等等。

毫无疑问，马科维茨仍然坚信均值-方差分析。但令人惊讶的是，他并不认为全市场组合（理论上由所有资产组成的组合，实践中通常指非常宽基的股票指数，如标准普尔500指数）有什么特别之处，也不是个人必须进行的投资。2005年，马科维茨写了一篇文章《市场效率》(*Market Efficiency*)，在这篇文章中，马科维茨区分了市场有效的概念，即正确处理信息和全市场组合一定是均值-方差意义上的有效投资组合这一说法（我们将会在本书第4章中重提市场有效的概念）。威廉·夏普的CAPM（详见本书第3章）提出了一个重要假设，即所有投资者都可以不受限制地以相同的利率借贷。马科维茨认为，如果没有这一重要假设，全市场投资组合就没有什么特别之处。

为了进一步描述他所创建的完美投资组合的方法，马科维茨采用了由数学家托马斯·贝叶斯（Thomas Bayes）提出的概念。贝叶斯创立了概率论的一个新分支，该分支依赖于这样一个概念，即当个人收到新信息时，他们会更新自己对预期事件发生概率的估计。马科维茨表示："假设我们都认同贝叶斯的观点。我们如果先前没有相同的信念，就不应该有相同的投资组合。我们是同龄人吗？我们有相同的风险偏好吗？如果不是，我们就不应该有相同的投资组合。对你来说完美的东西对我来说并不完美。这取决于我们的年龄、目标和风险承受能力，但即便这些都相同，投资者之间依然存在许多差异。"

马科维茨认为，完美的投资组合是我们所有人的追求，但它需要每个人自己来构建。马科维茨的贡献让我们所有人都能够追求适合自己的完美投资组合。马科维茨举了一个女服务员的例子，她按照马科维茨的建议，投资了一个50%股票和50%债券的投资组合。"如果她年轻一点，我会让她更多地投资股票……但首要条件是股票和债券的正确组合，这仍然是根本性的决定。你必须亲自或与你的财务顾问一起去感受股票和债券等各种组合的波动性。最重要的是，你要把自己带到有效边界的正确位置。"换句话说，**投资**

者必须了解预期收益率、波动率以及在给定风险水平下各种股票和债券组合的相关性,以达到马科维茨所说的最高预期收益点,从而到达有效前沿的正确位置。

完美投资组合的另一个重要考虑因素是税收。马科维茨指出,均值-方差分析应该在税后基础上进行。"这很棘手,因为投资时间范围不同。如果你投资了401(k)计划,在59岁之前,你不可能在没有罚款的情况下收回它。"同样地,这取决于个人的情况。

马科维茨比较担忧其研究被误读的可能性。他举了一些例子,并表示:"我有必要让学者和业界知道,我过去和现在都没有假设正态分布。"正态分布是在自然界和社会中常见的钟形分布,例如一个大班级中的学生考试成绩的分布。根据正态分布的特性,大约2/3的预期考试分数在平均值一个标准差范围内。大约95%的考试分数在两个标准差之内。

过去,一些投资专业人士依赖于内置正态分布假设的风险管理模型,在重大市场调整期间,如2007—2009年和2020年,他们遭受的损失超过了他们的预期。现在人们认识到,虽然股票收益率分布往往具有正态分布的一般形状,即钟形曲线,但曲线的尾部比预期的要"肥"得多(详见本书第4章)。换言之,与正态分布曲线相比,股票的收益率往往容易更好,也容易更糟。但这样的现象并不构成对马科维茨研究的有效批评。**多元化原则对投资组合是适用的,无论证券收益是否遵循正态分布或关于其分布的任何其他合理假设。**

马科维茨还担心现代投资组合理论被误用和歪曲。他转述了美国中西部一所大学的一位教授告诉他的悲惨故事。在20世纪90年代末科技泡沫期间,在一名因健康问题无法工作的妇女起诉一家大型金融机构的案件中,这位教授被要求担任专家证人。"她把自己的财产交给了一位财务顾问,这名顾问不仅让她满仓大量科技股，而且没有采用任何分散化的措施。当股市崩溃时，她损失了很多钱。这一切都是以现代投资组合理论的名义进行的。仲裁的结果是她输了，仲裁员指出，财务顾问在他的知识和信仰方面已经尽了最大努力。"但是，现代投资组合理论从未建议如此这般地建立投资组合。

马科维茨还讲述了一个故事：我的前秘书带来了一些财务顾问的广告资料，上面写着他们的服务是基于诺贝尔奖获得者马科维茨和夏普的理论。但我看了那些资料，他们并没有用我的理论，并没有使用有效边界。相反，资料中写的是他们自己的选股规则以及一些含糊不清的东西……我认为占卜术可能都比他们的产品可靠！

在马科维茨看来，投资组合管理的未来是什么样的？他的客户之一是Acorns Advisors LLC，这是一家面对微型投资的机器人咨询公司，提供在线投资组合管理，极少进行人工干预。"我认为在未来的60年中，人机分工将更全面地覆盖财务规划的各个方面。"为此，在第1卷和第2卷所奠定的基础之上，马科维茨近期完成了题为"风险收益分析"（*Risk-Return Analysis*）4卷本的第3卷。这些书扩展了马科维茨在1959年的著作中首次提出的分析，证明了均值-方差分析作为不确定性决策的理性方法的合理性。根据马科维茨的说法，尽管该系列丛书的标题是"风险收益分析"，它却"不是关于理性投资，而是关于财务规划中的理性决策"。马科维茨指出，投资组合选择需要在广泛的背景下去考虑。"**孤立地分析投资组合决策就像在一场棋局中过于关注局部得失，而不考虑整盘棋的输赢。**"马科维茨理性的方法无疑有助于投资者更好地追求完美的投资组合。

In Pursuit of the Perfect Portfolio
马科维茨的投资组合箴言

- 我根据风险敞口的暴露程度了解我所偏好的资产组合，然后投资于该组合。我会通过 ETF 来持有股票，通过持有单只债券来代表固定收益。

- 投资者必须了解预期收益率、波动率以及在给定风险水平下各种股票和债券组合的相关性，以达到马科维茨所说的最高预期收益点，从而到达有效前沿的正确位置。

- 完美投资组合的另一个重要考虑因素是税收，均值－方差分析应该在税后基础上进行。

- 多元化原则对投资组合是适用的，无论证券收益是否遵循正态分布或关于其分布的任何其他合理假设。

- 投资组合选择需要在广泛的背景下去考虑，孤立地分析投资组合决策就像在一场棋局中过度关注局部得失，而不考虑整盘棋的输赢。

THE STORIES, VOICES, AND KEY INSIGHTS OF THE PIONEERS
WHO SHAPED THE WAY WE INVEST

In Pursuit of the Perfect Portfolio

第 3 章

威廉·夏普与 CAPM 的完美世界

- 1990 年诺贝尔经济学奖得主
- CAPM 奠基人
- 以马科维茨的投资组合优化为出发点，得出了"马科维茨有效前沿上的最优投资组合是全市场组合"这一在学术界和产业界都具有重要里程碑意义的结论
- 提出了夏普比率，该比率现已成为我们用以衡量基金绩效表现的最常用的标准化指标
- 著有《投资学》等

WILLIAM SHARPE

威廉·夏普

有一个绝好的方法来鉴别伟大的想法，那就是你很难想象在这个想法付诸实践之后的生活是什么样子。威廉·夏普的 CAPM 就是这样，这个想法永远改变了投资组合经理处理交易的方式。尽管夏普开始着手研究他的模型时，已经距离马科维茨的开创性工作有 10 年之久，但投资行业并没有发生明显的变化。这是因为，虽然马科维茨强调了多元化的重要性，但他没有提供具体的投资方向指导。

夏普以马科维茨的投资组合优化为出发点，得出了一个非常简单但极为有力的结论：如果所有投资者都持有相同的最优投资组合，即使金额不同，那么这个最优投资组合只能是全资产的投资组合，其中各类资产根据其规模或市值进行加权。换句话说，马科维茨有效前沿上的最优投资组合是全市场组合，即市场上可供买卖的所有资产的组合。对于所有投资者来说，选择所有单个资产的组合和选择两种资产的组合应该是无差别的，即无风险资产和持有按市值比例加权的所有风险资产的基金之间没有区别。这就是完美的投资组合！

这一结论在学术界和产业界都是一个重要的里程碑。如果按照夏普的推断，在 CAPM 的世界中，每个人都会持有全市场投资组合，那么他就能够计算出组成该组合的每只股票的预期回报。毫不夸张地说，CAPM 为被动投资和数万亿美元的指数基金业务奠定了知识基础。通过将投资组合管理从 20 世纪 60 年代的"枪手"选股者手中解放出来，并将其交给被动指数基金，夏普使得马科维茨的投资组合理念更为聚焦，并比任何其他金融经济学家做了更多的工作，使我们所有人都更容易进入投资过程。在这一过程中，夏普为投资组合管理、绩效归因和风险调整后的资本成本估算构建了许多现代框架。CAPM 还产生了一系列理论和实证的预测，为好几代学者带来了金融研究的复兴。

"喜欢它的诗意……极具美感"

威廉·夏普 1934 年出生于美国波士顿，他的父母都拥有大学本科学位。要知道，在 1940 年之前，美国只有 6% 的男性和 4% 的女性能够取得大学本科学位。当时，夏普的父亲在哈佛大学的就业办公室工作。夏普的父母帮助他逐渐培养了对学习和教育的热爱。夏普的父亲曾是哈佛大学古典文学系的学生，回波士顿之前曾在欧洲留学一年。1940 年，当夏普的父亲开始在美国国民警卫队服役的时候，夏普一家搬到了得克萨斯州，然后又搬到了加利福尼亚州。夏普的父亲后来就职于旧金山的退伍军人管理局，并在金门学院（后来的金门大学）兼职教书。随后，他在斯坦福大学获得了教育博士学位，并于 1958—1970 年返回金门学院担任校长。在第二次世界大战后，夏普的母亲重返校园，获得了教育资格证书，后来成为一名小学校长。

夏普就读于加利福尼亚州河滨市的一所公立学校。当时，学校的老师们没有明确的岗位分工，而是为不同的班级教授不同的课程。夏普的学业表现起伏不定，有时领先，有时落后。四年级时，夏普参加了乘法表测试。虽然他记住了 10×10 的表格，但由于测试的是 12×12 的表格，所以他没有通过，从而不得不留级。1951 年，夏普从河滨保利高中毕业，他的许多同学去了朝鲜服兵役。在一篇介绍河滨保利高中 1951 级 60 周年重聚的文章中，夏普被誉为两位杰出校友之一。另一位校友安·麦金托什（Ann McIntosh）是"河滨小姐"冠军的获得者。

夏普随后就读于加州大学伯克利分校。他的母亲希望他主修理科并获得医学学位，但夏普对化学和物理等理科课程不感兴趣，同时对手术场景敬而远之，他决定转到加州大学洛杉矶分校攻读商科专业。第一年，他选修了两门至今仍令他记忆犹新的课程：会计学（基础簿记）和微观经济学。他不太喜欢会计学，但认为经济学"太棒了"。夏普喜欢对行为和选择做出完全合理的假设，然后将其汇总，得到与整体经济相关的意外结果。由于"喜欢它的诗意……且极具美感"，夏普改学经济学，并于 1955 年获得学士学位。大四的时候，他申请了几份银行的工作。在面试中，他的优异成绩经常被提及，并被问及为什么不继续深造。事实上，当时的许多银行寻找的是"B"学生，而不是"A"学生。在他最后一次面试中，夏普尝试了不同的方法努力使自己更接近一个"B"学生："看，我参加了一个联谊会，还有帆船比赛……我并不是只会学习。"但这番努力并没有效果。后来，他继续深造，于 1956 年获得了艺术硕士学位，并在美国陆军服役了一段时间。

1956 年，夏普加入非营利性的智库兰德公司，并在那里学习了编程技能，这段职业经历令他获益匪浅。夏普回忆道："在兰德，虽然我不是程序员，但我们都被鼓励学习编程，以便更好地与真正的程序员合作。我参加了编程的内部课程，并且非常感兴趣。在那个时代，我们认为运筹学将拯救世界。所以，兰德堪称运筹学和计算机科学的孕育之地，我们拥有一些当时非常强大的设备。我开始沉迷于编程，甚至创建了一种编程语言，并编写了一个编译器。那可能是我生活的另一面，那时我几乎每天都在编程。"在兰德，夏普非常熟练地掌握了打孔卡①的使用方法。他后来打趣说："如果经济业或金融业一直萎靡不振，那么我可能一直是一个打孔卡操作员。"

在兰德公司期间，夏普在加州大学洛杉矶分校攻读经济学博士学位。他遇到了两位有影响力的教授，弗雷德·韦斯顿（Fred Weston）和阿门·阿尔奇安（Armen Alchian），二人都是夏普的论文委员会成员，阿尔奇安担任主席。韦斯顿受过经济学的正统训练，但他在商学院任教的时候，金融领域比今天简单得多（用夏普的话说，甚至是"低能的"），没有太多理论或严肃的实证工作。韦斯顿聘请夏普作为他的众多研究助理之一。夏普发现，自己尽管正在攻读经济学博士学位，但可以将金融作为自己的五门专业课程之一。夏普回忆说："韦斯顿是一个活力四射的人。他会带着录音机走进课堂，录制笔记，为他的下一本书做准备。"韦斯顿会让博士生先学习一门课程，然后请他们在课堂上教授这门学科。韦斯顿认为，对夏普来说，马科维茨的《投资组合选择》这本书的学习和教授都会很有趣。于是夏普照做了。韦斯顿是最早将时间、货币和不确定性等经济学思想引入课堂的人之一，现在主流经济学课程都会教授这些概念。

夏普的另一位导师阿尔奇安与韦斯顿大不相同。阿尔奇安会在课堂上提出复杂但基本的问题，然后深入浅出地解释给学生们听。在博士研讨会上，阿尔奇安会说 95% 的经济学文献不值得一读，因此他不会让他的学生阅读这些文献。阿尔奇安经常在一节课的开头提出一些看似随意的想法，比如"我们为什么不买孩子而是收养孩子呢"。在他的许多课程中，阿尔奇安似乎都在拼命地刨根问底。按照夏普的说法，"这是在观看一个聪明的头脑与棘手的实际问题做搏斗"。阿尔奇安教夏普如何质疑一切，以及如何基于第一原理分析问题。阿尔奇安教授的不仅仅是基本知识，而是技巧。通过阿尔奇

---

① 打孔卡是一种上面写有计算机编程命令的硬纸卡，现在已经不再使用。

安,夏普学会了批判自己的作品,并在必要时扮演魔鬼代言人。

在攻读博士学位时,夏普首先完成了他的课程和实地考试[1],并找到了一个感兴趣的话题,然后开始写论文。夏普对内部转移价格[2]这个主题颇感兴趣,并尝试使用线性规划来着手解决这个问题。利用芝加哥大学著名经济学家杰克·赫舒拉发(Jack Hirshleifer)提出的方法,夏普迅速完成了自认为相当不错的前50页论文。

"实际上,我用各种运筹学工具开启了一篇关于内部转移价格的论文,我认为,结合赫舒拉发的研究基础,运筹学工具堪称完美。"夏普回忆道。运筹学在兰德公司开始崭露头角,并且蓬勃发展,这也是夏普当时工作的地方。"后来,当赫舒拉发来到加州大学洛杉矶分校的时候,我的论文大概写了一半。所以,我的导师阿尔奇安问我:'你为什么不去和赫舒拉发谈谈?'于是我去了,并将已经完成的章节给了他。一周后,我又去找赫舒拉发,他对我说:'我觉得这篇论文言之无物。'所以,我去找了我的另一位导师韦斯顿,问他:'我该怎么办,韦斯顿教授?'韦斯顿说:'你还记得吗?在论文研讨会上,你说非常喜欢马科维茨的研究。他也刚刚来到兰德公司,我们去和他谈谈吧。'于是,我向马科继茨做了自我介绍,我们聊了很长时间。接下来,加州大学洛杉矶分校的教授韦斯顿、阿尔奇安和马科维茨达成共识,让马科维茨成了我实质上的论文导师,尽管他当时还不是教授。所以,马科维茨对我的影响非常大。"后来的事便世人皆知了。1961年,夏普获得了博士学位。

---

[1] 在美国,实地考试(Field exams)是研究生在完成博士课程(或某个学科领域)的一段时间后,需要通过的考试。实地考试旨在评估学生对该领域的知识掌握程度和能力,通常涵盖该领域的核心概念、理论和方法。通常情况下,研究生在通过实地考试后才能进入论文撰写阶段。——编者注

[2] 转移价格是指在一个拥有不同部门的大公司中,一个部门会创建一个产品,并以预定的价格"销售"或将其转让给另一个部门。合理的价格水平应该与内部会计程序和公司对各部门盈利的内部激励措施有关。

不应被遗忘的对角线模型

夏普的博士学位论文题目是《基于证券间关系简化模型的投资组合分析》(*Portfolio Analysis Based on a Simplified Model of the Relationships among Securities*)。证券通常是指各种类型的投资，如股票、债券、现金或房地产，但在夏普的论文中是指股票。这篇论文共 103 页，有 24 幅图和技术性的附录，还包括 Fortran 编程代码。简单回顾，我们就可以理解为什么这篇论文会被称为诺贝尔奖获奖理念的缘起。这很可能是历史上首次对股票收益进行严格的理论分析，也是第一次尝试现在所说的量化投资。在这篇论文中，夏普坦称自己"受马科维茨的启发和影响最大"。

作为背景研究，夏普观察到，在马科维茨之前，有一个简单的风险概念：人们不应该把所有的鸡蛋放在一个篮子里。"我记得有个记者问马科维茨，是'不要把所有的鸡蛋都放在一个篮子里'这句话让你获得了诺贝尔奖吗？马科维茨说'没错'，然后记者困惑地走开了。"马科维茨的方法是把风险量化，夏普的论文则扩展了这种方法。

夏普研究了在投资组合中选择证券的过程，给出了关于这些证券关系的某些简化假设。例如，如果在某一天或某一周，一只股票价格上涨，那么另一只股票的价格会随之上涨多少？如表 3-1 所示，我们以一个投资组合为例，其包含 10 只股票，编号为 1~10。如果要研究这 10 只股票之间的价格变化关系，我们需要检查 45 对不同的股票：股票 1 和股票 2 之间，股票 1 和股票 3 之间，依此类推到股票 9 和股票 10。我们可以在表 2-1 的 10×10 矩阵中将这些配对可视化，阴影区域代表股票之间的唯一配对。

如果我们应用马科维茨的有效前沿模型，那么确定投资组合标准差的必要输入变量之一是每对股票之间的相关性或协方差的估值。一个包含 100 只股票的投资组合，有 4 950 对不同的组合。虽然如今我们可以使用计算机进行轻松快速的计算，但在20世纪60年代早期并非如此。要将马科维茨的思想应用到实际的投资组合中，任何能够简化计算的技术都具有巨大的实际意义。"我开发了一种算法，可以非常有效地解决这种特殊问题，即通用投资组合理论。这实际上是一个投资组合优化的问题。"夏普回忆道。

表3-1　10只股票之间的配对

		股票									
		1	2	3	4	5	6	7	8	9	10
股票	1										
	2										
	3										
	4										
	5										
	6										
	7										
	8										
	9										
	10										

夏普与证券分析师们进行讨论，以确定他们会寻找什么样的指标来预判相应证券的未来收益。夏普回忆道："在韦斯顿教授的敦促下，我获得了与一位知名财务顾问共事的机会，试图捕捉他预测的概率，然后进行有效的投资组合优化。"夏普发现，成功的关键取决于三个因素：其一，证券分为低收益或高收益。换言之，这只股票的预期收益率是低还是高？其二，根据预期收益可能无法实现的风险对证券进行分类。其三，根据单个证券价格相对于整个股票市场的变化情况对证券进行分类。例如，一些证券被认为对整体市场波动更为敏感，或更具周期性，而其他证券则受影响较小。正是夏普简

单而卓越的洞察力使得对这些关系的建模成为可能，他将此归功于马科维茨的建议，后者在他的《投资组合选择》一书中提出了类似的模型。

夏普的"对角线模型"对上述三种因素作了深入研究。这种方法的简单之处在于，这些因素正是投资者在分析证券时应该考虑的。换言之，它们是值得任何投资者考虑的因素，而关于证券的任何其他信息，比如股价是否已经上涨或下跌，都与其未来的价格和表现无关。

那么，这个模型是如何工作的呢？夏普用一个简单的方程总结了该模型：

$$Y_i = A_i + B_i \times I + \varepsilon_i$$

其中，Y_i 是证券 i 的收益率或回报率，A_i 和 B_i 是每个证券特定的固定参数。A 代表无风险资产的平均回报率，表示当总体市场回报为零时，证券回报是多少；B 代表某个证券的收益率对整体股票市场指数的敏感程度，所有证券的 B 值的平均值为 1.0；I 代表某个整体股票市场指数的回报率，如道琼斯工业平均指数和标准普尔 500 指数；ε_i 代表一个期望值或平均值为零的随机变量。

假设要研究股票的月度收益率，我们先要给定每个股票的 A 值和 B 值。A 表示股票是高收益还是低收益。B 表示股票相对于整体市场的风险。对于一只股票，假设 A 固定为 0.2%，B 固定为 1.2%。我们可以将该股票描述为比市场风险更高的低收益股票。整体市场的 B 始终为 1.0，因为我们将每只股票的回报率与整体市场进行比较。

现在想象一下，有一个无所不能的巫师，他每个月旋转两个刻度盘，以产生所有股票以及整个市场的回报。第一个刻度盘 I（指数），决定了该月的整体市场回报率,比如该月是 1.0%。第二个刻度盘 ε(特定公司的随机回报),决定特定股票的随机回报效应,比如该月为 -0.3%。综上所述,该月该股票的回报率为 $A+B\times I+\varepsilon$(或 0.2%+1.2×1.0%-0.3%=1.1%)。

这个模型的优势在于,我们不需要担心某只股票的价格相对于任何其他股票的变化。我们所关心的只是该只股票相对于整体市场或标准普尔 500 指数等重要指数的变化,由 B 来表示。如果我们考虑 10 只股票,我们所关心的是每只股票与整个市场的关系。在股票的 10×10 矩阵中,我们关心的只是对角线上的因素,即如表 3-2 所示的关系。

表 3-2 使用对角线模型解释每只股票与整体市场的关系

股票	1	2	3	4	5	6	7	8	9	10
1	■									
2		■								
3			■							
4				■						
5					■					
6						■				
7							■			
8								■		
9									■	
10										■

换句话说,我们可以将对角线上的每个"股票 i-股票 i"框视为每只股票与整体市场的关系。任何股票 i 和股票 j 之间的关系,即非对角线关系,对这个分析来说都无关紧要。夏普用更专业的语言描述道:"我称之为对角

线模型，因为使用这种结构，你可以将协方差矩阵（一种证券相对于另一种证券如何变化）写成一个对角线矩阵，其非对角线项都为零，外加一个等式。"

此外，由于每只股票的随机特定效应的预期值为零，如果持有大量的股票，我们就可以大概率地确定，每月这些随机效应的平均值将相互抵消。

夏普对角线模型的关键假设是，股票之间的关联仅通过股票对整体市场或者其他某些共同因素的反应来实现。该模型最终被人们称为单指数模型、单因素模型或市场模型。

在博士学位论文中，夏普给出了一个例子，展示了对角线模型在实现量化投资组合分析方面可能带来的潜在节约成本。使用最先进的 IBM 7090 计算机计算 100 种证券之间的所有成对关系需要 33 分钟的计算时间，成本为 300 美元（以 2021 年的美元购买力计算，相当于 2 400 美元），计算的上限是 253 种证券；而通过采用对角线模型，计算时间减少到 30 秒，成本仅为 5 美元，并且最多可以分析 2 000 种证券。

随后，夏普采用了两种不同的方法来测试对角线模型。第一种方法是使用目标预测技术（objective prediction techniques）。夏普从 1940—1951 年在纽约证券交易所上市的工业股票中随机选择了 96 种证券，对模型参数进行了估计，然后用 1952—1959 年的数据对模型进行了测试。总的来说，与计算所有可能配对的证券相比，对角线模型表现良好，并且在对这些证券的未来收益与风险进行排序时表现得相当准确。第二种方法是依靠经验丰富的投资顾问的输入来估计模型的参数。该模型的表现依然相当出色，而参与了测试的投资顾问们也设想了这种分析在未来将怎样助力投资组合的构建。

然而，人们记得夏普并不是因为他的对角线模型，而是因为 CAPM。

夏普博士学位论文的最后一章"证券市场行为的实证理论"所包含的结果推动了这个模型的发展。"这真的不是阿尔奇安教授的想法，但正是他的教导推动我去做的。"夏普假设，投资者应用马科维茨的投资组合分析方法来调整对证券的想法，并把他们的想法用对角线模型来表达。夏普在论文结尾处给出了一个准确的预测，或许此时 CAPM 已经在他的脑中成型。"马科维茨公式代表了考虑效用最大化方面的投资选择过程，因此，它很有可能成为未来更加完善的证券市场行为理论中一个非常重要的因素。"

给我一个 C，给我一个 A，给我一个 P，给我一个 M

1961 年 9 月，夏普入职西雅图华盛顿大学商学院，担任金融学助理教授。回忆起那段岁月，夏普说："6 月我刚完成了论文，9 月就在华盛顿大学开始了新生活，我当时想：'这真不错，不过我不知道自己能不能应付过来？'因此，我花了几个月的时间试图适应这一切，尽量不出乱子。有没有办法做到有条不紊地顺利过渡？我想是的，确实有。"

同年 12 月，夏普向著名的学术期刊《管理科学》(*Management Science*)提交了一篇题为"投资组合分析的简化模型"(*A Simplified Model for Portfolio Analysis*)的文章，对"为什么对角线模型是一个实用型工具"做了规范性的总结。这篇文章最终于 1963 年发表，这是他公开发表的第三篇文章，也是他在金融领域的第一篇文章，其他两篇文章与环境保护和军用飞机设计有关。

在华盛顿大学期间，夏普开始进一步研究他在博士学位论文的最后一章中提出的理论模型。他说："当时我认为，我们已有的资本市场线、证券市场线、贝塔值等已经足够完善，但我们仍然受制于证券回报之间的关联性假设。所以，我开始考虑如何推广这个模型。事实证明，在没有限制性假设的情况下，也可以比较容易地获得相同的结果，CAPM 公开发表的版本就是这样产生的。我在完成博士学位论文后的几个月内就完成了模型的推广,但考虑到出版和评审的各种变数,真正的公开发表延迟了一段时间。"

让我们来解开夏普的模型,包括资本市场线和证券市场线。对于这两张金融领域最著名的图表,在过去的几十年中,几乎每个工商管理硕士毕业生都了然于胸,甚至将其奉为圭臬。夏普和大多数其他经济学家一样,从证券的供求平衡状态即均衡状态开始思考他的模型。由于每个理论模型都是对现实世界的简化,所以夏普也是从设立假设开始创建模型的。

夏普假设,投资者不仅可以投资高风险证券,还可以以相同的无风险利率借贷,如美国国债利率。以无风险利率进行借贷扩大了投资者的投资可能性。放贷和购买国库券是一样的,借来的钱随后都被投资于风险资产。

另一个假设是,在夏普创造的理论世界中,每个人都希望持有马科维茨意义上的"最佳"证券组合。"最佳"证券组合意味着,持有在给定风险水平下具有最高预期回报的证券。回想一下,马科维茨能够识别出满足这一标准的各种风险证券组合,他称之为"有效投资组合"(见图 3-1)。

通过将无风险借贷与风险资产投资相结合,结果表明,在马科维茨所确定的各种有效投资组合中,只有一种特殊的风险资产组合是所有投资者都希望持有的,即最佳风险投资组合。理论上,该投资组合包含所有有价证券股票、债券、房地产、商品等。夏普将无风险借贷和最佳风险投资组合(即投资组合 M)的各种结合称为资本市场线。

虽然理论上,最佳风险投资组合包含所有有价证券,但为了简单起见,我们只考虑股票市场,其中一个很好的代表是一篮子证券,如标准普尔 500 指数。夏普的模型意味着每一种投资策略都应该是一个非常简单的两步过程。首先,所有投资者都会将一部分资金借给政府,换句话说,他们会购买一些国库券。其次，所有投资者都会将剩余财富投资于最佳风险投资组合，比如标准普尔 500 指数。投资于国库券的投资组合与指数的比例取决于个人承担风险的倾向：投资者愿意承担的风险越大，投资于指数的比例就越大。对于那些愿意承担大量风险的少数投资者来说，他们可以以无风险利率借款，并将自己的钱和借来的钱全部投资到最佳风险投资组合中。

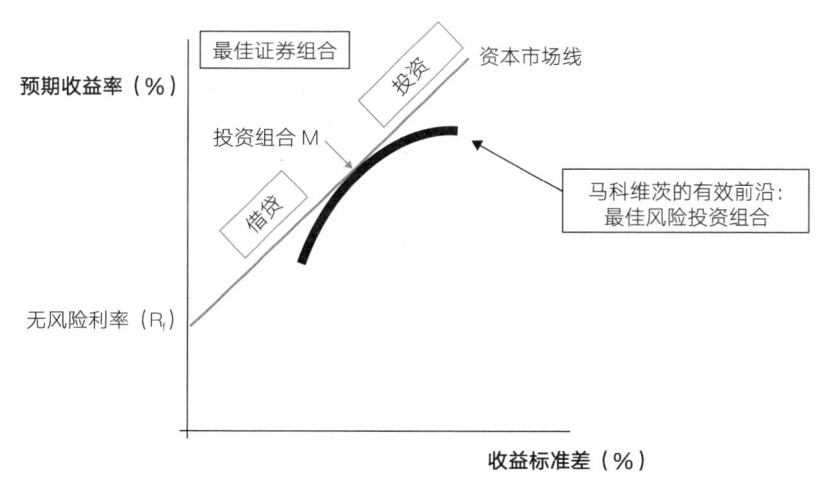

图 3-1 收益标准差与预期收益的关系

注：最佳风险投资组合是投资组合 M，也称市场投资组合。资本市场线显示了在无风险利率下进行借贷，并投资于 M 的组合。

借助一些额外的假设，夏普能够梳理出模型的一些其他重要结果。如果所有投资者持有的唯一风险证券投资组合是最佳风险投资组合，那么夏普就可以确定金融或资本市场中每种证券或资产的价格。这就是 CAPM（即资本资产定价模型）这一名称的由来。通过这个模型，投资者只要知道证券的价格，就可以确定该证券的预期回报。

事实证明，在夏普的 CAPM 中，投资者会因为承担无法分散的风险而获得回报，这就是为什么所有投资者都持有多元化投资组合的原因。在夏普的 CAPM 中，一个人为某一特定股票支付的价格并不取决于该股票收益的预期波动程度。真正重要的是，作为广泛和多样化投资组合的一部分，该股票的相对风险水平。

基于上述假设，夏普能够推导出股票预期收益与其风险之间的线性关系，即现在所称的证券市场线。如图 3-2 所示，股票回报对市场回报的敏感性（现在称为 beta 或 β 的变量）越高，该股票的预期回报就越大。

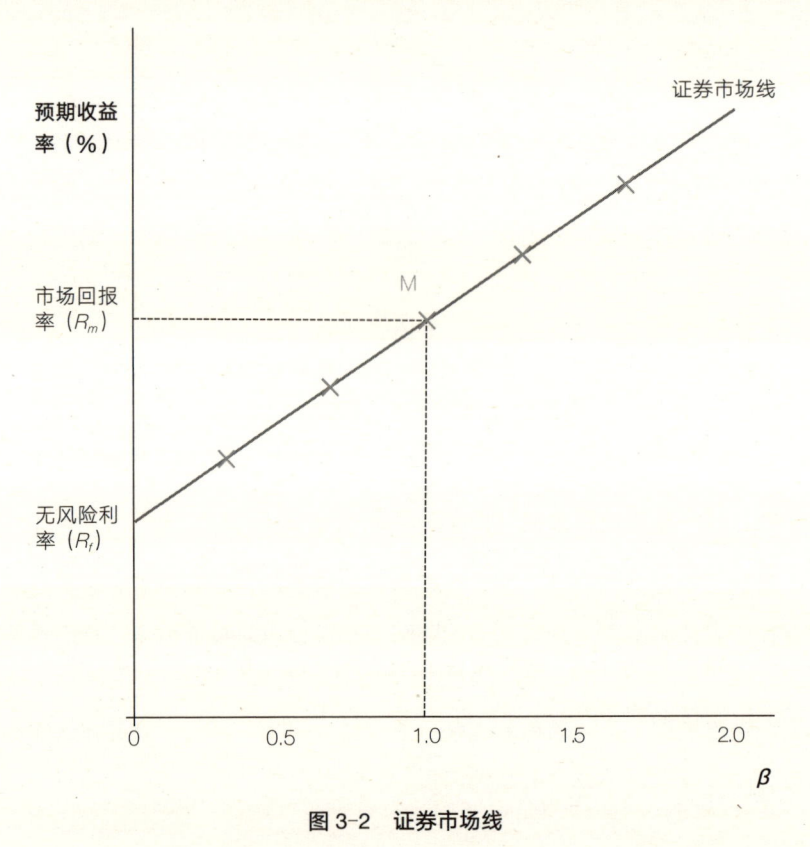

图 3-2 证券市场线

注：证券市场线将一只股票的预期收益与其风险进行了比较，以 β 系数来衡量。根据 CAPM，以多元化投资组合持有的所有股票应该都落在证券市场线上。

证券市场线方程也就是现在著名的 CAPM 方程：

$$E(R) = R_f + \beta \times (R_m - R_f)$$

在该方程中，$E(R)$ 是股票的预期收益率，R_f 是无风险利率，β 是特定股票相对于整体市场的风险程度，$(R_m - R_f)$ 是市场超过无风险收益率的预期收益率，也称市场风险溢价（MRP）。

虽然初看很简单，但进一步研究，我们就会发现这个模型兼具深刻的美感和复杂性。它说明了为什么某些证券的回报率高于其他证券，但只是作为风险补偿。只要投资者持有多元化投资组合，唯一重要的风险度量就是贝塔（β），即某个证券的回报与最佳风险投资组合的协方差。其他因素的影响微不足道。对于许多投资者来说，这可能是一颗难以下咽的药丸。如果单独持有某只证券，那么可能还会有其他一些重要的特征，比如证券收益的标准差，但根据夏普的模型，贝塔会剔除所有其他特征。

在 CAPM 中，夏普还开发了一个均衡模型。然而，CAPM 中每种证券的相对风险度量与夏普在论文中用对角线模型采用的度量值固定参数 B 极为相似。这一度量值后来被写作希腊字母 beta 或 β。β 给人非常直观的感觉：高 β 股，即那些 β 大于 1.0 的股票，是风险更高的股票；而低于 1.0 的低 β 股票则是更安全的股票。根据定义，整个市场的贝塔系数为 1.0，如果一只股票的贝塔系数为 1.5，这意味着如果股市上涨 1.0%，那么我们预计该只股票的价格将上涨 1.5%。

夏普认为，均衡模型是论文的自然延伸。"我在论文中把它提出来了，然后做了扩展，任何受过微观经济学训练的人都会这么做。如果每个人都这样做，那么当他们都进入市场时，价格就会调整，市场就会出清……这就是所谓的均衡。我发现，在非常严格而简化的假设下，高风险而不是其他风险会带来更高的预期回报；如果市场始终运行良好，那么风险将得到补偿，该风险指的是那种无法被分散的风险。"

1961年秋天，夏普关于CAPM的研究取得了巨大进展，他起草了一份研究报告，以供在业界研讨会上与其他学者分享。金融学和经济学通常的学术过程是征求学术同行的反馈意见，以改进论文，然后将其提交给受业界尊敬的一家期刊，以期发表。1962年1月，夏普在芝加哥大学的一个研讨会上首次发表了他的研究成果。不久之后，他将题为《资本资产价格》(*Capital Asset Prices*)的论文提交给著名的《金融杂志》。当时，该杂志是经济学领域的顶级学术刊物，也是马科维茨发表其开创性论文的地方。

之后，夏普收到了一位匿名评审员的初步否定报告。该报告评论说，夏普的假设，包括所有投资者都会对证券的预期收益和风险做出相同预测的重要假设，是如此"荒谬"，以致所有后续结论都"毫无意义"。夏普后续一直在尝试与《金融杂志》沟通，然而，直到新编辑的到来后他才获得成功。据夏普所说，"编辑流程后来发生了改变。最后，在其他评审员被邀请参与论文评论以及新的编辑同意刊发我的论文后，这篇论文终于在1964年被正式发表"。

截至2021年，夏普这篇现已成为经典的论文在谷歌学术上的引用量超过2.6万条。成千上万的金融学教授和数十万商学院的学生已经了解并爱上了夏普的模型。"现在当我试图用CAPM的结论启发别人时，我更喜欢引用肯尼斯·阿罗的世界观……其基本观点是：如果你想在资金短缺的时候获得资金，那么你必须支付更多；如果你为此付出更多，你的预期回报就会降低……这里的两个推论就是：第一，承担风险是有回报的，但仅指无法分散的风险；第二，你为什么要承担这种无回报的风险，看在上帝的份上，去做分散投资吧！这就是指数基金的思想基础，即这些基金应该用于购买尽可能多样化的大量证券，并尽可能降低成本。"

夏普将他的文章视为得意之作：

"我记得关于CAPM的那篇论文，经过了3年的评审编辑过程，终于在1964年发表了。我当时确信我是对的，那是我写过的最好的论文，没有什么能让我怀疑这一点。那么，它究竟有多好？所以，在那个没有电子邮件的年代，我坐在电话旁，等待电话铃响或者邮差来送信，结果什么也没有发生。最后，大约在论文发表的一年后，人们开始关注它。当时我更关注实业金融界对这些想法的采纳，但这也需要一段时间。一旦开始，你就难免会面对诸多支持和反对的声音。"

"实践的推进过程非常缓慢，需要花费很长时间，因为这与投资业惯常所做的一切都背道而驰。甚至有人在一本专业的投资杂志上登了一整版广告，上面的山姆大叔说：'指数化投资是非美国的。'"

"还有一种观点认为，按市值比例来投资堪称愚蠢，你需要聪明的人做指引。整体市场'随机游走'的观点主要出自麻省理工学院保罗·库特纳（Paul Cootner）的同名书。在《随机游走》(*The Random Character of Stock Market Prices*)一书出版后，保罗曾在纽约向500名证券从业人员发表演讲，介绍他的人是业内的领军人物。在完成介绍后，该领军人物问道：'我有一个问题想要请教您，库特纳教授。既然您这么聪明，为什么不富有？'当然，这个问题赢得了热烈的掌声。于是，库特纳走到讲台上说：'好吧，我有一个问题要问你……既然您这么有钱，为什么不聪明呢？'由此可见，学术与专业的互动至少倒退了10年。"

随着CAPM的不断完善，夏普有效地将投资从所谓的专家或"枪手"手中转移到了个人投资者手中。夏普让投资变得容易，因为没有太多投资知识的人也可以通过投资被动投资组合或指数基金获得可观的回报率。夏普回顾道："这是一件非常好的事情。另外，我认为重要的是，要理解并非所有指数基金都具有同等的社会责任。所以，正如我们所知，许多狭义的指数基金正被大量用于日内高频交易和各种堪称赌博的活动之中。"

CAPM 被填补的数学空白

然而，并非只有夏普在寻求令人信服的证券定价模型。"由于马科维茨为约束条件下的最大化行为提供了一个模型，所以我并不是唯一一个探索其如何影响市场均衡的人。1963 年的一天，我收到了杰克·特雷诺（Jack Treynor）的一篇未发表的论文，其中包含一些类似的结论。1965 年，约翰·林特纳（John Lintner）发表了一篇重要论文，其研究结果与我的如出一辙。后来，简·莫辛（Jan Mossin）又发布了一个版本，在更一般的条件中得到了相同的关系。"

经济学家特雷诺可能提出了目前所知最早的 CAPM 版本，尽管他在论文中提到了夏普，但没有具体的引文。特雷诺起初并不是一位经济学家。他在 20 世纪 50 年代进入哈佛福德学院（Haverford College）学习数学，并于 1955 年在哈佛商学院获得工商管理硕士学位。1958 年暑假，特雷诺读了佛朗哥·莫迪利亚尼和默顿·米勒（Merton Miller）的著名论文。这篇论文表明，在某些限制性假设下，一家公司的资本结构（包括债务和股权）不会对公司的价值产生影响。受此启发，特雷诺写了 44 页的数学笔记，这些笔记最终变成了一篇未发表的论文《市场价值、时间和风险》（*Market Value, Time, and Risk*）。特雷诺把这篇论文分享给他当时唯一认识的一位经济学家，哈佛大学的约翰·林特纳。特雷诺后来回忆道："林特纳没有给我多少鼓励。我觉得我的论文对林特纳来说可能就像一堆胡言乱语。"后来，米勒获得了一份论文副本，并分享给了莫迪利亚尼。莫迪利亚尼联系了特雷诺，鼓励他学习经济学。特雷诺听从了莫迪利亚尼的建议，从咨询公司 Arthur D. Little 休假来到麻省理工学院，在莫迪利亚尼的指导下学习。在莫迪利亚尼的建议下，特雷诺将其论文分为两部分。第一篇论文写于 1962

年，名为《风险资产的市场价值理论》(Toward a Theory of Market Value of Risky Assets)，直到 1999 年才作为一本书的一部分得以发表。在麻省理工学院短暂逗留后，特雷诺回到了 Arthur D. Little 公司，他接到了莫迪利亚尼的电话。莫迪利亚尼告诉他，夏普正在研究 CAPM，并建议他们可以互相交换论文。二人照做了。特雷诺回忆道："我当时想，如果夏普要发表论文，那么我发表的意义何在？"特雷诺的不幸在于，诺贝尔奖不会授予未经发表的研究。

特雷诺写这篇论文的目的是想建立一个风险资产市场价值的理论模型。他的视角与夏普不同，他对估算公司面临的资本成本更感兴趣。资本成本对于公司的预算和投资决策都非常重要。资本成本的一个关键组成部分是股权成本。然而，从公司的角度来看，股权成本与从投资者的预期回报是相同的。特雷诺的模型强调，投资者因承担更多风险而希望获得风险溢价，即更高的预期回报。尽管没有使用"市场投资组合"这一术语，但特雷诺表明，在他的假设下，任意两名投资者持有的品种都是相同的，只是持有量不同。特雷诺也对夏普所说的市场风险和可分散的公司特定风险做了区分。

与特雷诺一样，林特纳对 CAPM 的研究似乎也受到莫迪利亚尼和米勒的启发。林特纳在勘萨斯大学获得本科学位，然后于 1945 在哈佛大学完成研究生学业，并留校担任工商管理学教授。林特纳希望创建一种风险资产的估值理论来驳斥莫迪利亚尼和米勒。林特纳可能在 1960 年或 1961 年阅读了特雷诺的草稿，比他自己发表于 1965 年的论文早了几年。在关于 CAPM 的几个版本中，林特纳的版本可能在数学论证方面更为权威。事实上，它包括将近 100 个方程和 77 个脚注。在论文中，林特纳承认了夏普的文章要早于自己的，并指出当其发表时，他自己的论文也已经在付梓的过程中。有趣的是，尽管林特纳承认了同行们的一些讨论和评价，但他并没有提到特雷诺。

与夏普一样，林特纳也关注投资者选择最优证券时所面临的问题，并在他的模型中加入了类似的假设，比如以无风险利率借贷的能力。林特纳得出的结论也与夏普一样，对股票定价而言，重要的不是其风险或收益的标准差，而是该股票的收益相对于整体市场的变化程度。

尤金·法玛在1968年发表的一篇研究各种版本CAPM的文章中指出，夏普的模型和林特纳的模型是等效的方法，但夏普忽视了其研究结果的重要性，其中最主要的一个结果仅在文章的第22个脚注中做了说明。同样，特雷诺也没有充分重视其研究结果的重要性："现在我们可以回过头去讨论CAPM的意义，如果它确实有任何意义的话。但在当时，这一点对所有人来说都不明显。"

挪威经济学家简·莫辛是第四个与夏普大致同时提出CAPM的人。1959年，莫辛毕业于挪威经济与商业学院，并在卡内基理工学院（现在的卡内基梅隆大学）攻读研究生。与夏普一样，莫辛的论文《风险承担理论研究》(Studies in the Theory of Risk Bearing)的最后一章也是他分析资本资产定价的基础。莫辛意识到了自己研究的重要性，在1968年正式完成论文之前，他就于1966年发表了该论文。夏普的文章发表在《金融杂志》上，但莫辛选择在一本同样享有盛名但更注重数学的经济学杂志《计量经济学》上发表其论文。遗憾的是，与金融学期刊相比，经济学期刊的运转速度要慢得多，这一状况一直到今天依然如此。莫辛于1965年12月向《计量经济学》提交了一份修改后的手稿，并且表明他最初提交论文的时间不晚于1964年，而这正是夏普首次发表CAPM论文的时间。

莫辛的主要兴趣点在于整体市场的均衡条件以及资产的供求。莫辛引用并批评了夏普的论文，指出他们的主要结论虽然一致，但夏普"对均衡条件的描述缺乏精确性，使得他的部分论点存在不确定性"。莫辛讨论了夏普的"所谓'市场线'"或资本市场线，但也许为了在某种程度上符合严谨的偏数学学术期刊的风格，他并没有在论文中呈现这条线。莫辛也讨论了"风险的价格"，即类似于现在被称为夏普比率的收益风险比。莫辛认为"风险的价格"是一个不恰当的术语，使用"风险降低的价格"或许更好。莫辛还做了这样的类比，即我们"肯定会犹豫是否将'垃圾的价格'一词用于城市卫生费用"。

学者可能是一个批判性的群体，对于经济分析中的数学严谨程度往往存在不同的意见。然而，夏普的 CAPM 经受住了时间的考验，其他人则填补了其中必要的数学空白。

走向巅峰的高产岁月

夏普在华盛顿大学执教到 1968 年（除了在兰德公司度过的一年）。在执教期间，他教授了 16 门课程，包括金融学、经济学、计算机科学、统计学和运筹学等。如今，金融学学者在同样的执教期通常只会教授两三门课程。夏普在学术界迅速崛起，并于 1963 年从助理教授晋升为副教授，1967 年晋升为教授。在华盛顿大学期间，他还作为咨询顾问为波音公司、IBM 公司、兰德公司、Arthur D. Little 公司、麦肯锡公司和美国西部航空公司提供了服务。同时，夏普也是华盛顿大学著名杂志《金融与计量分析》（Journal of Financial and Quantitative Analysis）的副主编。

夏普形容自己在华盛顿大学的时间"繁忙但高产"，其实这是一个相对温和的描述。事实上，他在 1961—1968 年共发表了 24 篇学术论文，以今天的标准来看，这是一个难以置信的数字。另外，在此期间，夏普还出版了一本关于 BASIC 语言的书。1970 年，夏普又出版了两本书。他的学术研究聚焦在 CAPM 的扩展及其实证应用。

1968，夏普南迁至加州大学欧文分校。夏普之所以被吸引到这里，是因为这里有机会参与一所实验性的社会科学学院的创立，该学院将以跨学科和定量分析为重点，这看起来非常适合夏普。遗憾的是，这所学院后来没有达到夏普的期望。所以，当后来有机会到斯坦福大学商学院担任学术职务时，夏普欣然接受了。不过，在加州大学欧文分校期间，夏普完成了《投资组合理论与资本市场》（Portfolio Theory and Capital Markets）一书，该书总结了他在 CAPM 模型方面的研究。

从 1970 年起，夏普一直留在斯坦福大学，先是作为讲师，后来在 1973 年升任讲席教授，最后分别于 1989—1992 年和 1999 年担任斯坦福大学的荣誉教授。夏普回忆道："我在斯坦福大学度过的这段学术时光是每一个对研究和教学感兴趣的人都心之向往的。"20 世纪 70 年代，夏普继续他在资本市场均衡模型领域的研究，专注于投资者投资组合选择的应用。同时，夏普的研究兴趣是很应时的。1974 年，《雇员退休收入保障法》（Employee Retirement Income Security Act，ERISA）获得通过，确立了私人养老金计划的规则和要求。《雇员退休收入保障法》涉及"审慎人规则"，该规则要求管理养老基金的受托人在投资中谨慎行事，其中包括要求投资的多元化。这些规则和要求与 CAPM 相契合，即意味着应该投资于多元化的市场组合。

1976—1977 学年，夏普访问了美国国家经济研究局，并参与研究了银行发放的贷款金额与其最低资本要求之间的关系。夏普聚焦于存款保险和违约风险之间的关系，该项目对金融机构的过度冒险行为提出了警告。在 20 世纪 80 年代的储贷危机之后，夏普回顾道："如果我们当时的研究结果在随后的 10 年中得到美国储贷机构的关注，那该多好啊！"在 2007—2009 年的金融危机期间，全球金融机构也遭遇了同样的储贷危机。

1978 年，夏普写了一本著名的教科书，书名为《投资学》（Investments），到 1999 年为止已经出到了第 6 版。在该书的编写过程中，夏普创建了著名的布莱克 - 斯科尔斯 - 默顿期权定价模型（Black-Scholes/Merton optionpricing model）的简化版。从 20 世纪 70 年代末到 80 年代，夏普曾担任美林证券、富国银行和弗兰克罗素公司（Frank Russell Company）的咨询顾问，将自己的研究付诸实践。正如夏普所说，"理论有利于实践，而实践有利于帮助你弄清楚要研究什么理论，以及一个理论是否有用。所以，我一直处于一种左右开弓的状态。只是有时我侧重于这只手，有时则侧重于另一只手"。在美林证券，夏普主要参与了对贝塔系数的评估，以及衡量风险调整后的投资组合绩效。在富国银行，夏普参与了指数基金的创建，复制了标准普尔 500 指数等整体市场投资组合。复制整体市场投资组合在当时是一个相当有远见的想法，其产品被广泛应用于如今的投资市场。

在此期间，夏普还开发了一种衡量收益 - 波动性的简单方法，即现在著名的夏普比率。从数学上讲，夏普比率是股票或投资组合超过无风险收益率的超额收益率部分除以收益率的标准差。这种简单的度量方法在今天被广泛地应用于衡量投资绩效。

1980 年，夏普当选为美国金融协会主席。他的就职演说题为《投资管理的去中心化》（Decentralized Investment Management），意指大型机构投资者雇用众多投资组合经理的普遍做法。在 CAPM 中，这种做法应该是多余的，因为风险资产的最佳组合就是市场组合。然而，夏普也强调了区分判断多样化（多名基金经理投资于某一个子板块）和风格多样化（投资于不同子板块）的重要性。

1985 年，夏普开启了一个新的研究重点：处理投资者在决定资产配置比例时所面临的关键性问题。夏普为投资者准备了一套教材，包括一本名为《资产配置工具》（Asset Allocation Tools）的图书，以及优化软件和相关数据库。1986 年，夏普从斯坦福大学休了两年假，成立了威廉·夏普咨询公司（William F. Sharpe Associates）。这家公司专注于资产配置流程的研究与开发，帮助养老基金、捐赠基金和基金会作出资产配置决策。1989 年，夏普从斯坦福大学的在职教授转为名誉教授，这让他有机会放下常规教学，将更多的时间和精力投入公司的事务中。

次年，夏普与马科维茨、米勒共同获得诺贝尔经济学奖。用委员会的话说，这是为了表彰他们"在金融经济学理论方面做出的开创性工作"。沃顿商学院的罗伯特·利森伯格（Robert Litzenberger）在致辞中强调了夏普的成就和对金融经济学的贡献："夏普开创性研究的影响远远超出了学术界，通过在投资和财务管理实际问题中的大量应用，提高了资本市场的配置效率。其应用范围涵盖了从共同基金和养老基金的风险调整绩效衡量，到电力和电话基础设施等受监管的自然垄断企业的定价问题。"利森伯格特别提到了夏普1964年发表的关于CAPM的文章，称赞其为"简单经济逻辑的力作"。

当时的夏普似乎已经达到了职业生涯的巅峰，但他仍然积极从事相关研究工作。1996年，夏普与合伙人共同创立了金融引擎公司（Financial Engine），这是一家开创独立在线投资咨询的公司，专注于养老投资领域。夏普回忆道："我在法学院的一位同事乔·格伦德费斯特（Joe Grundfest）曾在美国证券交易委员会任职。有一次我们喝咖啡的时候，乔极力鼓动我：'如果你真的想影响那些做投资决策的人，那么我们需要成立一家公司。'这就是金融引擎公司的由来。乔为我引荐了一位律师克雷格·约翰逊（Craig Johnson），他也可以帮助创办公司。于是，我们三个人创建了金融引擎公司。其目标是帮助在职员工更好地使用401（k）计划，为养老生活做好储蓄。当然，我们的想法是要应用我们在学术金融领域已实现的所有研究成果。"

夏普解释了他对养老规划和投资的兴趣：

"包括我在内的许多人多年来一直在关注我们所说的积累阶段（accumulation phase）。为养老生活储蓄这件事并不简单，因为这是一个跨周期的、持续的过程。但假设我们可以采取一种捷径，说'好吧，你关心的是你退休那天财富的分布'，那我们就可以在这一点上有所作为。"

"如果你拥有一个真正多元化、真正广泛的市场投资组合，那么你只需将你的资金在这个组合和低风险资产之间进行分配，无论是实际上的还是名义上的低风险。然而，在401（k）计划中，你无法这么做。你只能在你的雇主提供的有限的投资工具中进行选择，因此这是一个更为棘手的问题。但你可以说：'好吧，我们可以通过某种风险规避的手段来满足你的偏好，这关乎你退休那天能拿到的钱。'虽然这是一种单参数的东西，但它大有裨益。我现在正致力于研究退休之后的阶段。你退休后或退休当天准备做什么，在你之后的那些岁月中，你该如何分配金钱和投资，等等，这些都是异常困难的问题。"

"首先，你不知道自己能活多久，也不知道你的配偶或伴侣能活多久。其次，你知道有很多可供选择的投资策略，在理想情况下，它们都有一定的市场基础，但它们不一定都恰好是市场组合和无风险资产。最后，我们真的不知道人们的偏好是什么……你需要一个多周期的均衡模型，而不是单周期的CAPM。"

除了在金融引擎公司工作外，夏普还继续进行创新研究。1992年，他开发了一种简单的方法来衡量基金业绩，通过他所谓的资产类别因素模型（asset-class factor model）帮助"从混乱中恢复秩序"：将基金的总体回报归因于各种股票和债券指数的回报。夏普还根据自己在普林斯顿大学的金融系列讲座内容出版了一本书，回顾了自己之前的工作，并介绍了如何把投资者行为纳入证券价格分析的方法。

如果你不能打败市场，那就加入吧

夏普对 CAPM 有三条关键的总结。

第一是市场投资组合是唯一重要的风险资产。"房地产的三大原则是地段、地段和地段；从某种意义上说，投资的三大原则是多元化、多元化、多元化。"投资于市场投资组合可以确保最终实现最大程度的多元化。

第二是保持低交易成本。"关于成本，坦率地说，这有点像沃贝贡湖效应：成本对于所有普通投资者都是一样的，如果你试图找到最热门的股票或最佳的新兴成长基金经理，抑或听从吉姆·克拉默（Jim Cramer）的建议……那么结果只会是你将承担额外的风险，而且大概率你不会因此获得任何额外的回报，同时会在交易过程中耗费不菲的成本。"

第三是对于承担更多风险的不确定补偿。"如同理论所说，至少从广义上看，如果你承担更多的市场风险或者经济风险，换句话说，如果你在糟糕的时期把自己置于一个非常糟糕的境地，那么从某种意义上说，你应该'期待'更高的回报；或者从另一个角度来说，从长期来看也许你会做得更好，但这种情况会给你带来更高的预期回报和更大的风险。在任何特定时期，你可以得到更高甚至非常高的回报，你甚至会命悬一线，但是很多人都忘记了金融危机期间股价的大幅下跌。"

当被问及指数化投资时，夏普回答说："我认为指数化掩盖了许多罪恶，但我认为指数化投资是一个好主意，适用于你的一部分资金。我不是说你必须对所有产品都进行指数化投资，但我是指数化的大力支持者。另外，指数化必须经济可行。"

夏普还指出了个人投资者进行主动管理的另一项成本。"应税投资者还有另一个担忧主动管理的理由,即主动管理实现资本利得的频率远远高于被动管理,这就要求可以延期缴纳税款或在某些情况下避税。"

那么,是否有主动基金经理的表现优于市场?夏普的回答是:"当然,在任何特定时期内,在扣除成本之前,许多主动基金经理都会战胜市场和被动管理人。即便在扣除成本之后,也依然有相当一部分人能够战胜市场和指数基金,但其难点在于如何提前确定赢家。虽然说按照历史业绩来寻找未来的赢家看起来符合逻辑,但证据并不十分支持这一说法。在某种程度上,这是因为过去的许多赢家只是幸运而已,而在其他情况下,专业投资者之间的竞争会导致策略失效。"CAPM 中包含的另一个关键洞见是,可能的确有一些策略可以提供更高的平均回报率,以跑赢标准普尔 500 指数等市场基准。然而,这些策略的内核只是提供更高贝塔值的某种隐蔽方式。夏普在 MBA 课程中用抛硬币作为例子,来说明这个洞见。学生们在课堂上抛硬币,有些学生可能会连续抛出正面,就像那些看似表现很好但实际上只是运气好的无能分析师一样。

夏普总结了四条简单的理财原则:"多元化、节约、个性化、情境化。"在此基础上,夏普再次强调:"多元化、多元化、多元化!你越接近于持有整个市场投资组合,你的收益风险比就越高。同时,你需要避免不必要的投资费用,特别是管理费和交易成本来节约成本。个性化则要求你充分考虑自己的处境,特别是你在金融市场之外所面临的风险……最后需要考虑的是情境。记住,如果你认定市场价格是错误的,比如重仓投资某一股票或行业,那么你必须能够证明为什么你是对的,而市场是错的。资产价格不是由某个火星人决定的。"

夏普的完美投资组合

那么,夏普认为什么才是具有代表性的完美投资组合呢?他表示:"在理想情况下，它将是无风险资产和风险资产的组合，无风险资产类似于TIPS（例如，国债通胀保值证券、将本金和息票与通胀率挂钩的政府债券等）……风险资产是指世界上所有的按市场比例加权的可交易债券和股票的组合。至少在目前，我称之为'世界债券股票基金'。那么问题来了：'如果你今天真的想投资这个产品，你能找到的投资依据是什么呢？'因此，我非常仔细地查看了各种指数基金和交易所交易基金的费用比率。正如你所知，费用比率累积起来会大得惊人。""我把我的一部分资金投入这个完美投资组合中，它由四个品种组成。之所以是这四个品种，是因为它们的费用要比其他的品种更低。它们都恰巧是美国金融巨头先锋公司的产品。你也可以看看嘉信理财和富达基金的产品。这四个品种分别是美国总体股票市场基金、非美国总体股票市场基金、美国总体债券市场基金和非美国总体债券市场基金。我必须说明的是，非美国债券市场基金做了外汇套期保值，我不确定我对此感受如何，但事实就是如此。"

针对典型的个人投资者，夏普补充了一条重要的告诫："**虽然这就是你合宜的投资方式，但你必须先存足够的钱，尽管大多数人都做不到这一点。**"当被问及投资者应该如何才能存更多的钱时，夏普回答说："牺牲，你知道吗？我的意思是，当你着眼于长期，只需要简单的计算，你就会发现储蓄的巨大价值。你只能自己存钱，因为除了社会保险，没有人会为你做这件事。虽然我们中的一些人总希望有更慷慨的社会保障，但至少对于低收入者来说，那可能不会发生。"

夏普还讨论了他正在推动的"改革运动"，试图让投资者意识到他们为许多投资产品支付了巨额费用。"费用支出的影响其实很大。我认为人们需要了解，大量资金正从个人特别是为退休储蓄的个人的储蓄账户转移到金融业……但投资者没有从这些费用支出中获得任何实际价值。"夏普指出："许多人即将步入养老生活，他们账户里的钱'数额巨大'，这在以前是难以想象的。"夏普特别指出了固定缴款计划中不断增长的财富：每个人都在"试图从中分得一杯羹"。从行为学的角度来看，许多"听起来很不错"的产品被创造出来，但最终只是通过收取费用从个人储蓄中榨取价值。因此，投资者教育是必要的，这样投资者就不会"被吸引到这些迎合人们行为倾向的系统中"。夏普的完美投资组合将保持尽可能最低的费用，但投资者必须谨慎行事。**虽然财务顾问可能会为你的投资组合增加相当大的价值，但你要确保了解你所支付的费用，以及你到底得到了多少回报。**

In Pursuit of the Perfect Portfolio
夏普的投资组合箴言

- 多元化、多元化、多元化！你越接近于持有整个市场投资组合，你的收益风险比就越高。同时，你需要避免不必要的投资费用，特别是管理费和交易成本来节约成本。个性化则要求你充分考虑自己的处境，特别是你在金融市场之外所面临的风险……最后需要考虑的是情境。记住，如果你认定市场价格是错误的，比如重仓投资某一股票或行业，那么你必须能够证明为什么你是对的，而市场是错的。

- 在寻找适合自己的投资方式之前，你必须先存足够的钱，尽管大多数人都做不到这一点。

- 许多"听起来很不错"的产品被创造出来，但最终只是通过收取费用从个人储蓄中榨取价值。因此，投资者教育是必要的，这样投资者就不会"被吸引到这些迎合人们行为倾向的系统中"。

- 虽然财务顾问可能会为你的投资组合增加相当大的价值，但你要确保了解你所支付的费用，以及你到底得到了多少回报。

THE STORIES, VOICES, AND KEY INSIGHTS OF THE PIONEERS
WHO SHAPED THE WAY WE INVEST

In Pursuit of the Perfect Portfolio

第 4 章

尤金·法玛与有效市场假说

- 2013年诺贝尔经济学奖得主
- 现代金融实证研究的奠基人
- 提出了有效市场假说，引发了无数法律、法规和政策的出台
- 提出了"随机游走"，并在收益预测回归中提供了最重要的论据来证明这一点
- 著有《金融学理论》（与默顿·米勒合著）、《金融学基础》等

EUGENE FAMA

尤金·法玛

我们经常接触股票的报价,但很少考虑这与股票的真实价值有什么关系。尤金·法玛可能比当今任何人都更能影响我们对价格与价值的思考,他提出了一个非常简单的假设:对于股票,你所见即你所得。换句话说,如果股票市场是有效的,那么市场价格反映了我们对股票内在价值的最佳估计。

法玛首先提出了"有效市场假说"(efficient market hypothesis),然后在其职业生涯中开发了一系列针对有效市场假说的测试。有效市场的研究让学术界忙活了几十年。在 1978 年的一期专刊中,著名期刊《金融经济学杂志》(Journal of Financial Economics)编辑迈克尔·詹森(Michael Jensen)[1]写道:"我认为经济学中没有任何命题得到了比有效市场假说更多更坚实的实证证据支持。经过检验,这一假说与各类市场的数据一致,只有极少数例外。"

市场效率的概念对投资行业产生了深远的影响,在关于主动投资、被动

---

[1] 法玛曾担任迈克尔·詹森在芝加哥大学攻读博士学位时的导师。——编者注

投资以及风险在确定股票公允价值中的作用的争论中，这一概念至今仍在引起共鸣。市场效率很重要，因为如果股票定价合理，那么我们就不应该花时间试图超越市场，从而产生主动管理的成本。即便一个市场并不是有效的，在了解了法玛的研究结论之后，你也必须自问，对于市场的无效部分，该如何加以利用，能够利用多少，以及自己在思维和行动上是否真的与其他投资者有所不同。法玛本人并没有声称整体市场总是完全有效的，只是在大多数情况下，它们都接近有效，且无效部分很少，很难让套利者从中获利。指数基金的存在和流行完全来自有效市场的观点，与马科维茨关于多元化重要性的观点以及夏普对市场投资组合重要性的强调非常吻合。法玛的实证研究永远改变了投资管理的实践，从而也改变了完美投资组合的内涵。

法玛 VS 希勒：有效市场假说与行为金融学的缠斗

为了充分理解法玛对完美投资组合的贡献，我们需要先行了解两个对立的重要学术阵营。这两大阵营都拥有几位诺贝尔奖获得者：主张有效市场假说的人，比如法玛；以及持行为金融学观点的对手，比如罗伯特·希勒（本书第 9 章的主角）。20 世纪 60 年代中期，法玛提出了"有效市场假说"一词，来描述市场价格总是反映所有相关信息的情况。市场的有效性是竞争和自由进出的结果。基本经济逻辑就可以说明，市场价格中一定包含了所有的公开信息，否则就可以通过交易来获取盈利。例如，如果一只盈利增长前景看好的股票定价较低，人们就会购买它，从而使价格上升到该股票的合理贴现价值。事实证明，市场竞争会以多种方式产生微妙的后果，包括新闻事件前后股市的波动，以及基金经理在战胜指数方面遇到的难以预料的困难，这是对市场有效性的严峻考验。

有效市场假说的第一个预测是，股票价格应该遵循随机游走模式。因为随机游走的连续变化是不可预测的，所以有效市场中的股价变化应该也是不可预测的；否则，赚钱这件事就太过容易了。昨天的价格变化对于当下并不重要，因为只有新的相关信息才能影响股价。准确地说，在考虑股息和风险溢价的调整后，股票价格应该遵循随机游走模式。

随机游走的概念可以追溯到 1827 年，当时植物学家罗伯特·布朗（Robert Brown）用显微镜观察漂浮在水中的尘埃颗粒，发现了它们的不稳定行为。后来，这种不稳定行为被称为布朗运动。1900 年 3 月 29 日，法国研究生路易斯·巴契里耶（Louis Bachelier）成功地为自己的论文《投机理论》(The Theory of Speculation) 进行了答辩。在这篇论文中，巴契里耶借助布朗运动模型来解释类似的随机运动，提供了原子和分子存在的证据，但这种运动是以证券价格而不是尘埃颗粒为例的。这比爱因斯坦 1895 年研究布朗运动的成因领先了 5 年。巴契里耶的研究被遗忘了将近半个世纪，直到它被芝加哥大学的数学家莱纳德·吉米·萨维奇重新发现。萨维奇把巴契里耶的这篇论文翻译成了英文，并把它介绍给了第一位获得诺贝尔经济学奖的美国人保罗·萨缪尔森。这一翻译版本与其他关于该主题的实证研究一起，于 1964 年发表在经济学家保罗·库特纳的《股票市场价格的随机特征》(The Random Character of Stock Market Prices) 一书中。第二年，法玛就发表了论文，论述了股票价格运动的随机性，正式形成这一假说。1970 年，法玛又发表了一篇重要的文章，强调了对有效市场假说的有力实证支持。

20 世纪 70 年代后期，一种关于市场效率的新观点出现了。与所有经典微观经济学一样，关于市场效率的分析都假设投资者是理性的。市场效率分析只是被搬到资产市场中的供需关系研究。但是，一批被称为行为主义者的学者质疑这一假设。最著名的理性行为批评家包括诺贝尔奖经济学奖得主丹尼尔·卡尼曼和他的长期合作者阿莫斯·特沃斯基[①]以及诺贝尔奖获得者罗伯特·希勒和理查德·塞勒（Richard Thaler）。如本书第 2 章所述，卡尼曼和特沃斯基在 1979 年著名的前景理论中提出了一个决策模型。在该模型

---

① 特沃斯基于 1996 年去世，这使得他无法在 2002 年与卡尼曼分享诺贝尔奖。

中，人们通过权衡损失而不是收益来做出决策。该模型从心理测试中获取的实验证据与预期效用理论存在一定的偏差，因为在预期效用理论中，损失和收益之间虽存在区别，但并不明显。理性行为批评家们还设计了一些实证研究，在这些研究中，投资者似乎偏离了理性行为简单模型的预测。根据行为主义者的观点，这些明显的理性偏差可归因于投资者的偏见，如过度乐观、过度自信、反应过度、厌恶损失、羊群效应、概率校准错误和心理账户。本书第7章将谈到更多关于行为主义者的内容。

努力战胜市场

尤金·法玛的祖父母于20世纪初从意大利西西里岛移民到美国，这使得法玛成为一名第三代美籍意大利人。法玛的父母、叔叔和婶婶在大萧条初期开始参加工作。由于当时的工作机会极其缺乏，他们只能做体力活。法玛的父亲是一名卡车司机，曾在第二次世界大战期间工作于波士顿造船厂。在第二次世界大战期间，1939年的情人节，法玛出生于马萨诸塞州波士顿郊区的萨默维尔。不久之后，法玛全家搬到了神秘河对岸的塔夫茨大学所在地梅德福。

法玛小时候就读于圣詹姆斯天主教文法学校，后来又就读于莫尔登天主教高中。莫尔登天主教高中是一所私立天主教中学，1932年由马萨诸塞州莫尔登市的泽维尔兄弟会（Xaverian Brothers）创立。和其他校友一样，法玛是一个来自工人家庭的友善的年轻人，唯一的不同是：他在学业和体育方面都投入了大量的时间和精力。尽管法玛的身高不足1.73米，但他积极参与体育运动，并擅长多项运动。法玛喜欢打篮球、棒球，尤其擅长跳高。在州际比赛中，法玛的跳高成绩名列第二。法玛后来回忆道："唯一打败我的就是美国第一个跳（高）过2.13米的人。他在比赛中一直穿着运动服，就这样他还是打败了我。"

然而，足球才是法玛的激情所在。事实上，法玛声称自己发明了边锋（split end）这个位置，即作为前场接应的进攻方队员，一般与进攻线保持一定距离。法玛的这个创新完全出于求生本能，即试图避免被高大的后卫痛殴。但与许多人不同的是，法玛攻守兼备。一位同学评论道："法玛是一个进攻性极强的无所畏惧的后卫。他在训练中总是全力以赴。我特别记得有一年春天对沃本球队的一场练习赛，那次法玛打的是边后卫位置。他成功排除了所有干扰并进行了铲球。他就是这样永远全情付出的人。"1992年，法玛因在足球、棒球和田径方面的突出表现入选学校体育名人堂。一位高中同学评价道："法玛在比赛中是一个意志坚定的人，他在生活中也是这样。"

1956—1960年，法玛就读于塔夫茨大学，成为家族中第一个上大学的人。1957年，法玛与高中时的恋人萨利安·迪梅科（Sallyann Dimeco）结婚。迪梅科是天主教女子高中的学生，俩人的学校仅一街之隔。法玛本来非常想成为一名高中教师和体育教练。然而，在主修罗曼斯语两年后，法玛变得厌倦了。在上了一门经济学课程之后，法玛便深陷其中，所以他又选修了更多经济学课程。

法玛在塔夫茨大学的经济学教授之一是哈里·厄恩斯特（Harry Ernst）。和法玛一样，厄恩斯特也是一名颇具天赋的运动员。那时，厄恩斯特刚从波士顿大学毕业，他在高尔夫方面表现出色。毕业之后，厄恩斯特继续在高尔夫运动上屡获殊荣，并于1999年入选美国大学俱乐部名人堂。厄恩斯特还提供股票市场预测服务。在大三和大四时，法玛为厄恩斯特工作。法玛的部分工作是开发预测股票市场的方法，这些策略总是基于他收集的历史数据。法玛回忆道："我尝试采用机械式的策略为厄恩斯特找到战胜市场的方法。他总是给我一个数据样本，让我看看这一策略是否对新数据有效，但从来没有奏效。"这一教训将对法玛后来从事有效市场的研究产生重要影响。

一通改变命运的电话

法玛在塔夫茨的教授们，包括厄恩斯特在内，大都拥有哈佛大学经济学的博士学位。他们鼓励法玛申请芝加哥大学商学院的研究生。虽然法玛也成功申请了许多其他学校，但直到1960年4月，他仍然没有收到芝加哥大学的回音。因此，法玛直接给学校打了电话，学生处主任杰夫·梅特卡夫（Jeff Metcalf）接了电话。梅特卡夫解释说，学校没有收到他的申请。电话中，二人相谈甚欢，梅特卡夫还询问了法玛的成绩。最后，梅特卡夫表示，芝加哥大学愿意为像法玛这样合格的塔夫茨大学毕业生提供入学机会。法玛后来回忆道："如果梅特卡夫那天没有接到那通电话，不知道我的职业生涯将会走向何方。一切都是机缘！"

1960—1964年，法玛参加了芝加哥大学的经济学博士课程。1961年，在课程即将完成之际，法玛开始参加该系的计量经济学讲习班。贝努瓦·曼德尔布罗特（Benoit Mandelbrot）偶尔会作为演讲者出席。罗特是一位备受推崇的数学家，在IBM的托马斯·沃森（Thomas J.Watson）研究中心担任研究员，同时还是哈佛大学的客座教授，如今以其在分形及不规则几何方面的研究而闻名。法玛喜欢和曼德尔布罗特在校园里闲逛，从而从他那里学到了很多关于概率分布的知识，还包括曼德尔布罗特对棉花价格的研究。如前所述，大多数人都熟悉正态分布或钟形曲线，在这种曲线中，观测值聚集在平均值周围，很像钟形。然而，曼德尔布罗特研究了其他具有比正态分布"更肥尾"的分布，这种分布意味着发生极端事件的可能性更大。

其他对法玛造成关键影响的人物包括：之后的诺尔贝尔经济学奖得主默顿·米勒，他成为法玛在金融和经济领域的导师；统计学家哈里·罗伯茨（Harry Roberts），他细致而简洁的实证研究影响了法玛。所有这些人，以及芝加哥大学的莱斯特·特斯勒（Lester Tesler），都对新兴的股票价格行为研究颇感兴趣。随着计算机的功能日趋强大，实证研究的时机悄然来临。

1961 年末，在米勒的建议下，法玛的博士学位论文选择研究著名的蓝筹股道琼斯 30 种股票的收益分布，比如美国电话电报公司、克莱斯勒、通用电气、通用汽车和宝洁。法玛是最早一批使用计算机研究股票市场的人员之一，当时使用的是 Fortran 计算机语言来编程。法玛说："我使用的是芝加哥大学大型计算机，而物理系的一个家伙在晚上使用它……因为这些计算机的容量非常有限。我们是仅有的使用者。我们会打电话给 IBM 说：'这个编译器停止工作了，出了一个问题。'第一次，他们会一笑了之。但接下来，他们便肃然起敬了。"

1963 年，法玛就完成了博士课题研究，但直到 1964 年他的论文获准在《芝加哥大学学报》上正式发表之后，他才正式获得博士学位。当时，手稿都是要逐字逐句打出来的，这是一个繁重的过程。"如果你的论文发表了，那么你不需要打印出来；如果你提交的是打印出来的手稿，那么它必须符合严格的格式规定。格式审核人员异常严格，所以如果论文能够发表，你就可以节省出很多用来打字的时间。"法玛回忆当年时说。

在毕业之前，法玛于 1963 年在芝加哥大学获得了教职资格，并一直留在那里执教。法玛回忆道："当时金融课程堪称荒谬……当我刚成为教员时，投资课程是不教授投资组合理论的。当时已经是 1963 年了，而马科维茨的论文是 1952 年发表的，但还是没有人教授它。我问默顿·米勒教授：'我应该教什么呢？'他说：'我们请你来就是希望你能有所创新。'于是，我就拿着马科维茨的书递给学生说：'我们就是这么做的。'" 1966 年，法玛从助理教授晋升为副教授，并于 1968 年晋升为正教授，然后在 1973 年担任经济系主任。他回忆道："这所学校很契合我的个性。我时常被讽刺并备感压力，但在评价别人的研究时也不留情面地坦率直言。这里的每个人都是这样，彼此间'冷酷无情'，但大家都是对事不对人。"

随机游走揭示的"肥尾"现象

法玛的博士学位论文《股票市场价格的行为》(The Behavior of Stock-Market Prices)的确是一部力作。在这篇论文中,法玛总结性地回答了一个困扰投资者和分析师数十年的问题:过去的股票价格能在多大程度上预测未来的股票价格?

法玛在塔夫茨大学时曾试图开发可盈利的交易策略,但没有成功。"我来到芝加哥大学后,"他说,"当我听到人们谈论这些事情时,我突然意识到,也许这就是事情的本质所在,因为市场是有效的,所以回报率没有多少可预测性。这就是故事的开端。"

许多投资者和分析师试图从过去股票价格的走势中寻找未来的趋势(一门被称为技术分析或"画图"的学科),他们认为,过去的价格中含有重要的信息。这些分析师认为历史会重演。例如,如果过去的价格形成了头肩模式,那么图表专家会预测该股将继续跌破肩线,就像其他具有类似头肩模式价格图表的股票一样。相比之下,随机游走假设认为,预测股票价格并不比选择能够中头奖的彩票号码更容易:即使某些号码在过去出现过,它们下次出现的可能性也不会增加。法玛用他所谓的"令人作呕的细节"表明,随机游走模型是有效的,而这些所谓的预测价格变化的方案都不可靠。当他将这些所谓预测价格变化的方案应用于评估1958—1962年道琼斯30只股票的日收益率数据时,没有一个是行之有效的。在当时,这项评估工作涉及的数据量令人难以置信。

随机游走模式分好几种类型。总的来讲,它就是一个随机过程,描述了连续不可预测的随机步骤的路径。考虑一个简单的例子:你与同伴玩抛硬币游戏,每人连续抛三次硬币,每次得到正面或背面的概率是相等的。如果得到正面则记"+1"(你赢得1美元),得到背面记"-1"(你输1美元)。

很明显，你在任一单次和整个游戏中输赢的平均值都是零。关键的一点是，游戏中每一条可能的路径都是随机的。如果你连续得到了两个正面，下一个是正面的概率仍然是50%；如果你连续得到两个背面，情况亦然。

现在，我们来考虑股票价格的变化而不是抛硬币。就像抛硬币一样，法玛表明，过去的股价模式无法预测连续的价格变化。仅仅因为昨天股价上涨了1%，就像抛出正面一样，并不意味着今天股价会上涨或下跌。法玛还表明，连续的价格变化符合概率分布，不是硬币的正背面，而是更接近经典的钟形曲线或正态分布。

法玛总结道："看图表，虽然可能是一种有趣的消遣，但对股市投资者来说没有真正的价值。"此外，法玛发现了统计证据：与曼德尔布罗特对棉花价格的研究一致，股票价格变化或回报的分布比人们预期的正态分布要更"肥尾"。换句话说，在许多情况下，如果股票收益率真的遵循正态分布，那么极端的日间收益和损失只有几十年才会发生一次。

在法玛的开创性研究问世后的50多年里，市场见证了为数众多的"肥尾"事件。例如，1987年10月19日，道琼斯股票价格平均下跌了前所未有的22.6%。然而两天之后，股票价格又上涨了10.1%。在2007—2009年金融危机期间以及2020年新冠疫情肆虐的早期阶段，每天都有几个百分点的极端涨跌。这些"肥尾"事件近年来被称为"黑天鹅"事件，不再被认为非常罕见。这里的重要结论是，考虑"肥尾"的影响，股票的风险比广泛使用的正态分布模型预测的要大得多。这些"肥尾"经常被认为是有效市场假说的反例。但是自从法玛的论文发表以来，"肥尾"一直是有效市场假说的一部分。也就是说，股票收益的不可预测性与股票收益分布的形状无关。

史上最初的"事件研究"

在法玛撰写论文期间,专职于股市数据研究并作为芝加哥大学金融智囊团之一的证券价格研究中心仍处于襁褓期,其数据文件尚未完全成形。这些数据文件最终可供用户使用,但在法玛完成论文后,证券价格研究中心的联合创始人之一、商业教授和前副院长詹姆斯·洛丽(James Lorie)找到法玛。洛丽担心没有人会使用这些数据,从而该中心将失去资金。她问法玛:"你能用这些数据做点什么吗?"法玛回答道:"你们都储存了哪些信息?我刚刚完成论文,但用的是我自己收集的数据。"洛丽说:"我们有价格和股票分拆的数据,即除了价格数据,我们还研究了股票分拆数据。"法玛不假思索地说:"好吧,那我们就来研究股票分拆。"

举例来说,股票分拆是指一家股票价格为60美元的公司以两只新股替换一股现有股票的事件。这种特殊的分拆被称为二对一的股票分拆。股东现在拥有两倍的股份数,但由于每个股东都拥有两倍的股份数,因此持有股份的百分比没有任何变化。你可能会认为这些股票现在的价值将是以前价值的一半。但是,在分拆当天,股票的价格有时会比预期的高,比如每股31美元,而不是30美元。有效市场理论对这一现象的解释是,市场参与者认为股票分拆本身可能包含有关于该股票的新信息,比如预期收益和股息增长。

法玛与证券价格研究中心的联合创始人劳伦斯·费雪(Lawrence Fisher)以及研究生迈克尔·詹森、理查德·罗尔(Richard Roll)一起对股票分拆进行了认真的研究。法玛后来直言不讳地说:"詹森和罗尔当时是博士生,所以我把'脏活累活'都交给了他们,他们的论文就是这样写出来的。"他们收集了1927—1959年这33年间共计940个股票分拆"事件"的信息,进行了历史上沿用至今的第一个"事件研究"。为了把分拆的影响单独隔离出来,他们在每只股票分拆公告当月都相对于整体股市对影响因子进行调整；然后，汇总所有公司的数据，并研究分拆前后各 30 个月的情况；最后，计算被分拆的股票每个月相对于市场的超额回报的累计总额，所谓的"剩余"回报：从第 -29 个月到第 0 个月（分拆的当月），再持续到第 +30 个月，如图 4-1 所示。

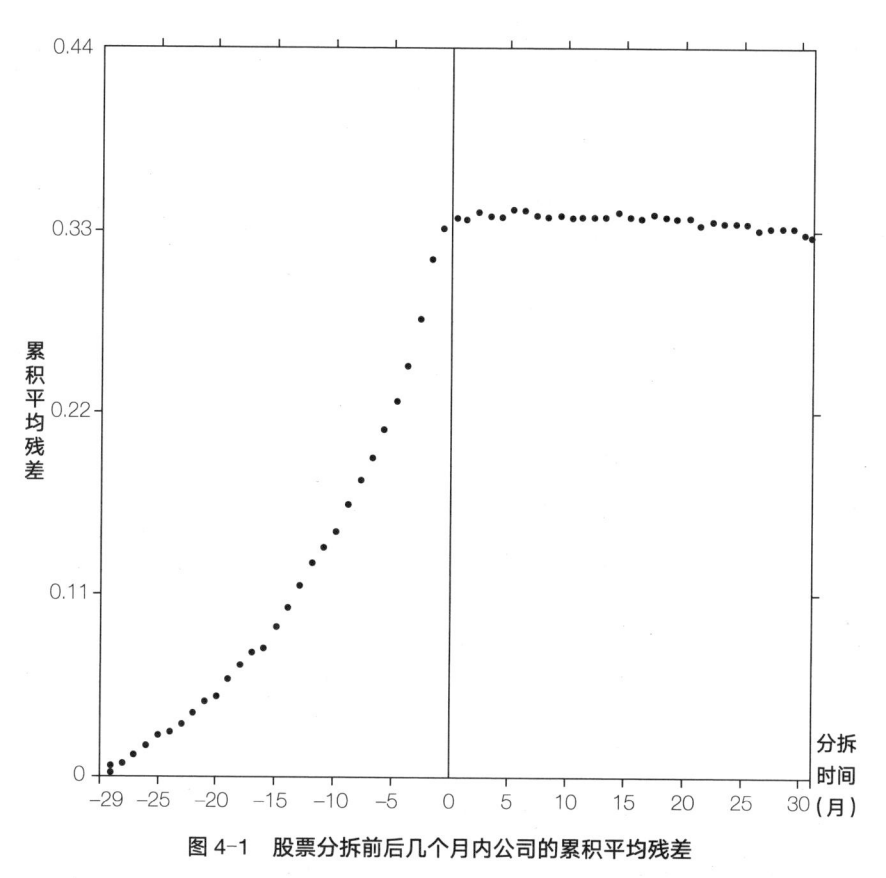

图 4-1　股票分拆前后几个月内公司的累积平均残差

资料来源：Eugene Fama, Lawrence Fisher, Michael Jensen, and Richard Roll, "The Adjustment of Stock Prices to New Information," *International Economic Review* 10 (1969): 13。

他们发现，在分拆之前，累积平均残差大幅上升，特别是在公告之前的几个月，但分拆之后，累积平均残差随机分布在 0.33 附近。在分拆之前，公司表现良好，经历了"预期收益和股息的大幅增长"。股票分拆往往与宣布增加股息的公司有关，因为公司都不愿减少股息，股息的增加表明公司的前景很好。累积平均残差的上升并不令人惊讶，图4-1中引人注目的是分拆后累积平均残差的平坦度。可以看到，在分拆之后，没什么特别的事情发生。因为无论分拆所传达的信息是什么，都会被立即且永久地反映在股价中。缓慢扩散的情况不会出现，比如，信息在投资者中慢慢扩散。

法玛、费雪、詹森和罗尔作了二次研究。这一次，他们将数据划分为两个样本，一个后续增加了投资者所预期的股票，另一个没有。在前一个样本中，他们发现了与上述类似的情况，除了在分拆之后残差为正的程度略大于增加股息的前后。然而，在后一个样本中，分拆后的残差为负值，因为预期的股息增长并未实现。他们通过分拆公告当天的正残差和随后的近零残差得出结论：市场确实对股票分拆公告中包含的信息做出了快速反应。

作者们将研究结果提交给了《国际经济评论》(*International Economic Review*)。典型的流程是，期刊编辑将论文分发给一个或多个审稿人，这些审稿人在不知道作者身份的情况下对论文进行盲审。审稿人对论文进行评论，要么建议编辑拒绝该论文，要么要求作者进行修改，使其可发表。一年多过去了，他们还没有收到编辑的回信，法玛认为该论文被拒绝了。然而事实恰恰相反，作者们最终收到了一封简短的编辑回信，说审稿人的实际意见是"太棒了，立即发表！"。这几乎是前所未有的回复！这位审稿人原来就是佛朗哥·莫迪利亚尼，他本人后来也获得了诺贝尔经济学奖。

法玛后来指出，与后来的事件研究相比，这篇论文的独特之处在于，它没有包含正式的用于验证结果有效度的统计检验。从那时起至今，业界已经开展了数以千计的含有统计检验的事件研究。

资产定价和市场有效性永远紧密相连

如果说法玛的研究中有一部分是普通人可能听说过的，那一定是有效市场假说。在提交给芝加哥大学商学院的一篇论文中，法玛创造了"有效市场假说"这个划时代的名词，这篇论文后来又在 1965 年的《金融分析师杂志》（*Financial Analysts Journal*）重新发表，名为《股票市场价格的随机游走》（*Random Walks in Stock-Market Prices*）。在这篇论文中，法玛提到："一般来说，竞争将导致新信息对内在价值的影响于实际价格中'瞬间'反映出来。一个有效的市场就是其中有大量理性的、以利润最大化为目标的投资者相互竞争，每个人都试图预测证券的未来走势，几乎所有参与者都可以免费获得重要的当前信息……单个证券的实际价格已经反映了业已发生的事件信息的影响。换言之，在一个有效的市场中，在任何时间点，证券的实际价格都将是对其内在价值的良好估计。"

有效市场假说一时名声大噪。事实上，法玛关于这一主题的综述论文可能是他早期最伟大的贡献之一，该论文发表在 1970 年的《金融杂志》上。在这篇极具影响力的综述论文中，法玛阐述了大部分关于市场效率的已知理论和实证研究，并将其分为三个不同版本的有效市场假说。在给出"价格总是充分反映可用信息"的市场效率定义之后，法玛把信息分为三种不同类型，以供研究人员检验有效市场假说：他将弱式检验定义为只考虑历史信息的检验，比如技术分析师或图表专家使用的信息；他将半强式检验定义为考虑任意公开信息的检验，如盈利、股票分拆的公告、年报中发布的信息，以及基本面分析师使用的信息；最后，他将强式检验定义为考虑所有可用信息的检验，包括只有内部人员或专业人员知道的信息。

在法玛的综述论文中，弱式检验为有效市场假说提供了压倒性的支持。法玛总结了之前把股价变化描述成随机游走的研究，包括 1900 年由巴契里耶进行的著名研究。与此同时，其他研究人员也试图揭示股票价格运行的规律和模式，但收效甚微。此外，系统地复制技术分析师使用的流程和方法的尝试（例如，要求在价格上涨某个百分比时买入，并一直持有到价格下跌某个百分比的规则），也未能产生任何超额利润。

半强式检验也是有效市场假说的重要组成部分。除了作为第一个事件研究，法玛、费雪、詹森和罗尔先前发表的论文还表明，在股票宣布拆分前后，拆分信息以超额回报的形式表达出来，但不是在宣布之后。这与半强式有效市场假说是一致的。对半强式有效市场假说的进一步支持来自法玛的博士生，不久之后便晋升为教授的芝加哥大学的雷·鲍尔（Ray Ball）和菲利普·布朗（Philip Brown），他们运用同样的方法研究盈利公告。根据一年之内盈利是否相对于整个市场增加或减少，他们将样本里的公司分为两组。在年报盈利公告发布之前，盈利增加的公司整体的超额回报为正，盈利减少的公司的超额回报为负。直至公告发布当月，盈利公告中被市场预期的信息不超过10%～15%，这为市场的半强式有效提供了进一步的支持。作为博士学位论文的一部分，法玛的另一位学生，未来的诺贝尔经济学奖获得者迈伦·斯科尔斯（见本书第6章）发现，市场对股份增发的消息反应消极，因为这被解读为将有人大量出售股票。

然而，实证证据常常与市场的强式有效相矛盾。内幕信息通常不为市场价格所反映，所以可供牟利。例如，研究人员发现，纽约证券交易所的做市商能够确定价格来撮合买方和卖方对特定股票的买卖。他们能够利用垄断信息获得垄断利润，这一点毫不奇怪，但这显然驳斥了市场的强式有效假说。如上所述，斯科尔斯的论文还指出，公司高管拥有垄断信息，他们可以利用这些信息为自己牟利。包含内幕消息的强式有效难以成立并不令人惊讶。法玛从未说过市场随时随地都有效，而是暗示市场常常是低效的，只是程度不同而已。禁止内幕信息交易的法律和道德规范有效地打击了这种暗箱操作，所以人们所知道的内幕信息通常不会反映在市场价格中。内幕信息能够拒绝有效市场假说，这个事实很好地说明了有效市场假说实际上是一个可检验的命题。

从逻辑上讲，强式有效检验的下一步是，研究专业人士（如共同基金经理）能否通过他们对公开信息的广泛而深入的分析，较随意选股的投资者获得超额回报。通过对1945—1964年115只共同基金的样本数据的分析，詹森在一项开创性研究中以响亮的"否"回答了这个问题。该项研究使用了本书第3章讨论的CAPM作为预期回报的基准。由于基金经理总是可以选择持有债券和被动市场组合的投资组合，那么用共同基金收益率的回归曲线比无风险资产收益率高出的部分，与整体市场收益高出无风险资产的部分相比较，就可以衡量基金经理利用私人信息击败市场的程度。两条曲线之间的这段截距通常被称为阿尔法。如果基金经理拥有比一般市场参与者更好的信息，因此能够获得比被动股票投资组合加债券更高的回报，那么他们的阿尔法应该显著为正。詹森发现，平均而言，基金经理产生的是现在被称为"詹森阿尔法"的负阿尔法，甚至在扣除费用之前亦是如此。这意味着，平均而言，基金无法超越"买入并持有市场"策略。此外，只有三只个别基金的表现在统计上显著优于市场，甚至比"掷飞镖"的概率还低。

近来，法玛对詹森的研究所造成的巨大影响作了评论："在20世纪60年代的华尔街，缺乏评判标准，而且共同基金非常少，你可以随意地说你的基金业绩表现。这将是一个极具挑战的事情，如果你说'我们开始做业绩评价吧'。几年后，当CAPM面世时，詹森写了一篇关于共同基金业绩的论文，这如同引爆了'炸弹'。真的，从某种意义上说，现在你如果不真正衡量一下自己的业绩，就会处于被动，因为你不做也会有其他人帮你做。就这样，整个绩效评估业务正式启动，延续至今。"时至今日，尽管学者们能够在数据中发现各种明显违反有效市场假说的现象，但基金经理很难击败指数这一事实，对于市场在经济意义上是无效的观点来说，是一个难以破解的难题。

这三种形式的有效市场假说并不是法玛在1970年《金融杂志》上所发表论文的唯一贡献。法玛还在综述中阐述了"联合假设问题"（joint hypothesis problem）。检验一个市场是否有效包括两个层面：（1）市场是否将所有可用信息反映在价格中；（2）形成价格的特定机制如何，特别是风险对价格的影响程度。因为我们不知道市场是如何形成价格的，所以我们必须依赖夏普的 CAPM 等模型。法玛指出："基于预期回报这一假设的检验结果在某种程度上既取决于检验本身的有效性，也取决于市场效率。"因此，如果一个特定的有效性检验未能奏效，可能并不是因为市场非有效，而是我们的价格形成模型有问题。因此，市场有效性检验始终是市场有效性和检验中所使用的资产定价模型有效性的联合测试。市场有效性检验的推论是，大多数资产定价模型检验都假设市场是有效的，因此这些检验也是联合检验。正如法玛所说，**"资产定价和市场有效性永远紧密相连"**。

注意到关于市场有效性的连篇累牍的文献，21 年后，法玛写了一篇关于他 1970 年经典论文的后续评论。在评论中，法玛更新了三个种类的有效市场检验，将重点放在三个相关检验上：总体回报可预测性（取代弱式有效）、事件研究（取代半强式有效）和非公开信息检验（取代强式有效），同时重申了联合假设问题的重要性。

同时，法玛的文章也介绍了在过去 20 年中质疑有效市场假说的一系列研究。研究人员发现，相邻两周的回报率之间存在正相关关系，尤其是对于小盘股，在更长的时间维度里也有同样表现。例如，在 3～5 年中表现不佳的股票在随后的 3～5 年中往往表现得更好，反之亦然。罗伯特·希勒的研究（见本书第 9 章）表明，股票价格的波动性比股息的大得多，这从根本上质疑了有效市场假说，因为当前的价格应该是市场对未来有待实现股息的平均评估，平均值应该要比被计算平均值的数据本身更平稳。法玛对此的反驳是，这仅仅是真实市场平均值随时间变化的结果，这一事实本身就颇具挑战性，即使不是针对有效市场假说，也是针对市场均衡模型。这一反驳也引致了围绕这一主题的大量研究。在这场辩论中，每位金融研究人员都认识到，随着时间的推移，预期的市场回报具有较大的波动性。这不仅产生了希勒所说的价格波动性，也证实了法玛和肯·弗伦奇（Ken French）以及其他人的观察，即价格确实可以预测长期回报。

法玛认为，尽管存在一些相互矛盾的结果和由联合假设问题引起的不确定性，市场的有效性仍然至关重要。法玛写道："对市场有效性的研究已经改变了我们对回报行为的看法，它涵盖了各种证券种类和时间维度。事实上，学者们在检验中得出的事实基本上是一致的，即便他们在检验对有效性的影响上意见不一。实证研究也改变了市场专业人士的观点和做法。"

在投资管理领域，关于市场有效性的争论仍然最为激烈，一方是试图击败市场的主动基金经理，另一方则是试图复制市场的被动基金经理。正如法玛于2013年所说，"有相当多的证据表明，即使是专业人士，也没有表现出任何挑选股票或预测市场下跌的能力。我们根据业绩回报认定为高手中的大多数可能只是幸运而已"。幸运可能要好过聪明，但未来运气如何，谁也不能保证。

如今，市场有效性的概念已经远远超出了股票市场，甚至扩展到了篮球场。在2015—2016年NBA赛季期间，所有的目光都集中在上届冠军金州勇士队上，他们以73胜9负的成绩打破了赛季纪录。他们的成功在很大程度上归功于他们的明星后卫斯蒂芬·库里和他的3分球。《华尔街日报》的一篇文章指出，该球队成功地利用了"隐藏在大众视野之外的市场低效"，特别是3分线。虽然NBA球员在3分线外投篮的准确度几乎没有差别，但更高的3分球投篮准确率可以帮助球队获得更高的每场得分和更多的胜利，正如勇士队所展示的那样。在它的7个赛季中，库里在3分线之外的投篮命中率达到了惊人的44%，这是有记录以来最好的命中率之一。通过建立一支擅长3分球的球队，并鼓励更多的3分球投篮，勇士队能够"跑赢"

并超越预期,因此《华尔街日报》提到了"市场的非有效性"。当然,在竞争环境中,这种优势的可持续性值得商榷。最后,勇士队在 NBA 总决赛中被克利夫兰骑士队击败。也许 NBA 最终还是一个有效的市场。

贝塔已死

法玛刚到芝加哥大学任教时,大多数投资课程都致力于教授如何选择被低估的股票。1963 年,法玛在芝加哥大学开始教授第一门课程,专门研究马科维茨的投资组合理论和夏普的 CAPM。据法玛说:"CAPM 的到来就像雷雨过后的晴空。"夏普的模型是资产定价理论上的一次飞跃,而包括罗伯特・默顿(见本书第 7 章)在内的其他人通过扩展原始模型,如创建多期或跨期版本,实现了更多的飞跃。但 CAPM 模型在实践中的实际效果如何?

对于 CAPM 最早的检验之一,同时也是最具创新性的检验之一,是由法玛和他的前博士生詹姆斯・麦克贝斯(James MacBeth)进行的。法玛 - 麦克贝斯方法已成为检验 CAPM 的黄金标准,自其创建以来的近 50 年中被广泛使用。正如法玛最近所说,"这篇论文成为检验 CAPM 的横截面回归方法的奠基性论文"。法玛 - 麦克贝斯方法使用回归分析来寻找股票回报率与公司 CAPM β 值之间的线性关系。如果回归显示出积极和显著的关系,那么这便是对 CAPM 模型的有力支持;如果将其他变量如股票收益率的波动性或标准差添加到模型中,那么它们不应显示任何显著性。

法玛和麦克贝斯用许多巧妙的方法开启了他们的设计分析。首先,他们研究的是股票投资组合,而不是单只股票,这样可以减少数据噪声,也更容易找到相关关系。其次,他们谨慎地选用样本时间段之前的时间段来估算 β 值,以避免在与检验同时间段内估算 β 值所引起的众所周知的统计问题。最后,他们通过逐月回归,计算得出组合回报的时间序列估计值,而不是简单地回归投资组合回报的平均值。

法玛和麦克贝斯的研究结果总体上支持CAPM，但是他们并不是唯一的支持者。大致在同一时间，菲舍尔·布莱克（Fishcher Black）、詹森和斯科尔斯使用了略微不同的方法得出了类似的结论，尽管他们研究的对象是CAPM的一个替代版本，其中使用零贝塔组合，而不是无风险利率。鉴于其显而易见的合理性，CAPM成为衡量绩效的标准，不仅在学术界如此，在实践领域也是如此。对于一个基金经理来说，吹嘘基金的回报已经很难再被接受。如今，基金相对于整体市场的表现至关重要，基金的β值所反映的风险也很重要。正如法玛所指出的，"被动管理已经站稳了脚跟，主动管理者意识到也许他们将永远如履薄冰"。

三因素模型：贝塔已死

虽然早期的检验支持CAPM的有效性，但随着时间的推移，与该模型明显矛盾的结果开始出现。不过，这些结果并没有被解释为对CAPM的否定，而是被礼貌地称为"异常现象"。例如，桑乔伊·巴苏（Sanjoy Basu）发现，平均而言，高市盈率股票往往比低市盈率股票表现更好，即使在控制了贝塔所衡量的市场风险之后也是如此。类似地，罗尔夫·班兹（Rolf Banz）发现，平均而言，市值较小的股票往往比市值较大的股票表现更好，即使在控制了市场风险之后也是如此。巴尔·罗森博格（Barr Rosenberg）和他的合著者也发现了类似的反常现象，即高市净率的股票比低市净率的股票表现更好。

法玛和他的合作者肯·弗伦奇吸收了之前这些研究的思想，并在1992年和1993年的两篇文章中发表了研究结果。如今，法玛-弗伦奇模型在学术界和投资界随处可见。法玛指出："CAPM运行了20年，然后，像所有模型一样，出现了所谓的异常。第一个指出这一点的是罗尔夫·班兹关于小盘股效应的论文，然后是杠杆等其他东西。所以，我们在1992年写了这篇名为《股票预期回报的横截面效应》(The Cross-Section of Expected Stock Returns)的文章，旨在归集所有的相关性。事实上，我并不认为这篇文章有值得一说的地方。我曾说过'这里面并没有什么新玩意儿'。1992年的这篇文章大体上是在说，的确存在各种各样的异常现象，不能再对它们视而不见。此外，CAPM的核心预测从未奏效。平均回报率和贝塔系数之间的关系一直不够显著。"法玛进一步反思道："我的猜测是，单个来看，异常现象似乎颇具说服力，表明CAPM无法解释预期回报横截面数据的近似值。我认为，没有其他方法可以解释这篇文章指出的这种影响，尽管它没有什么新奇之处……显然，如果只看这些负面证据，读者就会接受这样的结论，即CAPM毫无作用。"

法玛和弗伦奇在1992年的文章回顾了CAPM的关键结论：从理论上讲，包含所有投资品种的市场投资组合是所有投资者的最佳投资组合。用马科维茨的话来说，市场投资组合在均值-方差角度上是有效的，在给定的风险水平下具有最高的预期回报。如果市场投资组合确实有效，那么它意味着两件事。首先，作为市场投资组合一部分的单个证券的预期收益，将是其 β 值的正线性函数。换句话说，平均而言，一只股票的贝塔系数越高，它将获得的回报就越高。其次，市场贝塔本身足以描述预期回报的横截面数据。如果有任何其他因素可以解释股票收益率，原则上应将其纳入贝塔系数。

在1992年的文章中，法玛和弗伦奇不仅评估了个股的市场贝塔系数解释平均回报横截面数据的能力，还评估了股票的规模（所谓的市值，以股价乘以流通股数量来衡量）、收益价格比（E/P）、杠杆率（相对于总资产的债务金额），以及净资产市值比（B/P）。他们总结道："规模和净资产市值比这两个易于测量的变量，要结合起来才可以描述股票平均回报数据在横截面上的变化……此外，在检验中，如果不考虑市值规模，仅考虑贝塔系数的变化，即便贝塔是唯一的解释变量，其和平均回报之间的相关性也是不显著的。"换言之，即便在检验之前就按贝塔排序分成了不同的投资组合，如果不考虑市值规模因素，贝塔和投资组合回报之间也毫无关系，尽管CAPM预测的是正相关关系。

这个惊人的结论在金融界和投资界都引起了轩然大波。在《纽约时报》的一次采访中，法玛毫不含糊地解释道："事实上，贝塔作为解释股票回报率的唯一变量已经死了。"这一评论导致了现在臭名昭著的口号"贝塔已死"。

然而，法玛后来对这篇贝塔的"讣告"做出了重要的澄清："但是，这不是描述它的正确方法。正确的描述方法是，有太多其他东西可以帮助解释平均回报率。因此，即使平均回报率和贝塔系数之间有很强的正相关关系，仍然会留下不足，即依然有很多其他在模型中没有体现的因子似乎能够捕捉平均回报率的变化。"

人们常说，只有模型才能打败模型。如果从实证的角度来看，贝塔真的死了，那么什么能取代它呢？1993年，法玛和弗伦奇的后续文章提供了CAPM的替代方案，尽管这是一种基于实证发现而非深刻理论推导的临时替代方案。

在他们1993年的文章中，法玛和弗伦奇扩展了他们先前的工作，在市值规模和净资产市值比的基础上创造了其他的因子。在资本资产定价模型中，某只证券高于无风险利率的回报部分仅取决于一个因素，即市场。市场的贝塔值，即股票回报率对整体市场回报率的敏感性至关重要。从统计学意义上讲，市场的贝塔值解释了股票回报率在横截面上的变化，或者说解释了在任何给定时期，某些股票的回报率高于或低于其他股票的原因。

法玛和弗伦奇提出了两个附加的因子来构建他们的三因素模型。他们将第一个附加因子称为"小减大"（SMB），它反映了市值较小的股票和市值较大的股票之间的回报差异。他们将第二个附加因子称为"高减低"（HML），它反映了高账面市值比的股票和低账面市值比的股票之间的回报差异，前者通常被称为价值型股票，后者则被称为成长型股票。其中，价值股的市盈率往往较低。

这两个附加因子是基于实证的结果，而非理论上的证明。法玛和弗伦奇声称，这些风险因素是没有为市场投资组合所捕获的，正如 CAPM 模型所显示的那样。为了检验模型的有效性，他们收集了 1963—1991 年的月度股票收益率，使用简单的回归技术，观察这三个因素能在多大程度上解释股票收益率高于无风险回报率的部分。法玛和弗伦奇将美国股票划分为 25 个投资组合，他们首先根据市值将股票划分为 5 个"篮子"，然后根据账面市值比将每个"篮子"进一步划分为 5 个独立的"篮子"。虽然市场因素仍然在很大程度上解释了平均回报水平，但这 25 个投资组合的贝塔都接近 1。换句话说，贝塔已经"死了"，因为把两个附加因子纳入回归之后，它无法解释回报的横截面变化。相比之下，"小减大"和"高减低"因子都为模型增加了实质性的解释力，并且与 CAPM 中的市场贝塔不同，它们的贝塔是相当分散的。新的模型横空出世。正是因为法玛和弗伦奇的研究，我们拥有了一种选择股票和评估投资组合绩效的新方法。

后来，法玛回顾了法玛-弗伦奇三因素模型的演变过程。他解释说："任何资产定价模型，如 CAPM，都是首先从市场投资组合开始的。然后就有了默顿（的跨期资本资产定价模型），其中包含许多其他可选的投资组合，并且附加了状态变量用于描述世界的某些状态，如繁荣或萧条。我们是根据这个模型来构建我们的模型的，虽然它只是一个延伸，因为我们没有定义任何状态变量。因此，我认为这实际上是资产定价实践的结果，因为我们的理论模型都不起作用。最有基本理论支持的模型是消费资本资产定价模型。从实证角度来看，它堪称完美。"

法玛进一步将他的想法与马科维茨的均值-方差（回报-风险）思想联系起来，夏普正是由此确定了他的风险投资组合。法玛接着结合无风险资产，形成了市场投资组合，这也是马科维茨有效前沿上的切线投资组合。法玛表示："CAPM失效了。所以，我认为，也许我们所做的只是找到一组分布在均值-方差有效前沿切线上的投资组合。在一段时间内，也许这是我们所有能做的事情。因此，我们可以利用数据的特征来确定合适的模型。我们还没有得出最终的结论，因为这个过程还受到一些限制。我们还想分解出一些所谓的因子来解释投资组合的回报。"

就像剃须刀，从单刀片开始，发展到两个刀片，然后发展到三个以上的刀片，标准资产定价模型也从单因子发展到了三个因子，现在又发展到了五个，这要归功于法玛和弗伦奇在2015年的一项研究。基于之后的研究，因为三因素模型无法解释全部的平均回报差异，他们添加了两个新变量：一个是盈利能力变量（RMW），即高盈利能力企业与低盈利能力企业的回报差；另一个是投资强度变量（CMA），即低投入企业与高投入企业的回报差。他们得出结论，该五因素模型比三因素模型更能解释平均股票回报率的情况。然而，法玛后来指出："我们提出了一个五因素模型，看起来非常稳健，但我认为它还没有得到充分审视。我对投资强度变量持怀疑态度，因为确实存在这样一种现象，即所有资产定价模型都很难对盈利质量差但投资强度大的小盘股定价。"

对于市场的有效性来讲，三因素模型和五因素模型意味着什么呢？法玛是否成了市场有效性的怀疑者？我们有必要对这个问题加以解释。虽然这些新因子并不一定基于特定的金融理论，但如果"小减大"和"高减低"等变量确实反映了CAPM未捕捉到的未知风险因子，那么投资者可能无法通过投资小盘股或价值股来战胜市场或赚取超额回报。相反，这些投资将承担市场风险之外的风险。因此，那些通过投资小盘股或价值股获得更高回报的投资者只是因为承担了额外风险而得到了补偿。至于这些因子是否代表未知风险或表明了市场的无效，法玛指出："关于市值因子和价值因子溢价的学术研究改变了投资管理行业，无论是在供给方面还是需求方面。"另一个视角是，在市场流行的数百种投资策略中，真正有意义的风险暴露只有极少数。

主动型投资经理的圣杯

除了在市场有效性方面的重要贡献外，法玛还在资产回报的可预测性领域做出了重要贡献，涉及短期国债、长期国债和股票。资产回报的可预测性是主动型投资经理的圣杯。与此相关的大部分研究发生在20世纪70年代中期至80年代末及之后一段时间，这些研究与法玛的市场有效性研究相吻合。

法玛在可预测性方面最早的研究之一是关于国债的。从方法学角度来看，法玛的研究至关重要，因为他将当前价格与历史价格变化进行比较，以了解历史的价格变化之中是否包含尚未反映在当前价格中的额外信息，这是对有效市场假说的检验。名义利率和实际利率或经通胀调整的利率之间的差异众所周知，简单地说，名义利率应该等于实际利率加上预期通胀率。法玛将一个月期和六个月期的国债与随后的通货膨胀进行了比较：这些名义利率是否准确预测了未来的通货膨胀，或者除了名义利率之外，还有其他因素能够预测通货膨胀吗？法玛发现名义利率充分捕捉了预测未来通胀所需的所有相关信息。

类似地，法玛将远期利率视为对即期利率的预测。远期合同是双方就未来金融交易中的利率达成的协议。法玛试图探寻过去的即期利率是否具有超越远期利率的预测能力。与有效市场假说一致，法玛发现在预测能力方面，远期利率和过去的即期利率一样有效。

法玛与比尔·施沃特（Bill Schwert）合作研究了包括股票在内的资产

回报与通胀之间的关系。令人惊讶的是，他们发现股票回报与预期通胀之间存在显著的负相关关系。换句话说，至少在中短期内，股票似乎并不能很好地对冲通胀。即使是未被预期到的通胀，依然如此。法玛进一步研究了股票价格和通货膨胀之间的关系，以更好地理解这个意外的结果。他发现，这种负相关关系其实是另一种正相关关系的映射，即股票回报率与实际或经通胀调整的如资本支出类经济活动之间的正相关关系，而资本支出又由货币需求来解释。

后来，法玛与罗伯特·布利斯（Robert Bliss）合作，继续深入研究远期利率是否能预测未来的利率水平，这次研究的重点是 1～5 年期国债，而不是短期国债。法玛和布利斯的文章是法玛在实证研究方面展示智慧的另一个例子。想象一下，预测未来利率就像预测明天的天气一样。如果你通过统计学家的视角并利用回归方程来预测明天的天气和今天的天气一样，那么你的预测看起来会相当不错。但这是一个相当空洞的检验，因为我们知道这是典型的天气现象：用统计学术语来说，这就是所谓的序列相关性。更好的检验你预测能力的方法，应该是比较从今天到明天的天气变化与你的预测和今天天气之间的差异。法玛和布利斯就是这么做的。与法玛早前的研究一致，预测未来一年的利率变化本质上就像在今天预测明天的天气，其中均涉及为数不多的几个变量。然而，预测未来 2～4 年的利率变化又是另一回事，远期利率的预测能力与时间长度成正比。他们将这种预测能力归因于商业周期随时间的变化。换句话说，他们发现了利率的周期性波动，这解释了可预测性的原因。

此外，法玛还与他的长期伙伴弗伦奇合作研究了股票长期回报的可预测性。在 20 世纪 80 年代中期之前，大多数股票回报的可预测性研究都集中在试图预测下个月的股票回报，或每周和每天的走势。法玛和弗伦奇研究了基于规模或行业属性的股票投资组合及其未来一年的回报。他们发现，3～5 年的时间跨度之间存在着很强的负相关关系。换句话说，过去 3～5

年表现良好的股票投资组合在随后的 3～5 年中往往表现不佳，反之亦然。他们提出了两种截然不同的可能的解释：要么投资者是非理性的，要么预期回报是随时间而变化的。

在一份后续的相关文章中，法玛和弗伦奇研究了股息收益率（股息除以价格）与整个美国市场股票预期回报率之间的关系。在 2～4 年的期限内，股息收益率解释了大约 1/4 的回报率变化；相比之下，对月度或季度回报率变化的解释力不到 5%。对此，法玛给出的解释是：当股价相对较低即股息收益率相对较高时，预期回报率较高，反之亦然。虽然这本身并不是一个新发现，但法玛和弗伦奇表明，预测能力随着时间期限的延长而增加。另外，与法玛一些早期的研究一样，其背后也有其经济学涵义：对价格的正向冲击会导致对预期收益的负向冲击。

高峰迭起的学术生涯

法玛在诺贝尔经济学奖获得者中独树一帜，他对金融行业的贡献兼具广度和深度。诺贝尔经济学奖得主往往在早期就达到顶峰，但自 20 世纪 60 年代以来，法玛在职业生涯的每 10 年都创造了极具影响力的研究。他的 3 部被引用次数最多的作品分别在不同的年代出版。在一篇论述法玛在金融领域影响力的文章中，两位金融学者，《金融经济学杂志》资深编辑比尔·施沃特（曾是法玛的学生）和《金融杂志》资深编辑勒内·斯图尔茨（RenéStulz）思考了法玛的生产力来源，并表示："我们推测，法玛是一位热爱自己所做的事情、拥有无与伦比的职业道德的狂热的知识分子。"

法玛写于 20 世纪 70 年代的两本著作，是所有力求精进的金融系学生的必读之作。一本是法玛与诺贝尔奖获得者默顿·米勒合著的《金融学理论》(Theory of Finance)，该书在阐述公司金融的理论基础方面颇具权威，被尊称为"白色圣经"，目前已经成为美国大学博士课程中的必读书目之一，然而这些在读博士生并不是这本书最初的目标受众。"我们是在向工商管理硕士班的学生讲授金融入门课程的过程中完成这部著作的。我不确定他们中有多少人真正通读了这本书，但我们最初设想的受众就是这些人。由此可见，我们对图书市场的理解有多差。"

另一本是《金融学基础》(Foundations of Finance)，该书综合并扩展了他早期关于市场有效性的研究，为后来的实证研究者提供了一条可靠的道路。该书缘起于法玛和同事菲舍尔·布莱克持续争论的一个问题。法玛回忆道："布莱克、詹森和斯科尔斯写过一篇检验 CAPM 的著名论文。当时布莱克也在芝加哥大学任教，他每天早上 7 点到校，我也不甘落后。我们会争论，我不停地强调说：'布莱克，在那篇布莱克、詹森和斯科尔斯的论文中，你所做的只是进行了一次横截面回归，仅此而已。'他说：'不，这绝不是唯一。'所以最后，我专门在《金融学基础》中写了一章，向他证明这只是一个横截面回归。然后我说：'既然这样，为什么不把这本书的其余部分也写出来呢？'这就是这本书创作的来龙去脉。"

除了最为人熟知的 CAPM 和市场有效性研究外，法玛还在其他许多方面做出了重要贡献。其中就包括"代理问题"。虽然股东是公司的最终所有者或委托人，但他们将经营业务委托给了经理人或代理人。由代理人管理公司可能会产生意想不到的"问题"，例如，与股东利益不一致的管理人员有可能给自己支付过高的薪水，并消耗不必要的办公室津贴。法玛本人和他的前博士生迈克尔·詹森探讨了减轻代理问题的方法，比如借助一个强大的董事会。事实上，法玛的被引用最多的两篇论文都涉及代理问题。法玛对这一成就感到特别自豪，表示："我认为自己是一个头脑简单的实证主义者，因此我喜欢自己在代理理论方面的研究，不过偶尔也会有一些理论观点混入其中。"

法玛也是金融数据库的早期使用者，这预示着大数据在现代金融经济学中将大展拳脚。除了芝加哥大学证券价格研究中心数据库之外，法玛也是 Compustat 数据库的早期用户。Compustat 数据库创建于 1962 年，目前属于标准普尔公司。自 20 世纪 60 年代以来，法玛一直使用这些数据库进行股息方面的研究。法玛感兴趣的问题之一是，公司在多大程度上具有股息率目标，以及随着公司盈利的增加，这些目标将如何变化。另一个例子是"奇怪的股息消失案例"。发放股息曾经是一种常见的做法，在 20 世纪 70 年代，4/5 的美国公司都发放股息，但到 90 年代末，只有 1/5 的美国公司发放股息。此外，法玛还为宏观经济学做出了贡献，包括货币的作用、通货膨胀的可预测性、汇率的不确定性风险，以及银行和存款的作用。

法玛深情地回忆起他在芝加哥的职业生涯中与众多博士生的师生情，包括他执教后不久带领的"终生难忘的团队"，该团队成员包括后来成为杰出学者的迈克尔·詹森、理查德·罗尔、雷·鲍尔、马歇尔·布卢姆（Marshall Blume）、斯科尔斯等人。"我指导这些博士生所花费的心血得到了许多倍的回报，因为我从他们随后的职业生涯中学到了很多很多。"在这些团队成员中，有数名后来成为诺贝尔经济学奖获得者，有 6 位曾任美国金融协会的主席，另有 4 位曾担任金融和会计学领域最权威期刊的编辑。

法玛的其他学生后来成了成功的投资经理。戴维·布思（David Booth）和雷克斯·辛克菲尔德（Rex Sinquefield）于 1981 年创立了全球顶级资产管理机构 Dimensional Fund Advisors（DFA）。到 2021 年，该机构管理的资产已经超过 6 000 亿美元，其许多产品正是基于法玛和弗伦奇的研究。2008 年，布思捐赠了 3 亿美元给新命名的芝加哥大学布思商学院。克利夫·阿斯内斯（Cliff Asness）和约翰·刘（John Liew）于 1998 年共同创立了 AQR 资本管理公司，截至 2018 年末，管理资产规模已逾 2 000 亿美元。

法玛与 DFA 有着长期的联系。他回忆道："布思来找我说：'我要开一家公司，你有意向参与吗？'我说：'当然。我从来没有涉足过商业，所以我想冒险一试'从那以后，我就一直与布思合作……起初他们只有小盘股基金，相当于纽约证交所 90～100 分位的股票，这是一个微型股组合。然后我在 20 世纪 70 年代做了很多关于使用远期利率结构预测长期债券回报的研究，他们很快就推出了这方面的产品。然后，在我和弗伦奇的研究成果即将发表时，他们甚至已经有了所谓的价值投资组合客户。布思把一名客户带到学校里，我在电脑屏幕上给这名客户演示了研究结果，客户当即决定要投资 2 000 万美元。……现在，他们所有的产品都基于法玛-弗伦奇模型，无论是美国国内的产品还是面对国际市场的产品。他们的生意越来越大……甚至在 2008—2009 年金融危机期间也没有停止增长。这恰恰证明了如果人们买入的是有效的市场组合，他们就不会像买入积极投资组合的人那样轻易换手。"

法玛认为，DFA 基金的表现是有效市场奏效的一个范例，而非反例。他表示："我总是把资产定价和有效市场区分开，其实它们是孪生兄弟，我们不能将它们分开。对于风险和回报的考量正是布思他们要面对的问题。因此，我认为他们的产品只是承担了更大的风险。他们有直接价值投资组合、小盘股投资组合和大盘股投资组合，它们大体上都是向价值倾斜的投资组合。"

法玛被称为"现代金融实证研究的奠基人"。大多数作者会使用法玛对市场有效性的定义，但很少提到他，因为这个概念是如此深入人心，这从侧面也证明了法玛的影响力。资深编辑施沃特（Schwert）和斯图尔茨（Stulz）指出："'有效市场'"在全世界几乎是家喻户晓。有效市场观点引发了无数法律、法规和政策的出台。它影响了投资者如何做出投资决策和评估他们的表现。"施沃特和斯图尔茨观察到，法玛的论文中没有一篇是"技术上的杰作"，也没有使用最先进的计量经济学："相反，被引用最多的关于市场有效性、公司治理和资产定价的三篇论文为金融经济学家思考各自的领域开辟了新途径。"最后，约翰·科克伦（John Cochrane）①针对法玛的部分贡献论述道："法玛提出了随机游走概念，并在收益预测回归中提供了最重要的论据来证明这一点。法玛检验了 CAPM，然后在三因素模型中做出了最关键的修正，他就像牛顿和爱因斯坦的结合体。"

法玛的完美投资组合

后来，法玛被邀请就"什么是投资者的完美投资组合"发表评论。法玛声称，他的完美投资组合源自市场投资组合："**每种资产定价模型均以市场投资组合为核心，这一点是完美投资组合的根本要义。**"然而，自 1992 年他与弗伦奇发表那篇著名文章以来，法玛的投资哲学已经逐步进化并超越了这一点。法玛说："在 1992 年之前，在我们做'预期股票回报的横截面'研究之前，我会说每个人都应该持有市场投资组合。但现在我会说不，你的偏好可能会让你更倾向于小市值或价值或其他类型。**我仍然认为市场是核心，大多数人应该持有市场组合，因为这是一种风险较低的选择。**例如，持有美国先锋集团或其他类似公司的市场投资组合，其承担的风险均是较低的。有很多供应商以低廉的成本提供服务，但你务必提高警惕，因为也有一些供应商以较高的成本提供服务。"

法玛继续说道："我并不认为存在完美的投资组合，至少以我目前的世界观，我是这么认为的。我们可以想象一个多维的表面，其不同斜度的表面对应各种不同的投资组合，而市场投资组合位于其中心。总的来说，人们必须持有市场投资组合。无论你想用哪个模型，它都是一个有效的投资组合。然后你可以从这个角度出发，转向可以捕捉不同类型风险的任何维度，具体转向哪个维度则取决于你自己。正如戴维·布思所说，'多元化是你的伙

---

① 约翰·科克伦是著名的《资产定价》（Asset Pricing）一书的作者（在资产定价领域的任何研究者或学生的必读文本）。顺便提一句，科克伦是尤金·法玛的女婿。

伴'。一旦你决定倾向某个维度，你就要以最多元化的方式去做。"

当被问及是否存在过度多元化的可能性时，法玛回答说："我认为这是不可能的。如果你问巴菲特，人们应该如何处理他们的投资组合，那么他会回答'选择被动投资'。"法玛提到了巴菲特遗嘱中对其遗产受托人的指导："将10%的现金投入短期政府债券，90%投入成本极低的标准普尔500指数基金。"法玛还对巴菲特作为主动投资者的表现做了评论："我认为巴菲特提供了一个有趣的案例，因为每个人都将他视为某种市场无效的证据。但是这里有两个问题：其一，没有人说如果你经营公司，你就不能增加价值，也没有人否定人力资本的存在；其二，如果能够从几十万名投资者中找出最成功的那一个，那么在很长一段时间跨度内，这是运气而不是技能的概率有多少？因此，我们面临的是繁杂的统计学问题，而这就是这些成功人士被识别出来的方式。"

法玛还表达了对主动管理的其他担忧，特别是根据过往的业绩挑选或解雇投资经理。他表示："我认为投资者面临的最大问题是，他们不了解结果不确定性的重要性。例如，在我与机构投资者和金融顾问进行交流时，机构投资者特别倾向于根据过去3～5年的回报率来调整他们的投资组合，而我向他们展示了一些模拟结果，那些结果基本上是噪声：过去3～5年的回报几乎没有包含任何关于预期回报的信息。他们对此感到震惊。现实情况是，**天下没有免费的午餐，更高的预期回报只是对应更大的风险。**"因此，法玛完美投资组合的基础情景是从跟踪资本市场的基金（如标准普尔500指数基金）开始，然后，你如果愿意，就稍微向你喜欢的风格倾斜，比如价值型股票或小盘股，但要认识到更高的预期回报只会带来额外的风险。

In Pursuit of the Perfect Portfolio
法玛的投资组合箴言

- 资产定价和市场有效性永远紧密相连。每种资产定价模型均以市场投资组合为核心，这一点是完美投资组合的根本要义。
- 我仍然认为市场是核心，大多数人应该持有市场组合，因为这是一种风险较低的选择。
- 如果你决定偏向某一个维度，那么你就要以最多元化的方式来做。
- 机构投资者特别倾向于根据过去3～5年的回报率来调整他们的投资组合，而我认为那些基本上是噪声。
- 天下没有免费的午餐，更高的预期回报只会带来额外的风险。

THE STORIES, VOICES, AND KEY INSIGHTS OF THE PIONEERS
WHO SHAPED THE WAY WE INVEST

In Pursuit of the Perfect Portfolio

第 **5** 章

约翰·博格与先锋集团的长赢之道

- 指数基金之父
- 先锋集团创始人
- 基金业有史以来最伟大的投资者代言人
- "巴菲特愿意把90%的遗产交给他投资"的人
- 被《财富》杂志评选为"20世纪四大投资巨人"之一;被《纽约时报》评选为"20世纪全球十大基金经理人"之一;2004年入选《时代周刊》"全球影响力100人";被美国知名金融杂志《机构投资者》授予"终身成就奖"
- 著有《共同基金常识》《投资稳赚》《文化的冲突》等

JOHN BOGLE
约翰·博格

如今，投资低成本的指数基金是一种非常普遍的做法，夏普、法玛和其他众多杰出人士都倡导这一做法。事实上，仅美国指数基金就吸纳了数万亿美元的投资。然而，这一切都是从一位名叫约翰·博格的先驱开始的。博格在1975年末创立了世界上第一只指数共同基金，即第一指数投资信托基金，该基金的初始资产规模为1 100万美元。该基金及其姊妹基金后来成长为美国先锋集团，在博格2019年去世时，先锋集团管理的资产超过5万亿美元。

虽然博格不是一名学者，但他在普林斯顿大学发表的关于共同基金行业的本科生论文对投资行业的影响巨大，可以说，比几乎所有其他金融论文加起来都要大。事实上，普林斯顿大学经济学教授伯顿·马尔基尔谨慎地认为，仅博格就成本问题的假说就足够让他获得终身教职。令先锋集团戏剧性地从基金合并失败的余烬中崛起，博格的这一灵感来自有史以来最伟大的金融经济学家之一萨缪尔森。萨缪尔森曾在《投资组合管理杂志》(*Journal of Portfolio Management*)上的一篇文章向业内专家提出了挑战，要求他们创建一只低成本基金，复制标准普尔500指数等指数。博格接受了这一挑战，并帮助先锋集团创造了比几乎任何其他基金管理者都多的财富。例如，将先锋集团的费用比率与美国共同基金收取的平均费用进行比较，据估计，仅在 2018 年，先锋集团较低的费用率就为投资者节省了 200 亿美元。博格被称为"基金业有史以来最伟大的投资者代言人"，他的事迹生动地诠释了我们完全有理由将指数基金纳入任何完美投资组合。

《波士顿的巨款》

1929 年 5 月 8 日，博格和他的孪生兄弟戴维·博格（David Bogle）出生在美国新泽西州弗农镇，也就是股市崩盘和大萧条前的几个月。他们的父母是小威廉·耶茨·博格（William Yates Bogle Jr.）和约瑟芬·洛蕾恩·希普金斯（Josephine Lorraine Hipkins），一家人过着小康生活。第一次世界大战期间，威廉曾在英国皇家飞行队担任飞行员，战后曾就职于其父亲创立的美国砖块公司（the American Brick Corporation）和美国罐头公司（the American Can Company）。

然而，在 1929 年的大崩盘中，这个家族继承的财产消失殆尽。博格下决心要重塑家族辉煌，他在 10 岁时就开始送报纸。后来，博格和戴维这对孪生兄弟就读于新泽西海岸的马纳斯坎高中，博格的在校表现非常优秀。然而，他的家庭氛围后来变得紧张起来：他的父亲失去了在美国罐头公司的工作，父母也分居了。

博格努力地想使家庭重新联结在一起。他的母亲决定把这对双胞胎送去位于新泽西州布莱尔斯敦的著名寄宿学校布莱尔学院上学，他们的哥哥也在那里上学。博格的叔叔是一名投资银行家，他为他们争取到了学院的工作奖学金。1947 年，博格以优异的成绩从布莱尔学院毕业。

这时，普林斯顿大学向博格提供了丰厚的奖学金和勤工俭学的机会，博格接受了。大学时期，博格主修经济学，也修过莎士比亚、英国历史和艺术史课程。博格的微积分和国际贸易课程的成绩不甚理想。在经济学课程中，博格首先接触到的是萨缪尔森当时出版不久的著作《经济学：入门分析》（*Economics:An Introductory Analysis*）。当时的博格并不知道，萨缪尔森对他后来的职业生涯将产生莫大的影响。

大三的时候，博格开始思考大四学年论文的主题，这也是经济学专业的一贯要求。1949年12月一个阳光明媚的日子，在新泽西州的普林斯顿大学，博格走上了颠覆投资行业的道路。"大三上学期的某一天，我在学校新建的费尔斯通图书馆的阅览室里阅读经济学的最新发展情况，当时我所学的正是经济学专业。当翻到12月期的《财富》杂志第116页时，我看到一篇题为《波士顿的巨款》（*Big Money in Boston*）的文章。这一偶然的时刻塑造了我之后的整个职业生涯和生活。"博格回忆道在："这篇文章是一块'跳板'，我几乎立即决定写一篇关于开放式投资公司历史和未来前景的论文。"

《财富》杂志上的这篇文章描述了马萨诸塞州投资信托基金（Massachusetts Investors Trust，M. I. T.）的运作情况，该基金是当时规模最大（2.46亿美元）也是最古老的开放式投资公司之一，如今更常被称为共同基金，其成本低，多元化程度高。当时，M. I. T. 也是美国最大的基金。M. I. T. 董事会主席梅里尔·格里斯沃尔德（Merrill Griswold）参与起草了1940年的《投资公司法》（*Investment Company Act*），并希望将投资信托基金作为中小投资者的理想工具加以推广。可以说，M. I. T. 是在用投资兜售安心感。与当时大多数其他基金不同，M. I. T. 几乎完全投资于普通股，其86%的资产投资于至少在过去10年中一直派息的股票。在30只道琼斯工业平均指数的成分股中，该公司持有20只。《波士顿的巨款》这篇文章指出："M. I. T. 对其所投资公司的长期股息支付能力颇感兴趣，它不是一个买卖频繁的交易者，不寻求短期盈利，从不卖空，也从不用保证金买入。"这篇文章还强调了这个微型行业的增长潜力。博格认为："这个行业被描述为微型，但这一点颇具争议，它的总资产约为25亿美元。我想：'天哪，我也很渺小，也免不了被人质疑，以前从来没有人写过关于共同基金行业的论文。'"

博格在回顾共同基金的历史及其最初优势时说："第一只真正的共同基金 M.I.T. 成立于 1924 年。让共同基金行业走向繁荣的是它背后所隐含的常识：第一，多元化，这是一个常常被低估的好处；第二，效率；第三，相对较低的成本；第四，管理，虽然管理不能增加价值，但人们总是多多少少希望有人来打理他们的基金业务。顺便说一句，在当时，典型的共同基金非常像指数基金。基金经理们确实从事着基金管理业务，但其实多年来只是在跟踪市场。"博格又说道："《财富》杂志于 1949 年描述的是这样一个可以提供让中小投资者安心的基金，一个专注于管理服务的行业，其兜售的正是我们所创造的投资理念。相比之下，我们今天看到的基金行业更侧重于销售技巧，且在这个行业中，市场营销为产品设计和销售定下基调，短期表现是游戏的主题。"

博格还回顾了该行业是如何在某些方面取得突破，却又在其他方面适得其反。如今，基金规模更大，数量更多，在目标和政策方面也更加多样化。但是，截至 2003 年，绝大多数基金都未能跟上市场，只有不到 1/8 的基金能够做到。基金管理已从投资委员会转向明星基金经理，然而，这些基金经理大多数最终都像彗星一样，短暂地照亮了基金的天空，然后就熄灭了。换手率提高了很多，养老基金等中介机构持有绝大多数股份，而不是个人。共同基金主要是被卖出而不是买入，交易费用占资产的百分比大幅上升。博格回忆道："当大多数基金向投资者提供'道琼斯平均指数的一部分'时，《波士顿的巨款》这篇文章很有先见之明地补充道：'持有整个道琼斯平均指数并不是一件坏事。'但如今，无论好坏，很可能是更坏，选择共同基金已成为一种艺术形式。"

先锋集团的设计蓝图

1951年4月，博格完成了题为《投资公司的经济作用》(The Economic Role of the Investment Company) 的论文。这篇论文的开题并不容易，因为相关数据不易收集。例如，博格曾写信给美国国家投资公司协会（后更名为美国投资公司协会）询问数据信息。7个月后，他才收到答复，而且其中只包含有限的数据。他还从维森伯格关于投资公司的年刊中收集数据，并尽可能地通读了1940年的《投资公司法》。他说："当时，我们没有今天那么多的数据，但我观察了大量基金的表现，发现它们无法击败市场。这就是我播下的种子，它在1974年终于开花结果，我创建了第一只指数基金。"

以博格在1950年时的视角来看，当时共同基金的持有成本比今天更低，投资期限更长，而且普遍正在迈向多元化。博格回忆道："几乎所有的品牌基金都类似于道琼斯工业平均指数，尤其是在波动性方面。维森伯格在其共同基金年刊中列示了基金相对于指数的波动性。有一些基金的波动率是105%或107%，高出市场波动率几个百分点。你也可以找到一些波动率比市场波动率小10%的基金。但波动率比市场波动率高30%或低30%的基金是不存在的。当然，平衡型基金则另当别论，它们的波动率是事先设计好的，即市场整体波动性的2/3。"

然而，到了20世纪60年代，激进的高成长型基金以超高的回报博得了大众的关注。根据博格的说法，某些基金会使用有问题的方法来取得良好的业绩，例如，在记账的时候，把买入价计为半价，再将其以全价计入投资组合中。博格说："这是一个获得良好业绩的非常简单的方法。一只名为Enterprise的基金有一年颠覆性地获得了104%的收益。这样的收益率几乎令每个人为之侧目，大家都争相'上车'，包括后来的我。"

博格补充道："但有一件事我记得很清楚，那就是论文中有一段引用自美国证券交易委员会对该行业的评论：从本质上说，共同基金的价值是有目共睹的，即为个人持有者提供具有事实和统计基础的智力投票的机会。"换句话说，共同基金等机构应该以个人持有者的利益最大化为基础。

那么，博格在论文中对"开放式投资公司"（即共同基金）的未来得出了什么结论？"第一，共同基金应该'以最有效、最诚信、最经济的方式'进行管理，基金销售费和管理费应该适当降低。第二，共同基金不应该引导公众对'管理奇迹的期望'，因为基金不能'声称优于未经主动管理的市场平均值'。第三，'基金的主要功能是管理其投资组合或对投资者资产进行托管，重点关注公司的业绩……而非对股票价值的短期公开评估'。第四，基金的'首要责任'必须是无差别地为个人和机构投资者服务。"

几十年后，博格反思这篇论文具体达到了什么效果时说："这可以看作是先锋集团的设计蓝图。我本来并没有打算设计什么，我只是一个理想主义的年轻人，想要做一些有意义的事情。我希望共同基金的管理费和销售费用都能有所降低，我希望基金公司以最经济、高效和诚信的方式来运作，我希望基金经理不要声称自己管理的基金指数优于市场指数，因为他们无法击败指数。因此，我论文的重点是将基金股东的利益放在首位。"正如博格在论文中所写的，"投资基金业的未来增长可以通过专注于减少销售费用或 6%～9% 的佣金以及管理费用来实现最大化"。

惠灵顿基金

在博格的大学时期，他在费城的家庭经历了一段变故：父母分居，母亲处于病危之中。因此毕业之后，博格自然想在费城附近找份工作。在入职惠灵顿基金公司之前，博格在当地各家银行甚至经纪公司中寻找工作。惠灵顿基金由沃尔特·摩根（Walter Morgan）于 1928 年 12 月 27 日成立，1929 年正式开始运作。可能有人认为当时并不是成立基金的最佳时机，但它采取了较为平衡的投资方式，在股票和债券上进行了广泛的多元化。该基金最初被称作工业和电力证券公司（Industrial and Power Securities Company），但在1935年更名为惠灵顿基金公司。摩根一直担任公司的董事长直至1972年，之后博格继任，任期为27年。摩根于1998年去世，当时距他的百岁生日仅有3个月。

对于博格来说，摩根堪称伟大的导师。摩根对博格也视如己出。"摩根是一位非凡的人，他是道德的标杆，他是全才。"博格回忆道，"他对业务的各个方面都了如指掌。"摩根的投资理念是保持简单：将个人投资者账户合并成一个大型的多元化基金，由专家进行有效管理。博格于1951年进入了惠灵顿基金公司。

博格继续说道："摩根说，雇用我是他一生中最好的商业决策。我会做摩根先生让我做的任何事情，包括按照他的指令在办公室里挂照片。后来，我终于能决定挂照片的位置了。我们的关系非常美好，虽然谈不上亲密无间，但肯定是相互欣赏和尊重。摩根从我身上看到了他喜欢的东西。奇怪的是，我认为自己只是一个普通人，没什么特别可称道之处。可能我比普通人聪明一些，但差距也不会很大。"博格对摩根稳定且持续的投资方式感到钦佩。尽管平衡基金的回报低于全市场股票基金，但资金持续涌入惠灵顿基金公司。然而，20世纪60年代，惠灵顿基金的表现开始逊于其平衡基金的同行，其增长开始放缓。

1960年，博格以笔名约翰·阿姆斯特朗（John Armstrong）在《金融分析师杂志》上发表了一篇题为《共同基金管理案例》（*The Case for Mutual Fund Management*）的文章。这篇文章今天读起来颇具讽刺意味，因为博格在文中抨击了一只跟踪道琼斯工业平均指数等宽基指数的共同基金。博格写道："1930—1959年，领先的普通股基金表现出比道琼斯工业平均指数更好的业绩。"这项研究是基于当时4只存续时间最长的多元化普通股基金，其中 3 只的表现优于道琼斯工业平均指数。有趣的是，博格引用了 1960 年《金融分析师杂志》的一篇文章，该文章提出了"消极管理"指数基金的理由，但是他对道琼斯工业平均指数"消极管理"的普遍误解提出了异议。

博格指出："道琼斯指数是按照其目标进行管理的，就像共同基金一样。共同基金的目标是获得规模或者收入的增长等，而道琼斯工业平均指数的目标是代表整体市场，并相应地加以调整。"博格还进一步指出，正如他的研究中所指出的，购买道琼斯工业平均指数的"消极管理"的共同基金存在许多弱点：市场的波动性可能更高；共同基金不可能满仓投资，因为它需要持有一些现金以保持流行性；换手成本会影响业绩。

博格后来对自己 1960 年的这篇抨击"被动"管理基金的文章作了评论："我在那篇文章中的真实观点是，不应该有道琼斯工业平均指数基金。如果稍加研究，你就会发现跟踪道琼斯指数极其复杂，需要很高的换手率，因为这个指数是按价格加权的，而且股票数量必须总是 30 只。当时，运营一只跟踪道琼斯指数的基金是代价不菲的。我写那篇文章的目的在于维护一个合乎逻辑的现状，即当时许多基金的多元化策略和相对较低的成本。"

20 世纪 60 年代，市场投资理念发生了转变，不再拘泥于过去的保守观念。正如博格所观察到的，"沸腾岁月（Go-Go years）扑面而来，我们正进入一个新时代。1965 年，摩根先生委任我负责筹划惠灵顿基金公司的未来，我欣然领命。后来我才觉察到我的回应是不明智的。我当时认为，我们需要'时髦'的基金经理来管理惠灵顿基金，我们需要在'产品线'中增加一只激进的成长型基金，我们应该从共同基金领域向养老金管理领域拓展。但后来我发觉自己的想法是不明智的"。随后，博格详细描述了那天的情景，并分享了个人想法："摩根对我说道：'我不理解现在这个时代，我已经落伍了。我希望你今天就开始经营整个公司。'我心里默念：'当然，你选对人了。'当时的我只有 35 岁，显然自信要比实际经验更多一些。"

博格设想了几种将股票基金引入惠灵顿基金公司的方法，他与投资者公司、西海岸公司资本集团和富兰克林·邓普顿基金公司进行了交涉，但它们对此不感兴趣。博格回顾了接下来发生的事情："随后我们对接的是波士顿一家名为 Thorndike、Doran、Paine & Lewis 的小咨询公司，该公司管理着一只名为 Ivest 的基金，这只基金的业绩虽然令人怀疑，但的确相当火爆。他们还强调自己拥有'杰出的基金经理'。因此，惠灵顿基金与 Ivest 基金一拍即合，但是好景不长。"

博格用他最喜欢的一个类比来说明他为什么将此类基金公司引入惠灵顿基金："我有一家不错的百吉圈（硬面包圈）店，卖的百吉圈营养丰富、干脆爽口、无副作用。然而，周围的店卖的都是完全没有营养的甜甜圈。如果街上其他人都在卖甜甜圈，又没有人买百吉圈，那么百吉圈店老板也有一个选择，就是开始卖甜甜圈。"

用博格自己的话来说，"在一个保守运作了 40 年的基金中，通过激进的策略来寻求更高的回报，只能以惨败而收场。惠灵顿基金的回报非常糟糕，资产从 1966 年的 21 亿美元暴跌至 1975 年的 4.75 亿美元，惊人地下降了 77.4%"。后来，在反思与 Ivest 基金的合并时，博格表示："我知道这是一场赌博，也知道这不会持久。因此，在庆祝晚宴上，我为每一位 Ivest 基金的高管准备了一个小银盘。在每一个银盘中间，我都焊了一枚美国银圆，并在上面刻了'和平'这个词。最终，我们没有迎来和平，一切都瓦解了。他们说我很傲慢，不喜欢集体决策，对此我不想否认，但他们从来就没有任何团队意识。他们之中有一个占主导地位的人，说起话来却好像是取得了群体共识。因此，最终只能用权力说话。在合并过程中，我给了他们过多的权力。摩根说：'按你的想法执行吧。'我只能说，我是个糟糕的谈判者。"

"最初的 5 年，你会认为博格是个天才，但 10 年之后，你大概会说：这是历史上最糟糕的合并，堪比美国在线和时代华纳的合并。随着合并基金的崩盘，Ivest 基金的管理技能归零，他们同时毁了自己创建的 Ivest 基金。后来，他们又创建了另外两只基金，但都以失败而告终。惠灵顿基金公司也难逃厄运，公司规模开始急剧萎缩，肇事者却想解雇我。我告诉董事会，我们最应该做的事情就是把一切推倒重来，让基金经理们继续回去做咨询业务。Ivest 基金业务已经一文不值，我们可以低价买入。事实证明，这对董事们来说太难了，最终他们提出：有没有一些别的选项？"博格回忆道。

因此，博格给出了两个想法作为选项，这两个想法将彻底改变基金管理行业："我们虽是一家小公司，但我们碰巧有两个伟大的想法。第一个想法是创建共同持股公司，它关注的不是基金公司的股东，而是基金的持有者。这是我们提出的关于公司结构的问题。第二个想法是关于公司策略方面的，即创建指数基金。我们先前已经创建了第一只指数型共同基金，但过了 20 年，直到 20 世纪 90 年代中期它才开始流行起来。如今，它主导着金融领域的话题，并将永远主导基金行业的发展历程。"这两个伟大想法的结果就是先锋集团的诞生。

博格干的"蠢事"：开创指数基金时代

博格被惠灵顿基金公司解雇后（但仍然是惠灵顿基金的董事长兼首席执行官），他时刻考虑下一步该怎么办："我怎样才能在扑克桌上赢回我在骰子桌上失去的东西呢？我询问了几家机构，看看它们是否有意愿参与共同基金业务，但毫无进展。我曾想在特拉华州买下一家杜邦家族拥有的小公司，不知何故，这一点也从未如愿。因此，我只剩下一个选择：以惠灵顿基金的董事会主席和首席执行官的身份说服董事们不要做他们的服务供应商惠灵顿管理公司所做的事，即解雇董事长和首席执行官。"董事会最终批准博格创办一家新公司，做除投资管理和分销以外的业务。

"可以这么说，创建先锋集团是我把理论付诸实践的结果，旨在证明我多年前的论文并非纸上谈兵。"博格解释了集团名称的来历："Vanguard（先锋）取自英国海军历史。尼罗河河口海战是英国海军有史以来最伟大的胜利之一，英国在阿布基尔湾（Aboukir Bay）击沉了法国舰队。英国海军上将霍雷肖·纳尔逊（Horatio Nelson）正是在"先锋号"（HMS Vanguard）甲板上指挥战斗的。"

博格描述了第一只指数共同基金推出的过程，最初它被称为第一指数投资信托基金（the First Index Investment Trust），后来被称为先锋 500 指数基金（Vanguard 500 Index Fund）："先锋集团于 1974 年 9 月成立，1975 年 5 月开始运营。先锋集团仅限于管理，不参与投资管理或分销。这些职能将保留在惠灵顿基金公司。然而，出于战略考虑，我决心要管理属于我们自己的业务。我致力于将先锋集团打造成一家真正的基金管理公司，我们可以决定运营的基金种类、运营方式、运营主体、基金的持有者是谁以及通过谁来分销。"

博格想到了他论文中提到的消极管理的指数基金。他研究了过去 30 年中大约 60 只股票型共同基金的平均回报率。博格发现，在不考虑指数成本的情况下，基金平均每年比标准普尔 500 指数表现差约 1.5%。考虑到交易成本但不包括销售费用，博格估计基金平均年回报率为 9.6%，而指数回报率为 11.1%。博格向先锋集团董事们表明，1945 年投资于这些基金的 100 万美元到 1975 年将增至 1 600 万美元，而如果投资市场指数，则将获得 2 500 万美元。博格回忆道："董事们认为，我设立这样一个共同基金超越了我的职权范围，提醒我不得介入基金管理。我告诉他们，这个基金不需要管理。说出来你可能不信，后来董事们都纷纷买入。"

1976 年 6 月，《财富》杂志发表了一篇恰逢其时的文章《指数基金的时代正在到来》（Index Funds-An Idea Whose Time Is Coming）。越来越多的学术研究表明，股票价格往往遵循随机游走，有效市场假说（特别是法玛的研究，详见本书第 4 章）得到了越来越多的支持，这表明股票价格充分且即时地反映所有的相关信息。换句话说，根据学术界的观点，再多的基本面分析也不会比市场本身带来更好的回报。少数养老基金开始采用富国银行指数化投资策略。然而《财富》杂志的文章指出："著名的华尔街公司，如摩根担保信托公司，对指数基金不屑一顾……该公司信托部门的执行副总裁哈里森·史密斯认为，指数基金根本不值得银行认真关注，他对摩根的产品不能胜过市场平均值的想法感到恼火。"

尽管如此，面向大众的指数基金势不可当。1976 年 8 月 31 日，在先锋集团发起的第一指数投资信托基金 IPO 之际，第一只指数"共同"基金就此宣告诞生。它的诞生颇为不易。"我们相信，此次 IPO 将取得巨大成功。"博格回忆道，"我们的数学模型无可争议地保证了指数基金的优越性，而且主承销商包括华尔街最大的四家零售经纪公司。承销商们的承销目标是 1.5 亿美元，但当账目关闭时，第一指数投资信托基金仅募集了 1 130 万美元，比目标值少 92%。当承销商给我带来这个惨败的消息时，他们建议我们取消这笔交易，因为这点微薄的收益都不足以持有标准普尔 500 指数中的所有 500 只股票。我记得当时我说：'虽然略显惨淡，但我们也不会轻言放弃，难道你们不知道我们现在拥有了世界上第一只指数基金吗？'"

竞争对手对引入指数基金的反应非常激烈。博格对一个特别过激的反应记忆犹新："一家中西部经纪公司 Leuthold Group 在华尔街疯狂散发海报，叫嚷着：'指数基金违背美国精神，请帮忙消灭指数基金！'"在第一指数投资信托基金成立后的几年里，很少有新资金申购该基金。直到 1982 年，第一指数投资信托基金的销售额才突破 1 亿美元；直到 1984 年，才有同类型基金竞品出现。

伯顿·马尔基尔后来赞扬了博格的远见："指数基金现在如此受欢迎，以致人们很容易忘记约翰·博格在创办这些基金时是多么勇敢和顽强。在那时，它们被称为'博格干的蠢事'，因为人们认为它们只是复制市场的回报而已。但是，当然，这是一个伟大的想法。在学术界，看到这一点的人不在少数，但只有博格却成功地将它付诸实践。"

萨缪尔森效应

1974年9月24日，博格在《投资组合管理杂志》创刊号上读到了诺贝尔经济学奖获得者萨缪尔森撰写的一篇论文。这篇文章的标题是《对判断的挑战》(Challenge to Judgment)，它将对投资界影响深远。萨缪尔森认为，在投资组合选择和投资业绩上取得超额优势是一个未经证实的想法。尽管某些基金经理在任何特定年份的表现都可能超过市场平均水平，但他们无法在可复制、可持续的基础上做到这一点。即使包括夏普、布莱克和斯科尔斯等受人尊敬的学者在内的许多人都无法甄别"具有可持续超越市场的投资能力的少数群体或方法论"。

正如博格回忆的那样，"阅读这篇文章是整个奇迹的一部分。成功的大门已经向我敞开，我在论文中提到的指数基金的想法即将付诸实践"。萨缪尔森的这篇文章正中博格下怀。博格回忆道："萨缪尔森的文章就像一道闪电击中了我，让我很快意识到以下命题不言而喻的合理性：成本对指数基金投资者来说意味着一切，而主动基金经理主要关心自己的盈利能力，对客户承担的成本却漠不关心。"

"萨缪尔森的这篇文章呼吁大型基金建立一个内部投资组合，跟踪标准普尔500指数，哪怕只是用来和内部的基金经理业绩做对比。"博格继续说道，"面对这一挑战，我难以抗拒。虽然我们所有的同行都有机会创建第一只指数基金，但只有先锋集团一家跃跃欲试。我认为，不是由外人持股，而是由自己股东持股的新成立的先锋集团应该是这一新概念的'先锋'。我们的目标是以最低成本提供多元化的基金，专注于长期。"

博格在他的职业生涯中与萨缪尔森有着很多交集，但二人的第一次联系要追溯到大学时代。博格回忆道："在普林斯顿大学的第二年（1948年），我选修了第一门经济学课程，我们的教科书是萨缪尔森的《经济学：介绍性分析》（Economics: An Introductory Analysis）的第1版。说实话，对我来说，这本书晦涩读懂。在第一次尝试这门新学科时，我表现不佳，在期中考试中获得了D+的成绩。为了继续享有普林斯顿大学提供的全额奖学金，我必须至少把平均成绩保持在C-。如果到学期末成绩仍然没有提高，我的大学生涯就结束了。经过努力，最终我勉强过关。"

到2009年萨缪尔森去世时，博格只见过萨缪尔森五六次，但他们经常通信。1993年，萨缪尔森为《博格谈共同基金》（Bogle on Mutual Funds）这本书撰写了序言。在2005年的一封给博格的信中，萨缪尔森写道："先锋集团为我的6个孩子和15个孙子、孙女所做的一切远远超过我对你的任何一点小小的影响。"其中，最高的褒奖来自萨缪尔森2005年在波士顿证券分析师协会（Boston Security Analytics Society）上发表的演讲："博格创建的第一只指数基金堪比轮子、字母表、古腾堡印刷术、葡萄酒和奶酪这些伟大发明。这种共同基金存在的意义并非让博格致富，而是提高了共同基金所有者的长期回报。这是阳光下的新事物。"

在此之前，萨缪尔森还发表过一些别的溢美之词。1976年8月，萨缪尔森在《新闻周刊》题为《指数基金投资》（Index-Fund Investing）的文章中回顾了他前一年的专栏文章。萨缪尔森指出，一些富有的投资者和企业养老基金开始利用指数化投资，但对大多数投资者来说，依然缺乏行之有效的投资工具。他表示："复制整个市场，无须销售佣金，并将换手率和管理费保持在可行的最低水平。"然而，到了1976年8月，萨缪尔森高兴地表示："默默的祈祷得到了回应，第一指数投资信托基金应运而生。"在《指数基金投资》这篇文章中，萨缪尔森指出，第一指数投资信托基金满足了他提出的五项审慎要求中的四项：任何人只需要1 500美元，就可以购买该基金；与标准普尔 500 指数的表现相当；管理费用非常低，约为基金净值的 0.20%，换手率也很低；提供了尽可能广泛的多样化。唯一的缺点是，它有 6.01% 的销售佣金。但这个问题将很快得到改善。

一旦创建指数型共同基金的想法获得支持，下一步就是测试其技术可行性。博格求助于刚从沃顿商学院毕业且非常熟悉计算机编程的投资组合经理简·特瓦尔多斯基（Jan Twardowski）。特瓦尔多斯基回忆道："一切就好像发生在昨天。有一天，博格路过我的办公桌，问我：'你觉得你可以运营指数基金吗？'我说：'我需要时间研究一下。'几天后，博格再次问我：'特瓦尔多斯基，你研究得怎么样了？'我回答说：'我想我可以了。'就我所知，接下来博格向美国证券交易委员会提交了一份申请文件。"

博格之所以选择复制标准普尔 500 指数，是因为它是一种市值加权指数，减少了技术复杂性，被养老基金普遍用作基准。起初，先锋集团的销售佣金为销售额度的 6.01%，这是业界的惯用费率。然而，不到 6 个月，在 1977 年 2 月，先锋集团启用了零佣金分销系统。博格回忆道："当董事们提醒我不能抢夺分销业务时，我告诉他们，我不是在抢夺它，而是在消灭它。"博格说，"这并非毫无道理，但可能被认为有点不切实际。到了 1977 年 2 月，我们达到了我们想要达到的目标：一个提供运营、投资管理和分销服务的全方位共同基金综合体，并致力于将先锋集团打造为行业内的低成本服务提供商，取消销售费用和发展指数基金都是具体的体现。"

博格还评论了学术界对投资行业的贡献："你可以把我们这个中介或者说代理行业的诞生部分归因于学术界。当年我写论文时，个人投资者持有 92% 的股票，其他 8% 的股票由机构持有。如果我们着眼于马科维茨理论的基础多元化以及夏普关于风险负担的理论，所有这些都指向投资者需要代理人。因此，在现代投资组合理论或有效市场假说的帮助下，投资者开始由自己直接投资转向多元化。我认为这是一个巨大的进步。"

高歌猛进的先锋集团

先锋集团的增长可谓惊人，管理的资产规模从最初的毫不起眼飙升至超过 5 万亿美元。然而，博格淡化了他自己的作用，他表示："先锋 500 指数基金无疑是第一只指数共同基金，但我不会居功自傲。我已经尽了最大努力为普通投资者以及养老基金和机构投资者建设一个更美好的世界。其核心就是创立了先锋集团，它过去是，现在也是唯一真正的共同基金公司。"虽然先锋集团的增长部分归功于 1982 年开始的强劲的金融市场表现，但它的发展速度远远超过了行业的平均水平。博格说："我们走了一条完全不同的道路。毫无疑问，我们成功地成为世界上成本最低的金融服务提供商。"

在博格看来，很少有公司能代表什么，但先锋集团可以，用一个词概括那就是管理。"这是一家属于股东、由股东出资、为股东服务的公司。"博格解释道，"管理公司管理着先锋集团的所有基金，其每年盈利约 120 亿美元，大部分以更低费用的形式回馈给我们的基金股东，回馈率高达 98% 左右。如果没有指数基金这种结构，我们就很难推出指数基金。从指数基金推出伊始，我们就是免销售佣金的。我们专注于成为共同基金行业的低成本提供商。当我们在 1975 年 5 月开始运作时，我议程上的第一件事就是建立一只依靠低成本运作的指数基金。从鸡和蛋的角度来看，先锋集团是鸡，指数基金是蛋。但到底是先有鸡还是先有蛋？"

博格反思了先锋集团发展的关键所在："我们从共有的结构开始，我们的目的是为股东服务，我们关注的是成本优势。特别是在债券领域，我们并不一定要通过追求收益率来保持竞争力，因为我们的支出比率仅为 12 个基点或 0.12%，而我们的竞争对手们是 82 个基点。对货币市场基金来说，更是如此：成本越高，回报就越低，因为在货币市场领域，你很难提高收益率。从长期来看，股市遵循同样的逻辑，尽管短期内并不明显。所以，基金运营的核心是结构、结构、结构，然后才是战略。聚焦在成本差异最大的地方，那就是指数基金。跟踪同一指数的指数基金大致是相同的，因此成本最低的指数基金将胜出。债券基金、货币市场基金或任何本质上类似于大宗商品的基金也是如此。所以，如路德维希·密斯·范德罗（Ludwig Mies van der Rohe）所说，基金运营的核心是结构，但战略必须遵循结构。这些是机制部分，但除此之外，还有使命的部分。"

博格认为："很明显，我们正处在一场由指数化引起的革命之中。它正在重塑华尔街，重塑共同基金业，而股票市场收益的分配也正从华尔街转移到主街[①]。我们已经超越了起点，但远未到达终点。"博格后来又补充道："'先锋'这个词的内涵之一是领导力和新趋势。需要强调的是，我必须是一个出色的领导者，因为我还没有找到我的第一个追随者。"

是时候转向成本问题假说了

2003年，在发表于《金融分析师杂志》的一篇文章中，博格创造了"成本问题假说"（cost matters hypothesis）一词，这是针对著名的有效市场假说的一种文字游戏。在这篇文章中，博格对萨缪尔森关于有效市场假说的宏大语言进行了温和的嘲讽，他写道："有效市场假说提出了一个结论，这一结论非常明显，也非常全面，即投机者的收益期望值是亏损的，亏损额等于产生的交易成本。换句话说，无论市场是有效的还是无效的，投资者作为一个群体，其所承担的交易成本都必须低于他们取得的市场回报。"

正如博格描述的两个假设，"在学者、经理人和投资者看来，有效市场假说通常是正确的，但并不总是正确的。如果你认为市场是高度有效的，而事实并非如此，那么你将为此付出代价。这种情况会定期发生，但成本问题

[①] 主街（Main Street）是经济术语，指的是华尔街金融体系之外的传统产业和经济，涉及各个行业的美国实体经济。——编者注

假说总是有效的"。关于成本问题假说，博格的号召是明确而响亮的。他说："现在是我们将更多注意力转向成本问题假说的时候了。我们需要知道金融中介系统的支出如何，高换手率是否会带来回报，以及基金经理向投资者提供的真实净回报水平；我们需要评估共同基金业所提供的非理性投资选择到底对投资者产生了多少负面影响。现在是时候接受被动的全市场投资作为一种独立和独特的资产类别的优点了。为未来的投资者建设一个更美好的世界永远不会太迟。"

随后，博格通过在多个维度与有效市场假说进行比较来扩展他的成本问题假说（见表 5-1）。

表 5-1　有效市场假说与成本问题假说的比较

有效市场假说	成本问题假说
有力证据	压倒性证据
合理解释	显而易见的解释
基本正确	非常正确

博格将成本问题假说背后的推理逻辑建立在减法基础上，即金融市场总回报减去金融中介成本等于实际交付给投资者的净回报。"无论市场多有效或多无效，投资者作为一个群体所获得的回报必定低于市场回报，其差额等于他们所承担的总成本。这是投资的核心事实。"博格说。但问题在于，这一总成本中包含了什么呢？

博格将持有共同基金的成本分为三类，他表示："我们谈论最多的和最容易计算的一类是基金的费用比率（或者叫作年度费用，以资产的某个百分比表示），持有低费用比率的基金，我将其比喻成在低成本池塘里捕鱼，这是确保提高回报的一种方法。第二类是我们不太关注也没有量化的成本，即销售佣金的影响。第三类成本是隐藏的，但我们知道它的存在，只是不知道它的具体数额，这就是投资组合的换手成本。共同基金的投资组合换手率惊人，平均每年约为100%。据我估计，任何以这种速度调整投资组合的基金每年都要额外花费1%的成本：购买所有这些证券加上市场冲击成本要花费其中的0.5%，出售这些证券又要花费剩余的0.5%。"

关于投资者如何降低换手成本，博格给出了一些简单的建议："消除周转成本，即我提到的第三类成本，那是极其容易的事情，买入一只指数基金即可。"除了基金的换手成本外，博格还提醒投资者要降低个人股票投资组合的换手率："交易是你的敌人，因为它带有强烈的情感因素。"

2014年，博格把主动管理基金与先锋指数基金的"全部成本"进行了量化。根据计算，主动管理基金的平均费用比率为1.12%，交易成本为0.50%，现金拖累（因为基金通常持有现金储备）为0.15%，销售费用率和手续费率为0.50%，总计为2.27%。然而，先锋指数基金的费用比率仅为0.06%。此外，主动管理基金与指数基金已纳税已实现资本收益的与未纳税未实现收益之间的税收效率差为0.45%。综合来看，两者之间的费用率差异为2.66%。以一位30岁的投资者为例，他有40年的投资期限，股票回报率为7%。博格的计算表明，退休时，指数基金投资者将比主动管理基金的投资者多拥有65%的财富。博格的结论是："不要让复利成本的暴政压倒复利回报的魔力。"

2007年的精准预测

2007年12月17日，博格参加了《财富》杂志读者的问答环节，正是该杂志1949年刊登的那篇文章启发了他的普林斯顿论文。当天，道琼斯指数为13167点，有人问博格：10年后，道琼斯指数将站到什么点位？博格回答说："略高于20000点。"

2017年1月25日，道琼斯指数首次突破20000点，博格当年精准的预测令许多人倾慕不已。博格后来回忆道："我也不知道为什么我会去做这个预测，但是如果没有事先做功课，我是不会回答这个问题的。"那么，他究竟是怎么做到的？

在一系列文章中，包括2015年的一篇与迈克尔·诺兰（Michael Nolan）合著的文章，博格进行了揭秘：原来，他受卡姆剃刀原则的启发，即"问题的最简单解决方案可能是最正确的解决方案"，并基于凯恩斯在其1936年的经典著作《就业、利息和货币通论》中提出的概念进行了研究。根据凯恩斯的观点，回报只有两个来源：企业，包括商业利润之类；投机，与市场心理有关。

博格将企业或投资回报定义为初始期股息收益率加上预期收益增长。这一定义与众所周知的股息贴现模型 $R_t=D_0+G_t$ 一致。其中，R_t 是某一时期（如10年）的预期回报；D_0 是 t 期初的股息收益率，G_t 是 t 期内每股名义收益的年增长率，代表预期股息增长。然后，博格添加了一个术语来捕捉凯恩斯的投机回报率：$\Delta P/E_t$，即 t 期间市盈率（P/E）倍数的预期变化率。

博格将得到的模型称为"博格股票收益来源模型"，英文缩写为BSRM/S，他将其视作未来股票收益预期的基础。博格指出，虽然投资回报在过去一个多世纪一直相当稳定，但投机性回报部分却不是。另外，投机性回报倾向于向均值回归。换言之，如果市场市盈率高于历史平均水平，那么在随后的10年中，市盈率将趋于下降；而当市盈率低于平均水平时，则其会出现相反的情况。

博格对其在2007年所做的10年预测的完整回应如下："道琼斯指数的股息收益率目前为2.2%，而标准普尔500指数的股息收益率为2%。我预计股票回报率为6%～7%，道琼斯指数应以每年4%～5%的速度增长。

因此，每年增长4.5%，10年的复合增长率将达到55%，届时道琼斯指数将略高于20 000点。同时，我们也应该为沿途的震荡做好准备。"换句话说，根据博格的公式，假设股息收益率为2.2%，预期增长率为4.5%左右，那么股市的预期回报率（包括股息）约为6.7%，其中不包含任何投机回报。

为什么要排除投机回报部分？正如博格评论的那样，"如果回顾一下20世纪的美国商业历史，你就会发现市盈率的效应为零。所有的回报都是投资回报，即由股息收益率和盈利增长而产生的，市盈率效应或投机回报在100年中不断上升和下降，最终还是回到起点。因此，我们要隔绝此类噪声，坚持获取那些使得股票成为良好投资品类的底层回报"。

不过，博格并没有想进入预测这个行当："我不认为这是预测，我认为这是在创造合理的预期。"

博格的完美投资组合

在博格完美的计算之后，我们现在来看看他对完美投资组合的思考。博格曾向一位投资新手提供了以下基本建议："遵循简单策略，通过广泛多元化、低成本的基金来持有美国或全球的商业。"博格建议这名投资新手不要试图选择他认为可能表现更强劲的基金。正如博格所说："不要捡了芝麻丢了西瓜，而应拥抱整个美国股市。今天，通过投资于低成本指数基金，比如先锋集团提供的指数基金，这很容易实现。"

博格认为，**投资有四个关键要素：回报、风险、时间和成本**。"其中，只有回报这个因素是我们无法控制的，但我们可以控制其他三个因素。"多元化可以有效降低"单只股票的风险、板块的风险和基金经理人选择的风险"。说到最后一点，博格直言不讳："基金投资者以为他们可以轻易地选到优秀的基金经理，他们其实大错特错。"更长的投资期限有助于积累资金，因此，博格建议的投资期限是"长期持有"。博格给资深投资者的建议是："**忽略金融市场中的短期情绪噪声，关注公司业务的长期经济效益。**"另外，正如博格的成本问题假说所阐述的那样，低成本能够增加财富。

关于投资者的资产配置应该如何随时间变化，博格的经验法则是："一开始，你应该大量投资股票，并适当持有一些债券指数基金和股票指数基金。当你将要退休或退休后，债券指数基金和股票指数基金应该在你的资产配置中占据主流。"

博格认为："税收是资产配置中不容忽视的因素。如果这些基金在你的退休计划中，那么你可以忽略税收，但如果它们在你自己的账户中，那么你需要考虑所涉及的税收成本。"据博格估计："仅就税收效率而言，主动管理者每年就要损失 120 个基点。"

在博格去世之前，他自己的投资组合是什么样子的？他言行一致。"我的股票基金基本上都是指数化的，其中 85%～90% 都是指数基金，但我一直持有一些我称之为'传奇基金'的基金，这些基金是我自经营惠灵顿管理公司以来就一直持有的。这些基金包括惠灵顿基金、温莎基金、探索者基金、Primecap 基金以及其他类似的基金。这些基金给我的回报接近于市场整体回报，因为它们非常多元化。我分配我资金额度的 20% 来投资这些基金，并打算一直保持这一比例。在我的退休计划账户中，债券是我最大的投资……在我的个人账户中，我持有的全部是市政债券基金，它们的性质与指数基金非常相似。"

在博格的债券投资组合中，中期债券和短期债券差不多各占一半。他表示："就债券投资比例而言，简单有效的法则是使其大体上等于投资者的年龄除以 100。"谈及目标日期基金的增长时，博格指出："这样的法则简单有效，但我不认为它们是灵丹妙药。基于年龄的系统，即投资相当于年龄的债券百分比是否优于其他系统，还有待观察。此外，你不应该基于短期目标去投资债券。"

博格既不热衷于频繁调整资产配置目标，也不热衷于战术性资产配置或市场时机选择。在一般情况下，再平衡最多每年发生一次。博格的资产组合约50%为股票，50%为债券。在他看来，了解自己是什么样的投资者也至关重要。博格说："你是一个投资者，还是一个投机者？如果你总是想做点改变，你就是在投机。"例如，博格认为，投资商品就是投机，因为其主要意图是以高于购买价格的价格向别人出售商品。

博格对在意波动性的股票投资者的建议是"闭上眼睛"。他鼓励投资者继续投资："如果我们的回报率较低，那么最糟糕的事情就是追求更高的回报率。我的建议是，加大投资力度。"

博格警告说，投资者往往过于重视资产，而对包括社会保障金在内的预期退休收入重视不够。他表示："投资者过于关注账户资产额度，而对他们获得的月收入的考量太少，这是一个很大的误区。即使在股息不变的情况下，市场也可能会大幅下跌。"

虽然博格是指数化投资的忠实粉丝，但他将传统指数基金与交易所交易基金进行了重要区分，这是他的深耕领域之一。他说："传统指数基金是我创建的用于识别传统指数的基金，例如最初的全市场、低成本、零销售费用的指数基金，其设计目的是买入并'永远'持有。"传统指数基金的一个典型是复制标准普尔500指数的先锋基金，该类别也包括国际和债券指数基金。然而，交易所交易基金可以更加专业化，即使是宽基的交易所交易基金，如同样复制标准普尔500指数的State Street's SPDR，其交易量和赎回量往往会产生巨大的波动。博格指出："对于传统指数基金，你不是在选择一个细分市场，而是在选择整个市场，其投资成本相对较低，而且传统指数基金的现金流波动性要小得多。而持有交易所交易基金，你永远不知道会发生什么。2007—2009年，传统指数基金没有一个月出现资金净流出；而交易所交易基金在某个月市场高点时有高达700亿美元的资金流入，而另一个月市场低点又有400亿美元的赎回，这两个月之内就有超过1 000亿美元的资金流动。相较于传统指数基金，其波动幅度可能仅为20亿美元。因此，持有的品种不同，会导致你对未来几年市场的看法也会不同。交易所交易基金代表了一个与众不同的市场，它是一个交易市场、一个投机市场、一个冒险家的市场，就像那些沸腾岁月的冒险家一样。"博格的建议是长期持有传统指数基金。

就个人的完美投资组合而言，博格言行一致，他几乎完全投资于股票和债券指数。然而，有趣的是，博格对捐赠基金投资的看法略有不同。博格被布莱尔学院授权管理一笔奖学金基金。在去世前10年，博格把这笔钱的90%配置在由广谱的美国股票和债券组成的惠灵顿基金和一只平衡型指数基金上。他表示："我不会把所有资金都放在平衡指数基金上，因为可能会发生一些事情，需要基金经理做出调整。然后，为了以防万一，我在新兴市场指数上投资了5%，在黄金上投资了5%。该投资组合旨在有效应对各种极端情况。综合这两只基金，股票仓位大概在62%。"

对于个人完美投资组合中的资产配置，博格指出，**实际上不需要再平衡或者在退休前后做出重大变化**。他说："定期再平衡并不繁杂，却也没有必要。我得出的结论是，60/40（股票和债券的百分比）投资组合可能是最好的选择，而不是在目标退休计划中从80/20调整到20/80。"当博格88岁时，他的投资仍然在股票和债券之间平均分配。博格说："尽管我有一半的时间都在担心持有的股票过多，但另一半的时间我却在担心持有的股票过少。"

在1994年出版的经典著作《投资稳赚》（2015年再次修订）中，博格提出了许多智慧格言。例如，当面对一个投资问题的众多解决方案时，最简单的解决方案往往是最好的；考虑到复利的魔力，时间会极大地促进资本积累；多样化是任何投资的关键；风险、回报和成本是"投资永恒三角"的三条边；均值是一个强大的磁场，吸引市场回报率向之回归；你可以拥有稳定的本金价值或稳定的收入流，但不可能两者兼而有之；你很少知道市场不知道的事情；着眼长远是基金业最重要的品质之一。

博格重申了他的四条主要投资理念，并认为除此以外的所有其他理念都可以忽略。

首先，**不要沉迷于重新平衡你的投资组合**。如果必须做的话，一年一次就足够了。

其次，**专注于美国股票市场**。博格说："美国拥有完善的投资者保护机构和法律机构。"总部设在美国的跨国公司已经提供了间接的国际市场敞口。对包括先锋集团研究团队在内的许多人来说，专注于美国股票市场的立场是极端的。博格承认，将 20% 的资金分配给国际股票亦无不可。然而，在他看来，在国际上投资更大比例股票的边际收益微乎其微。他表示："如果你将外国股票的持股比例从 20% 提升到 40%，那么其每年只能跑赢美国股票 2 个百分点，这已经非常令人惊讶了，但它只能带来 0.4 个百分点的收益。"

再次，无须其他资产类别投资，如房地产或其他资产，**唯一需要的资产类别多元化是投资债券**。

最后，**遵循简单原则**。这意味着需要考虑指数基金等低成本投资。博格说："没有理想的投资组合，也没有完美的投资组合，如果忽略成本的话。"换句话说，不管你的投资是股票、债券还是其他资产类别，都要考虑买入和持有资产的成本对你最终回报的影响。例如，如果你所选择的投资的持续成本比另一项类似投资的高出 3%，那么在 30 年内，你最终的资产额将仅为低成本投资类别的 40%。

考虑到博格多年来提供的合理投资建议,他收到粉丝来信也就不足为奇了。博格回忆道:"其中一封来自一位已经退休的航空公司飞行员。我曾给投资者提过一个建议:把 401(k)账单扔进废纸篓,不要偷看,到退休时再打开信封,记得请一位心脏病专家站在旁边,因为结果会让你大吃一惊。这位前飞行员在信中说:'亲爱的博格先生,我听从了您的建议,现在我想做的唯一一件事就是谢谢您。'"

最后,博格的一条主要建议是,**不管市场发生了什么,例如美联储发布了某个声明,投资者都要抵制采取行动的诱惑**。他表示:"当你听到了某个消息时,你的经纪人打来电话问是否做点什么,你应该告诉他,博格的规则是'什么都不要做,保持原样'。"博格在 2012 年出版的《文化的冲突》(*The Clash of the Cultures*)一书中强调了诸如日内交易等短期投机文化与"买入并持有"长期投资文化之间的差异,他的立场清晰且明确。博格的最后一条建议是:"投资的秘密在于没有秘密……只有简单的力量……当你通过一个广谱的股票指数基金持有整个股票市场,同时用一个全债券市场指数基金平衡你的组合配置时,你就已经创造了最佳的投资策略……持有指数基金,其成本效率、税收效率将保证你获得公平的市场回报。这是一种成功的策略,你应当持之以恒!"

In Pursuit of the Perfect Portfolio
博格的投资组合箴言

- 通过多元化来消除"单只股票的风险、板块的风险和基金经理人选择的风险",风险可以得到降低。
- 更长的投资期限有助于积累资金,因此,建议投资者"长期持有"。
- 给资深投资者的建议:忽略金融市场中的短期情绪噪声,关注公司业务的长期经济效益。
- 税收是资产配置中不容忽视的因素。
- 就债券投资比例而言,简单有效的法则是使中期和短期债券的比例大体上等于投资者的年龄除以100。
- 给在意波动性的股票投资者的建议:闭上眼睛。
- 你是一个投资者,还是一个投机者?如果你总是想做点变化,你就是在投机。
- 不管市场发生了什么,投资者都要抵制采取行动的诱惑。
- 持有指数基金,其成本效率、税收效率将保证你获得公平的市场回报,这是一种成功的策略。坚持到底!

THE STORIES, VOICES, AND KEY INSIGHTS OF THE PIONEERS
WHO SHAPED THE WAY WE INVEST

In Pursuit of the Perfect Portfolio

第 6 章

迈伦·斯科尔斯与
布莱克－斯科尔斯－默顿期权定价模型

- 1997年诺贝尔经济学奖得主
- 实证金融领域的早期先驱
- 布莱克－斯科尔斯－默顿期权定价模型的共同创始人之一。这一模型被誉为"改变世界的17个方程之一"
- 罕见的金融经济学家,在理论建模和模型实证检验方面都作出了重大贡献

MYRON SCHOLES
迈伦·斯科尔斯

著名的数学家和物理学家喜欢把晦涩的公式和他们的名字永久地联系在一起，以此作为他们的学术遗产，比如毕达哥拉斯的 $a^2+b^2=c^2$、牛顿的 $F=ma$ 和爱因斯坦的 $E=mc^2$。然而，对于经济学家来说，拥有这样的成就是极为罕见的。他们更多地是以沉闷而不是数理精确性而闻名。但迈伦·斯科尔斯是一个罕见的例外。

斯科尔斯是布莱克－斯科尔斯模型（Black-Scholes option pricing formula）的共同创始人之一。该模型是一个数学公式，用于计算复杂证券的价格，如股票期权、认股权证和其他所谓的衍生证券（其收益取决于或源自其他证券的证券）。例如，IBM 股票的看涨期权赋予期权所有者在期权到期日当天或之前，以预先指定的价格购买 IBM 股票的权利。IBM 看涨期权的价值源于 IBM 股票的价格，当 IBM 股票的价格上涨时，看涨期权的价值也会上涨。期权市场是有组织的交易所，各类期权在此通过标准化合同进行交易。同年，斯科尔斯的一位同事，同时也是一位友好的竞争对手罗伯特·默顿，对布莱克－斯科尔斯模型进行了扩展，增加了衍生品工具包。他们的理论贡献通常被统称为布莱克－斯科尔斯－默顿期权定价模型。

斯科尔斯的贡献不仅仅局限于这个模型。作为实证金融领域的早期先驱，斯科尔斯运用了审慎的统计方法来评价共同基金经理的业绩，以及检验各种金融理论，比如 CAPM（见本书第 3 章）。与大多数没有实际投资经验的学者不同，斯科尔斯不愿意仅仅停留在学术研究层面，他还参与了许多商业项目，将理论付诸实践，这使他对市场有了更深刻的理解。因此，在帮助我们创建完美投资组合方面，斯科尔斯是非常理想的人选。

伟大的冰球小镇

1941 年 7 月 1 日，斯科尔斯出生于加拿大安大略省的蒂明斯。蒂明斯是安大略省北部的一个因金矿而兴起的小镇，在斯科尔斯出生时，这里的人口不足 2.9 万人，在 20 世纪 90 年代达到高峰，约为 4.8 万人。大萧条时期，该地区维持了繁荣，斯科尔斯的父亲在这里开设牙科诊所，而他的母亲和叔叔则在该地区创建了连锁百货公司。和大多数加拿大人一样，斯科尔斯也学会了滑冰和打冰球。尽管斯科尔斯不可能进入冰球大联盟[①]，但他的家乡却出了许多大联盟球员：蒂明斯是超过 20 名国家冰球联盟球员的出生地，其中包括比尔·巴里尔科（Bill Barilko），他曾经在 1951 年斯坦利杯决赛的第 5 场比赛的加时赛中贡献了一粒经典的进球，帮助多伦多枫叶队击败了他们的宿敌蒙特利尔加拿大人队，从而赢得了斯坦利杯。然而，蒂明斯不仅仅是著名冰球运动员的故乡。著名乡村歌手兼词曲作家仙妮娅·唐恩（Shania Twain）从 2 岁起就居住在蒂明斯。因此，斯科尔斯曾打趣道："仙妮娅·唐恩的经济学和我唱乡村歌曲的水平一样好。"

斯科尔斯 10 岁的时候，他们举家向南迁移了 800 多千米，来到了安大略省的汉密尔顿，这是一个拥有 50 万以上人口的制造业城市。汉密尔顿是两家钢铁制造公司 Stelco 和 Dofasco 的所在地，故又被称为加拿大的钢铁之都。

---

① 加拿大冰球联盟是北美最高水平的职业冰球联赛。——编者注

不幸的是，斯科尔斯的母亲在移居汉密尔顿后不久就患上了癌症，并于斯科尔斯 16 岁时去世。几乎在同一时期，斯科尔斯的角膜上生出了疤痕组织，对他的视力造成了损害，直到 10 年之后，他才成功地进行了角膜移植。另外，由于阅读障碍，斯科尔斯学会了抽象思维，并且成了一名好的倾听者。

通过接触母亲和叔叔的生意，斯科尔斯对经济和金融产生了兴趣。特别是当他叔叔的去世导致了一场关于百货公司控制权的家庭纠纷时，斯科尔斯了解到了一些重要的经济话题，比如委托代理问题和合同问题。在学校里，斯科尔斯成了许多社团的财务主管。他还在高中和大学时参与了股票投资，切身体验了概率和风险问题。

斯科尔斯对股价的推动因素相当着迷，他回忆道："在加拿大北部有许多采矿公司，比如银矿公司和金矿公司，我的父母和住在附近的叔叔阿姨总是在等待金矿或者银矿的下一次罢工，认为这会让他们赚很多钱。因此，他们会去购买可能只有几分钱的股票，期望它们能涨到几美元。"那时，斯科尔斯只是在一旁观察，不会阻止他们，尽管他们从来没有特别成功过。"吸引我的部分原因是：是否有不同的方法或途径来盈利，而不仅仅是通过打听消息并根据谣言采取行动？"年轻的斯科尔斯不停地阅读报告和投资书籍，四处寻找投资成功的秘诀。

后来，斯科尔斯决定留在汉密尔顿攻读本科，就读于麦克马斯特大学。斯科尔斯主修经济学，并于 1962 年毕业。在斯科尔斯的老师之中，有一位教授曾经是芝加哥大学的经济学研究生，他向斯科尔斯推荐了后来的诺贝尔经济学奖得主乔治·斯蒂格勒（George Stigler）和米尔顿·弗里德曼的研究成果。斯科尔斯对此印象深刻："这使我真的很想拓展自己在数学和其他领域的技能，并将其与经济学相结合，因为我觉得这是一个美妙的科学领域，潜力无限。"由此，斯科尔斯认识到了在某一领域打下牢固基础的重要性，他说："我认为在任何领域要想获得创造力……你必须真正理解这个领域，理解其底层理论及其科学基础；要想有创造力，你必须回到第一性原理[①]。打好牢固的基础是你能获得增值的真正途径，因此，仅仅考虑技术层面可能会存在诸多漏洞。我认为科学中的一切都是归纳性的，不断收集数据，不断归纳，直到其在某个时刻转变成演绎性的。这就是整合和解构的底层逻辑：整合就是把东西积累起来，而解构就是决定哪些东西要扔掉，哪些要保留。"在考虑攻读硕士研究生的方向时，斯科尔斯舍弃了上法学院的想法，决定去芝加哥大学攻读工商管理硕士学位。

芝加哥大学的高光时刻

芝加哥大学深深吸引着斯科尔斯，因为这是让他感觉最如鱼得水的地方。在芝加哥大学，斯科尔斯于1964年和1969年分别获得了硕士学位和博士学位。那是一个黄金时代，因为斯科尔斯将成为法玛所说的"我在1963年获得教职后不久，芝加哥大学迎来的最顶尖的博士生群体"中的一员。除了斯科尔斯，这一群体还包括迈克尔·詹森、理查德·罗尔、雷·鲍尔、马歇尔·布卢姆、詹姆斯·麦克白（James MacBeth）和罗斯·沃茨（Ross Watts）。据斯科尔斯回忆，法玛是他们所有人的论文评审委员会主席，而詹森和罗尔将成为斯科尔斯一生的朋友。

虽然斯科尔斯最初计划按照母亲的意愿，在获得MBA学位后加入他叔叔的图书出版生意，但他在芝加哥的第一个暑假便改变了他的职业规划。作为一名加拿大籍学生，斯科尔斯在美国的工作机会有限，他需要在校园里谋一份差事。尽管斯科尔斯从未从事过计算机编程，但他通过计算机系主管兼管理科学教授罗伯特·格雷夫斯（Robert Graves）获得了初级程序员的职位。随即，斯科尔斯就被几位教授邀请为他们的研究项目提供帮助。斯科尔

[①] 第一性原理指的是，回归事物最基本的条件，对其进行拆分解构，从而找到实现目标的最优路径的方法。——编者注

斯试图逃避，理由是自己缺乏经验，并建议他们去找高级程序员。斯科尔斯回忆道："格雷夫斯说我是那里的第 7 号人物，所以我无须担心。我想说的是，我只排第 7 位，他们完全可以招揽更有经验的人。几天后，格雷夫斯又找到我，他说除了我之外，他们没有找到更加适合的人选。"于是，斯科尔斯利用业余时间全身心地投入编程学习中。他很快就爱上了计算机，并成为一名计算机天才。

然而，除了对计算机的热爱，斯科尔斯还爱上了经济学和经济研究，他看到了他的编程客户也就是那些教授们是如何创建并开展他们的研究项目的。斯科尔斯偶尔会请求他的客户解释他们的研究项目，甚至大胆提出改进设计的建议。除了法玛之外，斯科尔斯的另一个编程客户默顿·米勒也在之后获得了诺贝尔经济学奖，他是一名金融经济学教授。斯科尔斯不确定是因为自己的学术成果出众，还是因为米勒不想失去一名程序员，便被米勒直接邀请加入他的博士生课题组。令人吃惊的是，斯科尔斯甚至不需要申请，他只是简单地被告知"来参加博士生课程吧"。

当时，金融经济学仍然是经济学的一个新兴分支，而芝加哥是这一分支的中心。斯科尔斯开始对相对资产定价以及套利，即试图获得无风险利润在多大程度上阻止投资者获得超额利润产生浓厚兴趣。在他长达 93 页的博士学位论文《竞争市场假说的检验》（*A Test of the Competitive Market Hypothesis*）中，斯科尔斯试图描绘交易证券需求曲线的形状。这篇论文被描述为"支持有效市场假说的具有独创性和强有力的理论和实证研究"。

为了展示斯科尔斯论文的独创性，需要先介绍一下相关背景。斯科尔斯一开始不仅聚焦单个证券的风险和回报关系，还关注投资组合的风险和回报关系，并试图分别在没有任何交易成本的"无摩擦"环境和"有摩擦"环境中理解这种关系。斯科尔斯观察到，证券可以通过其风险和回报特征来加以区分。

什么决定了证券的价格？在经济学中，价格由供求关系决定是一条公理。供需曲线显示了二维坐标系纵轴上的价格和横轴上的商品数量之间的预期关系。如果价格提高，则供应商将销售更多的商品，那么供给曲线向上倾斜；相反，如果价格提高，消费者的需求通常会减少，那么需求曲线向下倾斜。

然而，斯科尔斯认为，股票价格还将根据市场参与者收到的新信息而变化，而不是简单地依赖于供求关系。这些信息还包括某些大型投资者发出的信号，这些投资者是股票潜在信息的"知情者"。换言之，这些新信息可能导致整个需求曲线在价格-数量坐标系中的位置发生变化，而不是简单地沿着需求曲线上下移动。根据斯科尔斯的说法："这是金融领域第一次用理性预期的方法来理解经济活动。也就是说，只有新的信息才能改变对证券的需求，而不是个人想出售的证券数量。"

斯科尔斯论文中的实证研究证实了他的理论。取得这一成就后，斯科尔斯继续与米勒合作，研究风险的度量以及风险差异对证券回报的影响。

当布莱克遇见斯科尔斯

1968年，斯科尔斯基本上完成了他的博士学位论文，在即将正式答辩之前，他也在考虑自己接下来的道路。斯科尔斯手里有两份工作邀约：一个是得克萨斯大学奥斯汀分校的教职，年薪为17 000美元，并且有机会经常为当地的百万富翁提供咨询服务；另一个是麻省理工学院的教职，年薪为11 500美元，没有任何咨询机会。

斯科尔斯最终还是决定移居波士顿，在那里他将成为麻省理工学院斯隆管理学院的金融学助理教授。保罗·库特纳、后来的诺贝尔经济学奖获得者佛朗哥·莫迪利亚尼和斯图尔特·迈尔斯（Stewart Myers）都是他的同事。事实上，米勒和法玛曾私下向莫迪利亚尼提供了建议，麻省理工学院应该向斯科尔斯发出邀请。斯科尔斯后来开玩笑说："当时，我本来以为自己会成为农场的一个外包员工。因为当时在芝加哥，麻省理工学院不会正式雇用任何人。"

在麻省理工学院斯隆管理学院的第一年，斯科尔斯遇到了菲舍尔·布莱克。当时布莱克是美国剑桥市阿瑟·D. 利特尔公司（Arthur D. Little）的一名咨询顾问。斯科尔斯通过自己在芝加哥的同学詹森认识了布莱克。当时，詹森撰写了关于共同基金绩效的博士学位论文，而布莱克正好受托为某位客户进行共同基金研究，于是他与詹森取得了联系，并索要了一份他在该领域的研究成果。而詹森又向斯科尔斯提到，既然他已经来到了麻省理工学院，他如果想认识一些有趣的人，那么应该与布莱克取得联系。斯科尔斯在马萨诸塞州安顿下来后，就给布莱克打了一个电话，两人相约在阿瑟·D. 利特尔公司的内部餐厅共进午餐。

斯科尔斯和布莱克之间最初的合作源自詹森，并与第一只指数基金的创立也紧密相关。在进入麻省理工学院之前，斯科尔斯为总部设在旧金山的富国银行开展咨询项目，他为约翰·麦奎恩（John McQuown）提供咨询服务。麦奎恩于1964年被聘为富国银行管理科学部门的负责人，该部门借助计算机将投资过程分解为几个部分，然后对这些部分进行评估，再开发可靠的模型来预测投资的绩效。麦奎恩被委任开展一个名为"投资决策制定"的项目，以更好地利用银行的计算资源。对于将数据分析应用于金融领域，麦奎恩颇感兴趣。受到芝加哥大学金融教授詹姆斯·洛丽和费雪向美林高层管理人员的一次宣讲的启发，麦奎恩决定亲自去一趟芝加哥大学。在那里，麦奎恩经人介绍，认识了法玛和米勒。这段改变人生的经历让麦奎恩有机会接触到积极收集数据和探究股价驱动因素的研究人员。最后，他把收获带回了富国银行。

1968年夏天,斯科尔斯作为咨询顾问与麦奎恩合作了3周,负责评估管理科学小组的投资管理流程并报告他的成果。斯科尔斯后来回忆道:"我在报告中认为,在使用分析师观点作为输入变量以建立投资组合模型方面,他们拥有一流的技术,就像管理科学人员应该做的那样。但事实上,他们没有任何数据和信息的加持。我认为这是一条死路。既然试图做一些新的尝试,他们就应该另辟蹊径,研究如何将被动投资作为投资手段的一部分,而不是主动投资。"

6个月后,麦奎恩联系了斯科尔斯,表示富国银行喜欢他关于被动投资的想法,希望为进一步的研究提供资金支持。斯科尔斯兴奋地回忆起麦奎恩的话:"以前从来没有人谈论过被动管理。"他对这个项目的看法是:"当时,被动投资对我来说意味着……复制或接近复制指数。但随着指数构成的变化,你需要在跟踪误差和交易费用之间做出权衡。"斯科尔斯讲述了他对麦奎恩的回答:"我只是一名年轻的助理教授,在波士顿教书,但我遇到了一位非常聪明、精力充沛的人——菲舍尔·布莱克。布莱克说过他有可能离开阿瑟·D. 利特尔公司并创办自己的公司。所以,我想拉布莱克入伙,于是我和他讨论了合伙做咨询的可能性,这将是促使布莱克从阿瑟·D. 利特尔公司离开并自主创立公司的动力。"布莱克确实这样做了,他把新公司命名为Associates in Finance。富国银行对风险和收益之间的权衡很感兴趣,布莱克曾与詹森讨论过这个话题。于是,布莱克和斯科尔斯联系了詹森,他们三人最终达成合作。

这次合作的成果是《CAPM:一些实证检验》(*The Capital Asset Pricing Model: Some Empirical Tests*)一文。与夏普等人提出的资本资产定价模型相反,这篇文章认为证券的预期收益率(超过国债利率的收益)与贝塔系数(股票收益相对于整体市场的敏感性)并不严格相关,这是一个令人惊讶的结果。但是无论如何,他们证实了贝塔系数仍然是股票平均收益率的重要决定因素。

这篇文章还提供了一种解决"测量误差"方法。由于无法直接观察到贝塔的真实值，因此对贝塔的任何估计都会有所偏差，所以才会存在"测量误差"。斯科尔斯、布莱克和詹森的解决方案是通过计算整体投资组合而非单只股票的贝塔值来减少此类偏差。这是对其后实证研究的一个重要贡献，也是当今的标准做法。

当斯科尔斯与布莱克、詹森合作时，另一个偶然事件发生了。1969年，罗伯特·默顿加入了麻省理工学院斯隆管理学院的金融团队。默顿与斯科尔斯的相遇和共同努力最终将使两人共享1997年诺贝尔经济学奖，因为他们发现了本章开头提到的著名的布莱克-斯科尔斯-默顿期权定价模型。如果不是在1995年英年早逝，布莱克也完全可能是受人尊敬的获奖者之一。

无比美妙的布莱克-斯科尔斯模型

布莱克-斯科尔斯-默顿期权定价模型被数学家兼作家伊恩·斯图尔特（Ian Stewart）称为"改变世界的17个方程"之一。但布莱克-斯科尔斯-默顿期权定价模型究竟告诉了我们什么？这个改变世界的方程描述了在某些假设之下看涨期权的合理价格。然而，要完全理解这一成就，还需要更多的解释和说明。

正如股票是证券一样，期权作为具有货币价值的可交易金融工具也是证券。期权是一种证券，其价格来源于另一种基础证券的价格。因此，股票、期权被统称为衍生工具。期权是一种基于股票的特定型衍生工具。例如，看涨的投机者不一定要持有股票，他们可以通过购买"看涨"期权来分享股价的上涨。而投资者可以购买苹果股票，其收益或亏损完全取决于苹果股票价格的变化。但是投资者一方面想赚钱，另一方面也想提高资金使用效率。这种"两面性"问题该如何解决？应对方案就是看涨期权，这是一种衍生工具，通过相对较小的投资，通常是股票当前价值的一小部分，来分享股价的上行，并对下行空间进行限制。

看涨期权是怎么运作的？看涨期权的买方有权利但无义务在特定时间段内（通常在接下来一年内）以预定价格（称为行权价格或执行价格）购买苹果等股票。如果苹果当时的价格是每股100美元，那么看涨期权的行权价可能为105美元，到期日为3个月。如果在接下来3个月内的任何时候，苹果的股票价格上涨到105美元以上，期权持有人就可以行使以105美元购买股票的权利。如果苹果的价格上涨到108美元，那么期权持有人可以行使以105美元购买股票的权利，然后再以108美元出售，获利3美元，就是即时价和行权价格之间的差额。相反，如果苹果的股价在未来3个月内从未涨到过105美元，那么期权就不会被行使。在这种情况下，买家损失的只是最初买入期权支付的金额。

最初买入期权的支付金额应该是多少呢？从古希腊到17世纪末的阿姆斯特丹证券交易所，各种形式的期权已经存在了数百年（见本书第1章）。然而，从来没有人能够使用稳健的假设来计算看涨期权的理论价格。可能是命运的安排，布莱克和斯科尔斯同时各自独立地开始寻找解决方案。

布莱克写道，他在期权定价方面的研究始于1965年他加入阿瑟·D.利特尔公司之时。布莱克的同事杰克·特雷诺独立开发了一个版本的CAPM（见本书第3章）。特雷诺激发了布莱克对金融理论的兴趣，布莱克决定花更多时间研究金融模型。"风险资产的市场均衡概念对我来说非常美妙，"布莱克写道，"这意味着风险更高的证券必须有更高的预期回报，否则投资者不会持有这些证券，除非投资者不计算他们可以分散掉的风险部分。"

布莱克开始尝试将资产定价模型应用于股票以外的资产。而特雷诺的部分研究与评估公司的现金流有关，他设计了一个微分方程来解决这个特殊问题。简单地说，微分方程是一种数学方程，它将一个或多个变量的变化率与另一个或多个变量的变化率联系起来。某些微分方程经过人们的深入研究，已经找到了求解方法，而其他方程可能极难解决。布莱克仔细阅读了特雷诺的研究，发现其微分方程中存在一个错误，他们一起修正了这个错误。

基于这种背景，1968年左右，布莱克开始着手推导认股权证的估值公式。认股权证通常是由意图融资的公司发行的，从原理上讲，它非常类似于一种特殊类型的期权。认股权证赋予持有人在特定时间内以特定价格购买公司更多股份的权利，但非义务。1968年的时候，这些认股权证通常在场外市场交易，有时在柜台交易。

布莱克在认证股权方面取得了一些进展，他发现认股权证的价值是股票价格和其他因素的函数。布莱克假设不存在交易成本等复杂因素，从而进一步简化了问题。尽管布莱克拥有应用数学博士学位，但他没有花太多时间研究微分方程，也不清楚正确的求解方法。布莱克还获得了物理学学士学位，但他当时没有意识到他推导的方程是热力学中著名的热量方程的版本之一，这个方程有一个已知解。仅凭自己，布莱克无法得出这个解，于是他就把问题搁置一边。

就在这个时期，斯科尔斯正在指导麻省理工学院的学生撰写硕士学位论文。其中一些学生对看涨期权颇感兴趣，并从场外交易商的书籍中获得了一些期权价格数据。另外，斯科尔斯的同事保罗·库特纳也从麻省理工学院收集了一些期权数据。这些学生试图用CAPM将期权的到期日价值贴现为现值。尽管该想法有其可取之处，但斯科尔斯立即意识到这还远远不够。斯科尔斯说："我一直在关注计算结果，但这似乎是一种愚蠢的行为，特别是在我注意到贴现率的变化时。期权的潜在风险不是恒定的，因此，我着手创建一个零贝塔投资组合即对冲组合的概念。但我无法对该组合进行有效调整，我想搞明白其中的原委。在某个下午与布莱克的交谈中，我们讨论了指数基金，以及我们可以利用富国银行的研究成果来做些什么。我们的研究成果包括'布莱克-詹森-斯科尔斯研究'、我们关于股息的论文，以及由此而产生的其他论文。我提到了期权研究及其进展情况，然后布莱克说他也在研究期权。所以，我们相互展示了研究成果，事情竟会如此巧合。因此，我们开始将我们的想法结合在一起，合作由此展开序幕。"

正如布莱克所描述的那样，假设你正在寻找一个能够计算看涨期权价值的公式，你认为这个公式取决于标的股票的价格、期权的行权价格、期权的到期日和利率。该公式可以显示股价发生微小变化时期权价值的变化。

布莱克的见解为：当股票上涨或下跌 2 美元时，期权价值会上涨或下跌 1 美元，那么你可以通过购买一只股票同时做空① 两个看涨期权来对冲头寸。这种做空两个看涨期权和做多一只股票的整体"对冲头寸"或"复制投资组合"实际上是无风险的。然而，如果是这样的话，回报就应该等于短期利率，即无风险证券的回报。正如布莱克所说，"这一原则使我们推导出了期权公式。我们最终发现，只有一个期权价值公式具备这样的属性，即由期权和股票组成的对冲头寸的回报率始终等于短期利率"。

布莱克指出，这个突破来自他和斯科尔斯的共同努力。他回忆道："我们开始在期权问题上合作，并快速取得了进展。"正如布莱克所回忆的那样，他和斯科尔斯专注于把期权公式与相应股票的波动性而不是预期回报建立关系。这使得他们可以任意假设股票的预期回报，比如无风险的国债利率。他们找到了耶鲁大学经济学博士凯斯·斯普伦克尔（Case Sprenkle）1961 年的一篇文章，该文章给出了期权预期到期日价值的公式。这样，他们就可以用利率将期权到期时的预期价值贴现到当前，并将其应用到斯普伦克尔公式中。然后，他们将这个公式映射到已知的物理学热量方程中，很容易就得到

---

① 做空就是买入或做多的反向操作。在做空交易中，当证券价值下降时，你获利；当证券价值上升时，你亏损。

方程的解。布莱克和斯科尔斯立刻意识到他们得到了正确的期权定价公式。

斯科尔斯对这一突破的回忆与布莱克有所不同，他的关注点不在正确性方面，而是在洞察力和灵感方面。他表示："我们借鉴了多种工具。在库特纳的书中，我读到关于期权定价的一些文章；在詹姆斯·博内斯（James Boness）的论文中，我了解了期权的预期终值。然后我对布莱克说：'我们为什么不试着加入无风险利率，因为这是一个微分方程？我们来看看对无风险利率进行微分会得到什么。'于是我们把无风险利率植入微分方程中，然后……瞧，就是如此。那是我们第一次认识到无风险利率的含义。因为它表明，我们可以假设标的资产的预期收益率等于无风险利率，然后就能够以无风险利率贴现。"

以下就是最终在论文中呈现的公式，它看上去如此美妙：

$$w(x,t) = xN(d_1) - ce^{r(t-t^*)}N(d_2)$$

$$d_1 = \frac{\ln x/c + \left(r + \frac{1}{2}v^2\right)(t^* - t)}{v\sqrt{t^* - t}}$$

$$d_2 = \frac{\ln x/c + \left(r - \frac{1}{2}v^2\right)(t^* - t)}{v\sqrt{t^* - t}}$$

在这个公式中，w 是看涨期权的价格；符号 $w(x, t)$ 表示期权价格是 x 和 t 的函数，其中当前股价为 x，当前日期为 t；看涨期权的到期日为 t^*；c 为行权价格；r 为短期无风险利率；v^2 为标的股票回报率的方差，其中，v 是标的股票回报率的标准差，也是波动率；e 是一个数学常数，是自然对数的底；$N(d)$ 表示累积正态密度函数，与标准化测试中的百分位数非常相似。

$w(x, t)$ 旨在表明期权价格是股票价格和时间的函数。但事实上，我们可以看到，w 也取决于 3 个其他变量：行权价格 c、短期无风险利率 r，以及标的股票收益率的标准差 v。如果你知道这 5 个因素，那么你可以确定任何看涨期权的价值。除了标的股票回报率的波动性，其他所有变量都是已知的。因此，应用布莱克-斯科尔斯公式的挑战在于对波动性的准确估计。

让我们来了解一下布莱克-斯科尔斯模型是如何为看涨期权定价的。假设 IBM 的交易价格为 130 美元，你可以购买该股票的看涨期权，它允许你在未来 3 个月的某个时间以 132 美元的执行价购买该股票。查看金融网站，你会找到国债的收益率即无风险利率为 2.5%。最难的是对波动性的估计，你可以用股票收益的标准差来估计它，得出 30% 的值。输入这些数据，模型精确地显示看涨期权的价值为 7.17 美元。可以明显看到，如果执行价更低，比如说 125 美元，那么看涨期权的价值会更高。类似地，当 IBM 的股价上涨时、到期日更远时、利率更高时，或者当 IBM 的股价波动性更高时，该看涨期权的价格将更高。

斯科尔斯后来对期权定价进行了反思，也回顾了他与布莱克和默顿的合作对期权定价发展的贡献。他说："期权定价涉及两个方面，一个是技术本身，另一个是模型。"斯科尔斯在这里对技术和模型进行了一个重要区分。布莱克-斯科尔斯模型侧重于诸如看涨期权的价值等特定定价问题的解决方案，并且需要对诸如标的证券的恒定波动率和恒定利率等进行特定假设才能求解。布莱克-斯科尔斯模型做出这些假设是为了通过应用数学方程以"封闭形式"来解决定价问题。因此，模型是从现实中抽象出来的，模型的估计值是用误差来衡量的，例如看涨期权的预测值。模型的性能取决于其假设的质量，一旦波动率或利率发生变化，那么模型对看涨期权的预测价格将失去精准性。

斯科尔斯解释说："模型从定义上说就是容许误差存在的。因此，人们说布莱克-斯科尔斯模型不起作用，其实是因为它依赖于假设和假设的质量。"与模型不同，衍生品技术利用数学概念来理解假设关系。例如，当同时拥有股票和期权的投资者能够在没有交易成本的情况下即时买卖股票时，该技术可以检验投资组合风险负担的变化。也就是说，技术的发展有助于创建模型。技术和模型对交易期权等衍生产品的发展都至关重要。

斯科尔斯继续说道："我和布莱克以及默顿开发的技术实际上是试图思考如何创建一个可复制的投资组合……这项技术使我们能够在任意时间控制风险或波动性，以及应对不断变化的利率，并能够思考如何在任意时间建立对冲投资组合，以及它将如何随时间演变。我们开发的是一个微分方程，它描述了期权是如何随着时间、利率和波动性的变化而变化的，而预期回报会因为我们需要建立对冲投资组合或复制投资组合而下降……如果假设波动率是恒定的，我们就可以得到一个完美的模型。尽管我们知道这是错误的，但我们得到的模型是完美的……我认为，衍生品技术的整个发展和使用能够改变金融的本质。"

一波三折

与威廉·夏普的经历非常相似，布莱克和斯科尔斯的论文出版也一波三折。尽管根据谷歌学术的数据，到2021年，这篇论文获得了令人难以置信的超过4万次的引用，这使其成为有史以来被引用次数最多的金融论文之一。最初，布莱克和斯科尔斯认为，他们发表的只是一篇简单描述模型的论文。

他们下一步的想法是把这个模型应用到企业中。我们来看企业的典型资产负债表，其中的资产由债务（比如债券）和权益（通过股票发行或者留存收益）组成。假设一家公司的所有债务都是同时到期（比如10年后）的"纯贴现"债券，没有中间的利息支付，那么债务仍然有可能违约。布莱克和斯科尔斯洞察到，此时股东实际上持有的是公司资产的期权。这就好像债券持有人拥有公司，但给了股东回购资产的选择权。10年后，普通股的价值将等于资产价值减去债券价值或者零，以较大者为准。

正当布莱克和斯科尔斯致力于将期权定价模型应用于企业融资时，默顿和萨缪尔森也在寻求扩展和应用期权定价技术。这是一场友谊赛，但其本质终究是一场比赛。斯科尔斯后来回忆说："布莱克和我在锅炉房里秘密工作，试图搞清楚我们与默顿和萨缪尔森相比所具有的比较优势。直到最后一刻，我们都没有和默顿或萨缪尔森交谈过。"

1970年夏天，布莱克和斯科尔斯在富国银行资本市场理论会议上发表了他们论文的早期版本，并讨论了期权在公司融资中的应用。默顿也参加了会议，但他在会议那天早上睡过头了，后来才发现他们正在开发一个类似的应用。随后，当默顿意识到这个问题时，他花了数小时与斯科尔斯进行讨论，就像学者们通常做的那样，兼有智力竞争与合作的含义。斯科尔斯说："几周之后，默顿来到我的办公室：'我听说你所做的期权模型与默顿的有所不同。'我们确实为此争论过。"

1970年10月，布莱克和斯科尔斯终于完成了题为《期权、认股权证和其他证券的理论估值公式》(A Theoretical Valuation Formula for Options, Warrants, and Other Securities)的论文草稿。布莱克将论文寄给了历史最悠久、最负盛名的经济学期刊之一《政治经济学期刊》(Journals of Political Economy，1892年由芝加哥大学出版社开始出版)。斯科尔斯回忆说："鉴于与芝加哥大学的历史渊源，我们决定把论文提交给《政治经济学期刊》。我们没有将其提交给金融类期刊，因为我们认为这个公式应该得到更广泛的传播。"在提交论文后不久，布莱克收到了所谓的案头拒绝的反馈信，即该期刊编辑决定直接拒绝采纳，而非先提交"盲审"。信上说，他们的论文对该期刊来说过于专业化，更适合在《金融杂志》上发表，马科维茨和夏普曾在《金融杂志》上发表了他们的开创性论文。布莱克随后将论文寄给另一家著名的经济学期刊《经济学与统计评论》(Review of Economics and Statistics，1919 年由麻省理工学院出版社开始出版）。但是他们再次收到了拒绝信。

布莱克怀疑，被拒绝的部分原因可能是，他备注的回信地址并非学术机构，因此论文没有受到重视。布莱克和斯科尔斯随后"改写了论文，以强调公式推导背后的经济学含义"，并于 1971 年 1 月给它重新起了一个标题《资本市场均衡与公司负债定价》(Capital Market Equilibrium and the Pricing of Corporate Liabilities)。米勒和法玛对这篇论文颇感兴趣，发表了许多深入的评论。米勒和法玛同时建议《政治经济学期刊》的编辑们认真审阅这篇论文，于是布莱克和斯科尔斯又做了一次尝试。此后不久，在 1971 年 8 月，布莱克和斯科尔斯收到了一份论文录用通知，但论文需根据审稿人的建议进行修改。

布莱克和斯科尔斯于 1972 年 5 月完成了修订工作，论文的最终标题为《期权定价和公司负债》(The Pricing of Options and Corporate Liabilities)。这篇文章最终发表在 1973 年 5—6 月刊期的《政治经济学期刊》上。他们还撰写了一篇后续论文，其中附有模型的实证检验结果，发表在 1972 年 5 月出版的《金融杂志》上。这篇后续论文的发表日期在正式的理论性论文发表之前。

先回风之城，再续加州梦

1973 年，斯科尔斯以教员身份回到芝加哥大学，加入了布莱克的团队。布莱克于 1972 年在芝加哥大学接受了第一次学术任命（1974 年他又去了麻省理工学院），得以有机会与法玛和米勒等人进行交流。斯科尔斯的研究范围扩展到了税务和资产定价检验。斯科尔斯与布莱克和米勒一起撰写论文，研究股息税对证券价格的影响；与罗伯特·哈马达（Robert Hamada）撰写论文，研究税收对资本结构的影响；与乔治·康斯坦丁尼德斯（George

Constantinides）撰写论文，研究税收对资产最优清算的影响。

斯科尔斯积极参与了证券价格研究中心的研究[①]。1974年，斯科尔斯接替其联合创始人詹姆斯·洛里担任执行董事，直至1980年卸任。证券价格研究中心的另一位联合创始人是劳伦斯·费雪。斯科尔斯在证券价格研究中心的研究活动产生了大量的日度数据，他与乔·威廉姆斯（Joe Williams）一起使用非同步数据对贝塔值进行估计。这项研究现在被称为斯科尔斯·威廉姆斯贝塔（Scholes-Williams beta），已经彪炳史册。

1981年，斯科尔斯拜访了斯坦福大学，并于1983年得到了斯坦福大学商学院和法学院的永久教职。斯科尔斯的亲密同事包括退伍军人威廉·夏普和詹姆斯·范霍恩（James Van Horne），以及杰里米·布洛（Jeremy Bulow）、阿纳特·阿德马蒂（Anat Admati）、保罗·普夫莱德尔（Paul Pfleiderer）和迈克尔·吉本斯（Michael Gibbons）等人。在这里，斯科尔斯与他的密友马克·沃尔夫森（Mark Wolfson）合作研究投资银行和激励机制，发展了税收筹划理论。该理论后来出版成书，目前已更新到第6版。

斯科尔斯是罕见的金融经济学家，他在理论建模和模型实证检验方面都做出了重大贡献。他说："我认为所有科学和所有商业都在努力做的事情之一就是，如何一方面拥有理论，另一方面拥有经验，并将经验和理论紧密地联系在一起。因为我们总是认为理论在先，经验在后。没有理论，经验就没有意义。没有经验，理论也毫无意义。"斯科尔斯回顾了他参与证券价格研究中心数据库的经历："我要做实证工作，但没有数据，所以我们必须开发数据。我们努力开发数据，然后将其提供给整个学术界。这样的话，大家就可以进行实证研究，再对理论进行反馈，理论便会更加丰富和完善。经验与理论手拉手，有些东西被证伪了，有些新的事物诞生了。行业里到处都有难

---

① 该中心于1960年由美林集团资助成立，目标是建立历史月度股价的数据库。

题和困惑，但正因为如此，科学得以丰富和完善。"

1990 年，斯科尔斯的兴趣转向了衍生品在金融中介中的作用。投资银行等金融中介机构通常充当证券买卖双方的撮合人。斯科尔斯在斯坦福大学期间（自 1996 年起一直担任斯坦福大学名誉教授），曾担任所罗门兄弟投资银行的顾问，并成为该银行的执行董事以及固定收益和衍生品销售交易部门的联席总监。1994 年，斯科尔斯与几名前所罗门兄弟的同事共同创立了长期资本管理公司（Long-Term Capital Management），这是一家专注于将金融技术应用于实践的对冲基金。在 1998 年被要求进行重大重组之前，该基金创造了多年的优异业绩，本书第 7 章将详细讨论这一事件。

1997 年，由于突出的成就，斯科尔斯与罗伯特·默顿一起获得了诺贝尔奖。颁奖词赞扬了斯科尔斯："斯科尔斯的方法为许多领域的经济估值铺平了道路，它还催生了新的金融工具，促进了社会更有效的风险管理。"然而，更重要的是，对金融期权价值的理解有助于公众理解灵活性的经济价值，这又是一次技术与模型的对比。

金融衍生品的爆炸性增长

尽管斯科尔斯、布莱克和默顿都没有直接发明衍生品的概念，但他们对期权定价的贡献提高了效率，从而推动了金融衍生品的爆炸性增长。衍生品领域在 1973 年布莱克－斯科尔斯－默顿期权定价模型问世之后发生了巨大的变化。虽然股票期权早在 17 世纪就已存在，但是在 20 世纪 70 年代之前，在公众心目中购买期权就跟赌博无异；另外，通过结合各种虚假新闻或谣言，期权交易极易被利用来操纵市场。一位美国证券交易委员会的官员评论说，他从未见过不涉及期权的市场操纵。在 18 世纪和 19 世纪，期权在英国、法国和美国各州被禁止。1929 年股市崩盘后，美国政府差点就彻底禁止股票期权交易。即便到了 1970 年，标准普尔 500 指数期货等许多衍生品的交易仍然是非法的。

20世纪60年代末，芝加哥期货交易所和芝加哥商品交易所这两大期货交易所通常很少涉及交易活动，交易员们经常坐在满是坑洞的台阶上看报纸。然而，交易所开始将目光从猪肚、虾和胶合板的交易转向金融期货，关注与股市指数相关的衍生品，而不是实物商品。布莱克-斯科尔斯的论文发表于1973年，正是在这一年，芝加哥期权交易所作为首个上市期权交易市场宣告成立。在芝加哥期权交易所成立并推广标准化期权合同之前，期权是在所谓的场外市场（双方之间的直接交易，通常通过交易商网络）以一种无组织的方式进行交易。芝加哥期权交易所的开端并不辉煌，在首日交易的大部分时间里，交易员们围坐着玩西洋双陆棋和国际象棋。但布莱克-斯科尔斯-默顿期权定价模型催化了金融衍生品的爆炸式增长。到1984年，在芝加哥期权交易所交易的金融资产市值已经仅次于纽约证券交易所。如今，芝加哥期权交易所是美国最大的期权交易所，提供个股期权以及标准普尔500指数期权等美国最活跃的指数期权。

布莱克-斯科尔斯模型中的许多假设，如零交易成本和不限制卖空，最初都是不切实际的，但是随着时间的推移，佣金很快就将大幅下降。布莱克-斯科尔斯模型几乎产生了立竿见影的影响，直击新兴的期权市场的甜蜜点。该模型将期权交易与有效定价和对冲联系了起来，帮助交易所洗刷了期权被视为赌博工具的耻辱。在芝加哥期权交易所的早期，交易员就将该公式纳入了他们的交易策略中。一家名为Donaldson, Lufkin & Jenrette Securities的公司与斯科尔斯和默顿签订了合同，要求提供期权的理论价格，由此他们发现了一些被高估了30%~40%的看涨期权。

早在1974年，得州仪器公司就推出了一款手持计算器，可以使用布莱克-斯科尔斯模型和"对冲比率"计算对冲投资组合中多头与空头的证券数量。斯科尔斯哀叹道："当我向这家公司索要版税时，他们回复说我们的工作属于公版领域；当我要求他们至少送我一台计算器时，他们建议我买一台。我从来没买过。"由于计算器用于实时交易时的速度较慢，布莱克和其他研究人员制作了纸质期权价格表以供出售，交易员可以随身携带并随时查询。一些老谋深算的交易者试图怂恿使用这些价格表的人扔掉它们，鼓励他们"像男人一样交易"。然而最终，期权交易价格开始向理论期权价格收敛，旧事已过，期权交易所开始蓬勃发展。期权交易和估值公式都越来越受到尊重，两者相辅相成，共同成为经济学的重要组成部分，而不是赌徒耍的阴谋诡计。根据国际清算银行 2020 年的一份报告，全球场外衍生品的名义价值为 559 万亿美元（名义价值是指衍生品对应的标的证券的面值），而未执行合同的市值达到了 11.6 万亿美元。

衍生品，特别是与标准普尔 500 指数等整体市场相关的衍生品，之所以重要还有另一个原因：它们包含重要信息。每当股票价格或期权价格发生变化时，表明该股票或期权的价值的信号便随之发出。但由于股票和期权的定价方式存在重大差异，因此对信号的解释可能有所不同。

衍生品中包含哪些信息？让我们回到布莱克-斯科尔斯模型的关键输入变量。假设我们对标准普尔 500 指数看涨期权感兴趣。看涨期权取决于 5 个因素：标的证券的价格（此处为标准普尔 500 指数的点位）、行权价格、期权的到期日（假设为 3 个月）、短期无风险利率（3 个月国债利率）和标的证券的波动率或者表征美国股票市场整体波动性的代理变量。我们很容易得到前 4 个因素，唯一无法直接观察到的就是波动率。

我们假设交易者已经正确地定价了这个特定的期权。那么接下来可以计算出市场的隐含波动性，因为其他 4 个因素和期权价格是已知的。换句话说，我们可以反推出风险投资者对未来 3 个月股市的看法。事实上，芝加哥期权交易所基于这一过程创建了一个指数：波动率指数，通常以收益标准差的百分比来表示。芝加哥期权交易所波动率指数的历史水平如图 6-1 所示。

波动率指数也被称为恐惧指数，作为投资者恐惧的衡量标准：投资者对未来股市的不确定性越大，波动率指数越高。但将波动率指数狭义地描述为恐惧指数是片面的。波动率指数为市场参与者提供了一种保险机制。通过波动率指数，投资者不仅可以利用波动率进行股权交易，还可以对冲波动率潜在的不利变化。

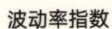

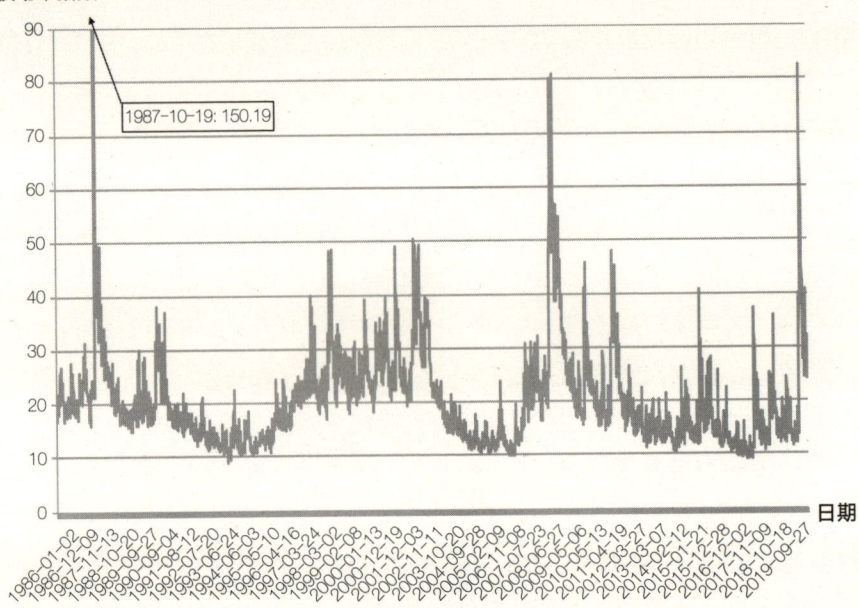

图 6-1　芝加哥期权交易所波动率指数（1986 年 1 月—2019 年 9 月）

斯科尔斯后来指出："期权的市场定价比现货市场传递的信息要多得多，我们从 1987 年股灾中就能看到这一点。期权市场为我们提供了大量关于整体市场风险如何变化的信息。"历史数据记录证实了斯科尔斯的评论。1987 年，从 10 月 12 日星期一到 10 月 16 日星期五，股市只下跌了 8.6%，但波动率指数却上升了 48%。10 月 19 日星期一，美国股市出现了有史以来最大的单日跌幅，平均跌幅超过 20%。

斯科尔斯对比了股票价格中包含的信息与期权市场价格信息之间的差异："当我们观察一只股票时，股价中的信息是丰富的。这些信息通常包含两个组成部分，既有风险的变化和对风险变化的预期，也有现金流增长的预期。因为股价信息包含两个部分，而你只有一个数字，那么你很难将这两个部分分开。而在期权市场，布莱克-斯科尔斯模型和默顿的后续补充，其美妙之处在于，它从本质上分解并告诉你风险是什么。"换句话说，因为股票的预期现金流增长的变化或者预期风险的变化，股票价格将随之上涨或下跌。但是，期权价格的变化是只与整体市场的系统性风险的变化联系在一起的。

斯科尔斯用选举预测市场作为例子，比如艾奥瓦大学的艾奥瓦电子市场，其市场期货合约的收益是基于选举结果的。他说："谁将赢得选举？我们有选举市场。人们会问：'一个市场怎么会知道选举结果？'选举市场每4年会'显灵'一次……与专家相比，市场的准确性令人震惊。"

衍生品是大规模杀伤性金融武器吗

1998年，著名的伯克希尔·哈撒韦公司收购了通用再保险公司。与大多数大型保险公司一样，通用再保险公司使用衍生工具来部分对冲长期风险敞口。伯克希尔·哈撒韦公司董事长巴菲特在给股东的信中，对通用电气公司2002年的巨额亏损发表了评论。巴菲特将亏损部分归因于会计准则和衍生品定价。不过，巴菲特也以此为契机，分享了他对衍生品的看法。巴菲特在信中写道："衍生品精灵现在已经逃出了瓶子，在某个事件验证其毒性之前，这种工具的种类和数量几乎肯定会成倍增加。到目前为止，各国央行和政府还没有找到有效的方法来监控或控制这些合约所带来的风险。在我看来，衍生品是大规模杀伤性金融武器，具有潜在的致命危险。"

对于巴菲特来说，这不是一时的观点。在2008年的信中，巴菲特特别评论了布莱克-斯科尔斯-默顿期权定价模型："布莱克-斯科尔斯-默顿期权定价模型在金融界已经封神。但是，如果将该模型应用于较长的时间段，可能会产生荒谬的结果。客观地说，布莱克和斯科尔斯应该很清楚这一点，但他们忠实的追随者很可能忽视了两人在首次公布模型时附加的任何警告。"

到了2015年，巴菲特又重申了他2002年对衍生品的看法。巴菲特表示："在某些时候，衍生品可能会制造大麻烦……衍生品容易引发大规模投机。"巴菲特以许多衍生品中的超长合约为例，并将其与购买股票时的典型三天结算期相比。巴菲特指出，当市场被迫长时间关闭时，比如"9·11"恐怖袭击事件之后和第一次世界大战期间，市场不确定性会被无限放大。当市场重新开放时，几乎任何事情都可能发生。不过，巴菲特也强调，如果衍生品被正确地使用，还是能起到重要作用的。

作为布莱克－斯科尔斯－默顿期权定价模型的共同提出者，斯科尔斯如何看待巴菲特关于衍生品是大规模杀伤性武器的言论？他表示："有趣的是，我认为巴菲特所指的是在他收购通用再保险公司时，其投资组合中的众多长期期权合约，包括20年期、30年期的合约。当收购该公司时，巴菲特意识到负债比他想象的要大得多。我想这就是为什么巴菲特说这些长期期权是大规模杀伤性金融武器。"把这个问题放在更大的背景中考虑，就像许多长期证券（包括百年期或世纪债券）的情况一样，利率等关键因素的微小变化可能会对当下的价格产生巨大影响。

斯科尔斯继续说道："我认为，期权是大规模杀伤性金融武器的说法与操纵期权或在期权中使用杠杆有关，我们也有无数其他方式利用期权或衍生品在其他经济活动中加杠杆。这同样是适者生存的游戏。衍生品或期权的一个有趣之处是，有一个买家就必定有一个卖家。从这个意义上讲，衍生品或期权交易是一个零和游戏。因此，如果有一个买家愿意为期权多付钱，那么就会有卖家愿意介入并纠正该定价，这实际上保护了买家。当市场价格下跌、衍生品贬值时，其他工具也会贬值。"

买卖期权等衍生品还有一个好处，即期权允许投资者完全定制收益的分配。例如，持有某只持续上涨的股票的投资者既希望继续持有该股票，但又担心可能的下跌，那么他可以通过购买所谓的"看跌期权"来防范这种风险，即以给定价格出售标的证券的期权。如果投资者无法承受损失，那么购买看跌期权是一种很好的保护，尽管通常要付出高昂的溢价；相反，如果投资者能够承受损失，那么出售看跌期权可能是一种很不错的盈利方式。斯科尔斯继续说道："但我认为根本问题在于'市场给出的价格一定是准确的吗？市场会失控吗'。我想答案是否定的，历史上也从未给过肯定的回答。期权的市场定价比现货市场传递的信息要多得多。在 1987 年的金融危机中，期货市场的定价要比现货市场好得多。现货市场甚至没有交易，而投资组合中的期权则提供了更丰富的市场信息。诚然，有些人会赔钱，有些人通过期权来赚钱，他们如果滥用了期权，就像那些把所有的钱都投入价值陷阱类股票的人一样，也会赔钱。我认为，期权或衍生品被误解的原因仅仅是它们是交易市场上的新品种。"

关于衍生品在 2007—2009 年金融危机中扮演了什么角色，斯科尔斯承认："衍生品对我们的社会有着巨大的影响。"然而，对于衍生品在金融危机中的角色，斯科尔斯持怀疑态度："如果你看看自 2007—2009 年金融危机以来衍生品仍然快速增长的程度，那么你会惊讶地说，既然衍生品是令人生畏的投资品种，为什么它们仍被如此频繁且大量地使用？乔治·斯蒂格勒曾经说过，生存本身就代表着富有价值，它们生存下来，繁衍生息，不断增长。诚然，在 2007—2009 年金融危机中，发生了某些事情，主要是美国国际集团的衍生品合同定价错误。但这是美国国际集团的内部控制问题，而不是衍生品的问题。你可能会出售衍生品，即使它们的价格看涨。即使是在 AAA 的评级上，出售这些期权会让你在大多数时候赚一点小钱，但偶尔可能会让你亏很多钱。没有什么能防止你的交易行为。因此，公司内部的风险管理问题和治理问题,比这些工具本身的问题更加重要。"

斯科尔斯的完美投资组合

与马科维茨、夏普和其他人相比,斯科尔斯对完美投资组合的思考方式颇为独特。其他人关注的是投资组合的构成,但对于斯科尔斯来说,完美投资组合完全是关于风险管理的。斯科尔斯认为,如果我们更加关注市场告诉我们的信息,特别是衍生品市场,那么我们就可以调整风险敞口,避免下行期的"尾部风险"和"回撤",比如金融危机期间发生的风险,同时利用积极的"尾部收益",从而更好地实现我们的目标。然而,为了理解斯科尔斯的逻辑,我们需要了解投资者真正关心的是什么,以及如何衡量复合回报和财富增长。

斯科尔斯深入观察投资者试图实现的目标,并从这些观察中推断出对他们来说真正重要的东西:"在我看来,投资者真正感兴趣的是终值财富、复合回报和回撤。因此,他们希望在一定的回撤幅度下获得尽可能好的体验。"让我们详细研究一下斯科尔斯所说的终值财富、复合回报和回撤的含义。

首先,我们从终值财富开始。投资者有特定的目标,比如他们希望在退休后过什么样的生活。一旦投资者决定了在退休后他们想要的生活方式,比如购买一栋别墅或者旅行,他们就可以决定在"终点"日他们需要多少财富来满足他们想要的生活方式。这些终值财富将取决于他们的投资,例如,通过对401(k)计划的年度供款以及这些投资的逐年回报。

接下来,让我们详细说明一下复合回报。斯科尔斯指出,**投资者应该关注复合回报或几何平均回报,而不是平均回报或算术平均回报**。前者考虑你的起始财富和最终财富之间的变化;后者则是对财富每年的变化取一个简单平均值。

复合回报率总是低于平均回报率，且回报率越不稳定，其对复合回报率的影响就越大。这就是斯科尔斯所说的凸性风险，也称波动阻力。斯科尔斯解释说："假设你的投资组合会有 +20% 和 -20% 的波动，平均而言，其平均回报率为 0。先涨 20% 和后跌 20% 不是一个理想的投资结果，因为如果你赚了 20%，然后损失了 20%，那么 100 美元初始投资的回报率就会下降到 96 美元。如果它先跌到 80 美元，即第一年损失了 20%，那么它第二年增值 20%，也只会恢复到 96 美元。所以，在这种情况下，凸性成本是 4%。我们知道波动性越大，凸性成本就越高。承受的过度波动越多，你失去的复合回报就越多。"虽然波动阻力的概念在学术界和更老练的投资者中广为人知，但波动率变化本身对复合回报的负面影响却鲜为人知。

斯科尔斯认为，**复合回报的关键是在既定的目标风险水平上管理投资组合**。如果你的投资期限为 10 年，那么每年发生的事情都很重要，"因为复合回报率是各年回报率的乘积，并不是其平均值"。此外，斯科尔斯不建议使用平均回报率。他说："平均算术回报率是一个有缺陷的衡量标准，它或许能够评估一位基金经理人的平均表现是否优于其他人，但它无法挑选出理想的投资组合。换句话说，问题在于，当不会的人想过河时，你不会告诉他们这条河平均只有 15 厘米深。我们只有一次生命，我们只过一次河。如果你不会游泳而又恰好在水深 6 米处过河，你就会被淹死。"

最后，让我们来了解斯科尔斯所说的回撤和尾部风险是什么意思。回撤是指投资组合价值从峰值到谷底的下降幅度。换句话说，回撤是考虑风险或波动性的另一种方式。斯科尔斯表示："为什么回撤如此重要？因为，**如果你能减少回撤，那么基本上你的投资组合就将获得更高的最终价值**。另外，真正有重要影响的就是尾部风险。"斯科尔斯指的是一些特殊事件，特别是负面事件，例如 1987 年 10 月 19 日美国股票价格一天下跌超过 20%。如果投资者能够避免这些尾部风险、这些非常糟糕的异常事件，那么他们的最终财富将得到更好的保护。

然而，尾部风险有正负两种。斯科尔斯认为，**对于完美的投资组合，投资者不仅要避免负尾部风险，还要利用尾部收益**。作为贾纳斯·亨德森投资公司的首席策略师，斯科尔斯与同事们合作，利用期权市场给出的信息，构建个股（比如微软）和各资产类别（比如商品和债券）的预期收益分布曲线，并以此构建能够最大化尾部收益和最小化尾部损失的投资组合。斯科尔斯说道："对终端财富影响最大的不是分布曲线的中间部分，也不是波动性，而是尾部，尾部比中间部分更重要。你如果想得到完美的投资组合，那么可以专注于尾部，所有其他的东西都无关紧要。如果你能妥善管理投资组合的风险，减少尾部损失，那么你将获取不错的投资结果。但是风险管理不仅是为了避免尾部损失，还要获取尾部收益，它是双向的，你不会仅仅满足于低风险。"

虽然关注复合回报、最大化终值财富和避免回撤的原因简单明了，但斯科尔斯哀叹投资行业过于关注相对回报而非绝对回报。"我们相对于基准的表现如何？我们是否比标准普尔500指数强？"斯科尔斯认为，"关注相对回报实际上忽略了投资最重要的部分，那就是绝对回报。投资的有趣之处在于，我认为理想的投资组合应该专注于绝对回报而不是相对回报。相对回报忽略了基准本身及其潜在的风险。"

随着被动投资和指数基金份额的迅速上升，反思投资策略的内在风险是非常迫切的。正如斯科尔斯所指出的，"如果你有一只指数基金，比如标准普尔500指数，那么标准普尔500指数的风险不可能随着时间的推移而保持不变。指数成分之所以发生变化，有时是受到科技股的影响，有时是受到公用事业公司的影响。因此，指数的波动性或者风险是在随时变化的"。即使是非常宽基的指数也存在组合成分风险。波动性的变化损害了复合回报。

斯科尔斯表示，指数基金还有另一个问题。指数中单只股票的价格相对于其他股票的变化程度即相关性结构，可以随时间的推移而变化。例如，在 2007—2009 年金融危机期间，股票倾向于同时下跌，而在接下来的几年中，股票则倾向于同时上涨。斯科尔斯指出："当相关结构发生变化时，多元化并不存在。因此，相关性恒定的假设、均值和收益恒定的假设从理论角度来讲是较为理想的。但作为被动投资基础的 CAPM 是一个单期模型，不是一个多周期模型。"然而，即使在多周期模型中，从重大损失中恢复也可能需要很长时间。斯科尔斯强调，**对于复合回报来说，每个时期都很重要。**

在追求完美投资组合的过程中，斯科尔斯认为投资者需要解决两个基本问题。首先，"每个投资者必须扪心自问：从全球的角度来讲，资产约束是什么？我是否限制自己只投资于有限范围的资产？"换句话说，除了终值财富的这个特定目标之外，投资者还需要考虑他们的其他资产，例如股票、债券、房地产等，以及这些资产类别中的特定约束条件，例如，如果投资者是银行业从业人员，他就要避免投资银行股。其次，投资者必须考虑如何通过主动和被动策略相结合的方式来管理风险。"投资组合可以用更优的方式来管理随时间推移而变化的风险……使用主动投资或主动投资与被动投资相结合的方式。然后……投资者必须确定他们希望该投资组合在什么风险水平下运行。"

与马科维茨和夏普不同，斯科尔斯认为主动管理在完美投资组合中扮演着重要角色。略有讽刺意味的是，斯科尔斯在第一只指数基金的开发中发挥了极其重要的作用。"我不认为买入并持有某个投资组合或者某种资产配置组合，比如 60% 股权和 40% 债券的配置组合一定是最佳配置，因为指数基金的风险一直在发生变化。"斯科尔斯强调风险在全生命周期中的重要性，"因此，**理想的投资组合必须涉及时间期限，因为运行过程无法重复。时间期限至关重要，我希望我们重新关注时间期限。如何管理投资组合，取决于你的风险负担程度如何，以及你希望如何管理你的风险**。"虽然存在诸如目标日期基金等产品，它们会根据投资者的年龄自动改变股票和债券的比例（投资者年龄越大，投资于股票的比例就越小，而投资于债券的比例就越大），但斯科尔斯并不喜欢这类产品："理想的投资组合应该考量风险，而不是债券与股票的配比。目标日期基金的材料上写着'当你年轻的时候，你应该投资股票；当你年老时，你应该投资债券'，这种投资逻辑的正确性有待商榷。"

那么，投资者应该如何管理他们的投资组合？斯科尔斯描述了一种方法，即**投资者应首先确定他们能够承受的最大回撤，然后随着各资产类别中预期风险的变化，改变他们的资产配置，例如改变股票和债券的配置比例。**"正确的模型应该考量风险。当你年轻的时候，你想冒什么样的风险？在现有的回报函数模型中，风险水平是什么？相对于你自身的人力资本和财富的其他组成部分，你想冒什么样的风险？因此，目标日期基金是一种程式化的刻舟求剑的方式，没有从风险角度来考量我们真正应该考量的东西。风险是什么？风险是如何变化的？风险的驱动因素是什么？……未来新的目标日期基金应该是风险管理基金。"

关于投资者应如何预测风险的变化，斯科尔斯认为，正确的方法是观察期权市场的变化。最终，斯科尔斯希望"看到……那些技艺高超的基金管理者以新的思考方式和更积极的方式来管理风险，并向投资者描述其投资组合。然后，投资者可以选择不同的风险水平、不同的回撤幅度，以此作为管理投资组合的标准，该标准必须是动态的"。

斯科尔斯希望通过整合不同类别资产所提供的风险信息来管理投资组合的风险。例如，对于美国股票，我们可以查看与标准普尔 500 指数相关的衍生品（如波动率指数）提供的信息。波动率指数为我们提供了对于市场波动性的预期。为了防范尾部风险，我们可以观察只有在市场发生极端变化时才会获得回报的深度虚值期权。这类期权的价格提供了关于尾部风险的宝贵信息。

"利用这些信息构建理想的投资组合，基金管理人可以根据风险水平及其动态变化来改变投资组合的组成。如果能保持投资组合的风险水平不变，你就可以减少组合波动带来的大量凸性成本。如果你不使用市场给出的信息，那么你的组合就不是理想的投资组合。因此，你需要关注价格以及市场反馈给我们的信息。衍生品市场正在向我们反馈信息，现货市场正在向我们反馈信息，远期市场和其他市场也在向我们反馈大量的信息。另外，我认为，我们最好能够利用群众的共识或智慧，即数百万人做出的决定。"在帮助创建了现代衍生品市场之后，斯科尔斯希望投资者认真倾听这些市场的声音，以形成完美的投资组合。

In Pursuit of the Perfect Portfolio
斯科尔斯的投资组合箴言

- 投资者应该关注复合回报或几何平均回报，而不是平均回报或算术平均回报。前者考虑你的起始财富和最终财富之间的变化；后者则是对财富每年的变化取一个简单平均值。
- 复合回报的关键是在既定的目标风险水平上管理投资组合。
- 如果你能减少回撤，那么基本上你的投资组合就将获得更高的最终价值。而真正有重要影响的就是尾部风险。
- 对于完美的投资组合，投资者不仅要避免负尾部风险，还要利用尾部收益。
- 投资者应首先确定他们能够承受的最大回撤，然后随着各资产类别中预期风险的变化，改变他们的资产配置，例如改变股票和债券的配置比例。

THE STORIES, VOICES, AND KEY INSIGHTS OF THE PIONEERS
WHO SHAPED THE WAY WE INVEST

In Pursuit of the Perfect Portfolio

第 **7** 章

罗伯特·默顿与衍生品的新世界

- 1997年诺贝尔经济学奖得主
- 首位金融工程师
- 布莱克-斯科尔斯-默顿期权定价模型的共同创始人之一
- 被保罗·萨缪尔森称为"金融界的牛顿"
- 将CAPM扩展到涵盖多个周期,且直接与效用理论联系在一起,使之更为现实、更为通用,这是对夏普原始模型的重要贡献
- 为衍生品的新世界提供了一种系统的方法,远远超越了看涨期权
- 著有《连续时间金融》等

ROBERT MERTON

罗伯特·默顿

想象一下，如果你是哥伦比亚大学杰出教授罗伯特·K.默顿的儿子。众所周知，罗伯特·K.默顿是现代社会学的奠基人，是"意外后果"（unintended consequences）、"模范榜样"（role model）、"焦点小组"（focus group）和"自我实现的预言"（self-fulfilling prophecy）等广为人知的概念的创造者，是1994年美国总统颁发的著名的国家科学奖章获得者。再想象一下，如果你取了和父亲罗伯特·K.默顿同样的名字，那么无论你在自己的领域如金融经济学界多么杰出，你都仍然生活在父亲的光环之下。

出于对父亲的尊重，罗伯特·默顿做了什么来避免在学术界与杰出的罗伯特·K.默顿混淆？他经常以"社会学家之子"为笔名。现在，想象一下，作为一名父亲，如果你的儿子获得了他所在领域的最高成就诺贝尔经济学奖，并与你有相同的名字，你将会多么引以为傲，你又会做些什么来避免混淆呢？也许罗伯特·K.默顿会以"经济学家之父"为笔名。

如本书第6章所述，默顿与斯科尔斯、布莱克同时致力于期权定价模型的研究。布莱克会饶有兴致地回顾与默顿的"长时间讨论"、他提出的许多对于著名的期权定价模型的改进建议，以及他们之间的"竞争与合作"。因此，1997年斯科尔斯和默顿一起获得诺贝尔经济学奖是完全合理的。

和斯科尔斯一样，默顿对商业涉足颇深，包括为制订养老计划的方法申请专利。默顿花了很多心血来构建完美的投资组合。

年轻的交易员

1944年7月31日，罗伯特·默顿出生于纽约州纽约市，在黑斯廷斯－哈得孙郊区长大，他的妹妹、妹夫至今还住在那里。他的父亲1910年出生于费城，原名为迈耶·施科尔尼克（Meyer Schkolnick），于2003年去世。十几岁时，施科尔尼克用罗伯特·默林（Robert Merlin）作为艺名表演魔术，并最终改名为默顿。罗伯特·默顿的母亲苏珊娜·卡哈特（Suzanne Carhart）于1992年去世，她是一位来自新泽西州卫理公会和贵格会教徒家庭的全职母亲。罗伯特·默顿的外婆和女儿、女婿及外孙生活在一起。

在公立高中时，默顿选修了数学和科学课程，包括麻省理工学院开设的一门物理课程。他是一名优秀的学生，但成绩在班级中算不上名列前茅。默顿回忆道："童年时我有一项技能，就是能够把长长的数字列表很快地加总。高中的职业测试人员说我将成为一名会计或工程师，因为他们给出的测试题为'你是愿意带一条狗出去散步，还是愿意把一大列数字加起来'我的选择是后者。"

默顿喜欢橄榄球和田径运动，但他在这两方面的表现都不突出。默顿的同学中包括詹姆斯·雷恩沃特（James Rainwater）的儿子和杰克·施泰因伯格（Jack Steinberger）的儿子。雷恩沃特和施泰因伯格当时都是哥伦比亚大学的物理学家，他们后来分别于1975年和1988年获得诺贝尔物理学奖。另一名当地获奖者是马克斯·泰勒（Max Theiler），他因研制出黄热病疫苗而于1951年获得诺贝尔生理学或医学奖。还有一名当地居民是就职于哥伦比亚大学的经济学家威廉·维克瑞（William Vickrey），他在1996年获得了诺贝尔经济学奖，也就是默顿获得该奖的前一年。令人唏嘘的是，维克瑞在获得诺贝尔经济学奖后仅3天就不幸去世。

默顿的父亲带他了解了棒球、魔术和股票市场。默顿后来回忆起自己的童年时说："我认为，作为一个孩子，除了钟爱的数学，我在其他课程上投入的时间真的很少，因为我将课外时间奉献给了棒球、魔术和股票市场。在我很小的时候，我曾创建过虚拟公司，包括一家虚拟银行。它们好像叫作RCM Dollars 和 Savings Company，我试图通过它们来获得存款和进行投资。在我10岁左右的时候，我投资了人生中的第一只股票。我常常关注股票背后的公司。但在整个过程中，甚至在我的大学期间参与股票市场时，尽管我对金融兴趣颇深，但我从来没有想过会将它作为一份全职工作，因为我一直认为那是下班后的事。直到研究生学习期间，我才决定进入经济学领域，这个决定来得着实有点晚了。"

那也是一个纽约男孩追随棒球的史诗般的时刻。默顿支持的是布鲁克林道奇队，这是当时纽约的三大球队之一，另外两支是国家联盟球队纽约巨人队和美国联盟球队纽约洋基队。默顿能够记住所有球员的击球平均数和投球记录。道奇队在1941年、1947年、1949年、1952年和1953年都赢得了全国联盟锦标赛冠军，但在世界系列赛中每次都输给同城对手洋基队。1951年，道奇队遭遇了这项运动史上最大的失败之一，他们本来领先全国联赛对手巨人队十三场半。但巨人队接着连赢七场，把道奇队拖入三场系列决胜赛。在这三场系列赛中，两队先各胜一场。最后一场决赛是第一场由全国电视转播的棒球比赛，在这场比赛中，道奇队在第九局的最后一局本来以4:2领先，但巨人队的博比·托马斯（Bobby Thomas）打出了一个3分全垒打，这被称为"全世界都听得到的击球声"。不过，1955年，道奇队终于在七场系列赛中战胜了洋基队，赢得了他们在纽约的第一场也是唯一一场世界系列赛。而真正对球迷默顿造成严重打击的是在1957年赛季之后，道奇队和巨人队都搬到了加利福尼亚州，尽管这两支队伍之间的较量依然在继续。

大约就在道奇队赢得世界系列赛的时候，默顿开始把他的兴趣转向汽车行业。事实上，他10岁时第一次投资于通用汽车并非巧合。第二年，默顿做了一笔关于缝纫机制造商辛格公司收购案的套利交易：买入被收购公司的股票，卖出收购方的股票。11岁的时候，默顿开始计算距离16岁拿到驾照的天数。他熟悉几乎每一辆新近制造的汽车的马力和发动机容量，积极参加汽车展和汽车比赛。15岁时，默顿终于买了第一辆汽车，并进行了改装。默顿在改装车比赛上投入了持续的热情，并花了两个夏天的时间在密歇根州迪尔伯恩（Dearborn）的福特公司工作，其中一个夏天他还担任了高级汽车设计工程师。"我喜欢解决问题，喜欢工程类的东西，那时我认为自己将来会成为一名汽车工程师。"

快到17岁的时候，默顿与出演过几部肥皂剧的女演员琼·罗丝（June Rose）因相亲而结识。1966年，刚刚从哥伦比亚大学毕业的默顿和罗丝结婚了。婚后他们育有三个孩子，包括一个女孩和两个男孩。遗憾的是，1996年，默顿和罗丝离婚了。

1962年，默顿进入哥伦比亚大学进行本科阶段学习。入学第二天，默顿就转到哥伦比亚大学的工程学院。在那里，他学习了许多纯数学和应用数学课程。默顿特别喜欢学习偏微分方程和微积分。他还选修了一门使用萨缪尔森的经典教科书的经济学入门课程、会计和股票市场投资的晚间课程，以及一门英语文学课程。尽管默顿大二的英语课程成绩很差，这并不防碍他的第一篇论文《斯威夫特飞岛的"静止"运动》(*The "Motionless" Motion of Swift's Flying Island*) 发表在《思想史杂志》(*Journal of the History of Ideas*) 上。文中，默顿质疑乔纳森·斯威夫特（Jonathan Swift）在《格列佛游记》

中虚构的拉普塔飞岛的静止状态，因为根据斯威夫特对向上和向下相反作用力的描述，该岛应该是旋转状态。

1966年毕业后，默顿前往加利福尼亚理工学院（以下简称"加州理工学院"）攻读应用数学博士学位。默顿享受学习数学的过程，特别喜欢积极参与研究，而不仅仅是被动地学习材料。他表示："我一直注重数学的实际应用，而不是纯粹的理论学习。"在加州理工学院期间，他继续从事投资交易。他回忆道："那是我第一次接触到可转换债券。那段时期，我从早上6:30就开始做交易。我交易场外期权，特别是认股权证和可转换债券，尽管我并不真正明白自己在做的事情。"

在加州理工学院学习一年之后，默顿开始关注其他领域。在准备数学论文期间，他思考了自己所面临的十字路口，并注意到在自己的生活中发生着两件事。默顿回忆道："一方面，我持续跟踪股市，在业余时间做一些交易，并不妨碍学习；另一方面，我开始观察大家正在研究的一系列问题，并运用数学解决相关领域的问题，从等离子体物理问题到水槽中的水波问题和流体力学问题。但这些都没有真正激发出我的热情。"

当时正值20世纪60年代中期林登·约翰逊担任总统期间，默顿回忆道："经济顾问委员会主席沃尔特·赫勒（Walter Heller）发表了声明，说我们已经真正解决了恶性通货膨胀和深度失业等重大宏观问题。我想了想，说：'这太神奇了。想象一下，如果能在这一领域做一点小小的贡献，你就会影响数以百万计的人的生活。'这无异于一支催化剂。"由于当时默顿对正式意义上的经济学知之甚少，所以他决定去加州理工学院的书店进一步探究。"我买了一本关于数理经济学的书……实际上那是一本非常糟糕的书，但我当时并不知道，还以为它意义非凡。读完后，我对自己说：'嗯，也许我能做些什么。'"后来，默顿决定离开加州理工学院，转而攻读经济学博士学位。默顿申请了六所以经济学闻名的大学，但只有一所录取了他，并给了他全额奖学金。那所大学就是麻省理工学院。

从学生到教授，在麻省理工学院的学术时光

1967年，在默顿申请麻省理工学院时，哈罗德·弗里曼（Harold Freeman）[1]是一名统计学家，也是麻省理工学院经济系的成员。弗里曼审查了默顿的申请，并格外留意到为他写推荐信的数学家们的名字。后来，弗里曼说服该系给默顿一个机会，于是默顿被录取攻读博士课程。

根据默顿的说法，当时担任一年级博士生顾问的弗里曼看了他提出的课程计划，评论道："如果按照这个计划执行，你会因为碌碌无为而早早离开这里……去上萨缪尔森的数理经济学课程吧。"在这门课上，默顿不仅能与萨缪尔森互动，还能与其他思想活跃的学生交流，包括斯坦利·菲舍尔（Stanley Fischer）[2]。默顿得以从萨缪尔森的《经济分析的基础》(Foundations of Economic Analysis) 这本教材中学习经济学，并撰写了一篇关于人口增长率变化后最优经济增长率的学期论文。这篇论文于1969年发表，并成为他博士学位论文中的一章。这一切都要归功于弗里曼的那个建议。

在课程之外，当萨缪尔森向默顿寻求帮助时，他们之间的关系才真正发展起来。默顿回忆道："萨缪尔森拿着一叠皱巴巴的稿纸来找我，说他正在写关于把汉密尔顿数学（Hamiltonian mathematics）应用于增长理论的

---

[1] 哈罗德·弗里曼的大部分学术生涯都是在麻省理工学院度过的。本科期间，弗里曼主修数学，并于1931年获得理学学士学位。1936—1938年赴哈佛大学学习之前，弗里曼担任麻省理工学院经济学讲师。1939年，弗里曼回到麻省理工学院担任助理教授，1944年晋升为副教授，1950年晋升为正教授。在第二次世界大战期间，弗里曼是哥伦比亚大学统计研究小组的成员，负责设计战时工业质量控制抽样方法。

[2] 斯坦利·菲舍尔后来成为著名经济学家、著名经济学教科书的作者，并担任过以色列银行行长和美联储副主席。

文章，希望我能把它通读一下，但这并不算作课程学分。作为一名20多岁的研究生，我并没有说'你疯了吗？我有资格审阅吗？'，而是说'当然，没问题'。然后我故作镇定地离开了。回到家，我熬了一个通宵完成了这个任务。第二天，我尽可能让自己显得轻松平常，然后说：'萨缪尔森教授，请看下文章的这个地方。'"在通宵阅读中，默顿发现了萨缪尔森草稿中的一些错误。默顿说："后来，他为我提供了一个工作机会，也就是担任他的研究助理。"

在担任萨缪尔森的研究助理期间，默顿发现他们在权证和可转换债券等衍生证券方面有着共同的兴趣和背景。本书第6章曾提到，认股权证是由那些想筹集资金的公司发行的一种证券，它允许现有股东选择在特定日期以特定价格购买额外的股份。可转换债券与此有些相似。可转换债券也是一种公司发行的证券，最初是债券，而一旦公司股价上涨超过某一价格水平，持有人就可以将之转换为股票。这些特征使得这两种证券非常类似于交易看涨期权。

默顿惊喜地发现，他涉足的权证和可转换债券交易也可以成为研究工作的一部分。1968年，默顿开始与萨缪尔森合作，扩展萨缪尔森早期对权证定价的研究，并于1969年发表了另一篇文章，该文章也成为其博士学位论文的一章。1968年秋天，在首届麻省理工学院－哈佛数理经济学研讨会上，默顿首次发表了学术演讲。与会者包括后来的诺贝尔经济学奖获得者肯尼斯·阿罗和瓦西里·莱昂季耶夫（Wassily Leontief）。

在撰写博士学位论文期间，默顿依然在持续发表论文。在一篇论文中，默顿研究了每个投资者都要面对的重要决策问题，其正式名称为"投资组合选择问题"：决定今天消费多少与为明天储蓄多少，以及如何在风险资产和无风险资产（例如国库券）之间配置这些储蓄，以努力实现终身效用的最大化。在完成博士学位论文之后，默顿紧接着又发表了另一篇文章。在这篇文章中，他用一个更现实的"连续时间"框架研究了同样的问题。在这个框架中，价格是不断变化的。

默顿在金融市场中形成的经验和知识激发出许多新的假设，这些假设被纳入了他的模型中。他说："因为我参与过市场交易，所以我对很多理念有着深入的了解，比如，即使紧盯市场价格的每一次变动，你仍然无法预测下一个价格。因此，在美国电话电报公司的交易中，它的下一个交易价格可能上涨，可能下跌，也可能不变。这是很难预测的，不管间隔有多短，而我恰恰想要抓住这一变化。"默顿在连续随机过程方面的开创性工作最终形成了一本备受推崇的书《连续时间金融》(Continuous-Time Finance)。正如他的关门弟子罗伯特·贾罗（Robert Jarrow）多年后所说的，"我认为默顿是数理金融之父……他创立了连续时间金融学，而连续时间金融学是数理金融学的核心……在数理金融领域，商业理念和学术理论最为融会贯通"。

在一篇论文的最后一章，默顿对萨缪尔森的权证定价模型进行了实证研究。默顿研究了由三洲投资公司（Tri Continental）、艾格尼公司（Allegheny）和阿特拉斯公司（Atlas）发行的三种永久认股权证。默顿发现，萨缪尔森的模型总体来讲比其他模型表现得更好。在结论部分，默顿提到，他计划在未来的研究中继续完善和发展定价理论，特别是对于看涨期权等有限生命权证。

默顿发表论文的效率之高令人惊叹。在完成博士学位论文期间，默顿一直在努力工作，为三个重要的研究奠定了基础。这些研究都在1973年的期刊或者学术会议上公开发表。在这三篇论文中，他将夏普的CAPM由一个时期扩展到多个时期；扩展了期权定价模型用于确定债务价格；解决了期权定价问题，这与布莱克和斯科尔斯所做的研究如出一辙。

其中，将CAPM扩展到多个时期是对夏普原始模型的重要贡献，原始模型虽直观但有局限。夏普的模型是一个单周期模型，与现代微观经济学的基石预期效用理论不太吻合，而默顿的模型涵盖多个周期，且直接与效用理论联系在一起。默顿表示："我采用了一个更现实的模型、一个更通用的模型，并且其呈现的结果是有效的。"

1969 年，在默顿即将完成博士学位论文时，萨缪尔森提名他为哈佛大学的初级研究员。然而，默顿没有被录取，因此他继续在学术界寻找工作，参加了许多大学经济系的多轮面试。最终，默顿在麻省理工学院找到了一份工作，但不是在经济系，而是在斯隆管理学院。未来的诺贝尔经济学奖获得者佛朗哥·莫迪利亚尼在经济系和斯隆管理学院有着交叉任命权，他向默顿发出了邀请，并说服默顿在斯隆管理学院任教，即使没有接受过正式的金融学训练。"事情进展得非常顺利。"40 多年后，默顿在麻省理工学院斯隆管理学院的办公室中回忆道，"当时我已经发表了好几篇论文，而且还有更多的论文要发表。为什么要离开这样一个高效的环境？在这里，我感到如鱼得水，所以很高兴地接受了这个邀请。"在斯隆管理学院的面试过程中，默顿第一次见到了迈伦·斯科尔斯，当时他刚从芝加哥大学过来。

是竞争，也是合作

在布莱克、默顿和斯科尔斯之前，期权交易是什么样的？据默顿说，"在以前的期权市场上，交易商会在报纸上刊登广告，用引人注目的方式发布价格，而这些价格实际上应该是在分分钟变化着的。会随着时间的推移而改变。你能想象在报纸上发布期权价格吗？这太匪夷所思了。有很多糟糕的玩意儿被用来为期权定价，比如立方根规则等凭空而来的东西"。

20 世纪 60 年代末，布莱克和斯科尔斯以及默顿分别致力于研发看涨期权价格公式。正如默顿所言，"我们之间是一种竞争关系。如斯科尔斯所说：'我们不会把一切都告诉默顿，因为他是我们的竞争对手。'谁先研发出公式谁就赢了。同时，这也是一种合作。你们想搞清楚是怎么回事吧？这是研究中始终存在的一种紧张气氛。是一场健康的、相互尊重的比赛"。

布莱克和斯科尔斯的一个关键洞察是对冲行为，比如在持有股票多头头寸的同时做空看涨期权，可以消除系统性或市场风险，就像夏普的CAPM中捕捉到的贝塔值一样，从而提供了与整体市场波动无关的回报。精确的期权和股票组合可以提供不受整体市场波动影响的回报。换句话说，正确的组合可以让投资者的投资行为不受任何市场风险的影响，或者用夏普CAPM模型的术语来说，贝塔系数为零。"他们的洞见是，如果他们经常进行动态的交易，可以管理这种对冲的投资组合。但对冲是为了摆脱系统风险或贝塔风险而使用的。消除贝塔风险在当时是一种非常常见的做实证研究的方法。"默顿回忆道。

然而，当他们分享这一观点时，默顿持怀疑态度，认为他们的对冲想法是不可能实现的。默顿回忆道："我对斯科尔斯说：'我认为这行不通，但我会研究一下。'因为我之前曾经在发展动态投资组合理论方面做了这个工作……我把它们的想法用连续时间的方式进行了实验。我所有的工作都遵循这样的研究逻辑。他们所做的是把贝塔抛开，那么用剩下的资产进行对冲投资组合，按照CAPM理论来说，其预期收益率就等于无风险利率，我看了一下，然后惊奇地发现，如果这样用连续交易来做，就算没有贝塔，其实也没有西格玛[①]。'"

默顿在一个星期六下午打电话给斯科尔斯，兴奋地宣称他们是对的。默顿告诉斯科尔斯："你们的想法是绝对正确的，但是理由有误。"对冲不仅消除了系统性或市场风险，还消除了所有风险！非常令人惊讶的是，将两种高风险证券精确地组合在一起，得到的回报与购买无风险证券（如国库券）完全相同。这是解锁定价秘密的关键，而这一点却使其他研究者一

---

① 此处的西格玛指的是整个投资组合的风险，而不仅仅是贝塔风险或市场风险。

直束手无策。

那么默顿是怎么发现的呢？他后来解释道："除了将其命名为布莱克－斯科尔斯模型之外，我对该模型最重要的贡献在于，我发现，如果你的交易间隔足够短，那么该动态策略将消除所有风险，这意味着即使期权并不存在，你也有一种方法来合成期权。通过遵循一套交易股票和无风险资产的规则，我可以创建一个与期权产生完全相同回报的投资组合。"也就是说，只需依靠"无套利"或没有无风险利润的假设，就可以求出看涨期权的价格。

这个模型通常被称为布莱克－斯科尔斯模型。然而，据布莱克称，默顿对这一模型的发展作出了重大贡献。布莱克表示："默顿对别人论文的贡献和他对自己论文的贡献一样多。例如，我与斯科尔斯共同撰写的期权论文的一个关键部分是为推导公式的套利论证。这个论证正是默顿提供的。因此，该论文应该被称为'布莱克－默顿－斯科尔斯'的论文。"

在完成并完善了他的工作论文《理性期权定价理论》（Theory of Rational Option Pricing）之后，默顿开始寻找可能的发表渠道。默顿的同事保罗·马克阿沃伊（Paul MacAvoy）刚刚成为贝尔实验室新近出版的杂志《贝尔经济学和管理科学杂志》（Bell Journal of Economics and Management Science）的编辑。尽管篇幅很长，但马克阿沃伊表示有兴趣发表这篇论文，甚至出价500美元购买这部手稿。这个价格相当诱人，因为当时默顿的年薪也只有11 500美元。默顿友善地请求马克阿沃伊等到布莱克和斯科尔斯的论文发表之后再发表他的论文，因为他在文中提到了布莱克和斯科尔斯的论文。因此，尽管默顿的论文在1972年8月就已经完成，但这篇论文与布莱克和斯科尔斯的论文是在1973年春季几乎同时面世的。由于当时恰逢芝加哥期权交易所开幕，所以两篇论文立即产生了影响。

布莱克－斯科尔斯和默顿的论文对金融和投资领域产生了重大影响，其公式用于定价看涨期权的部分原因在于幸运的时机。正如默顿所说,"我们当时能预测到这篇论文会有这么大的影响力吗?不,当然不能。如果我们在 1960—1962 年完成这项研究,它可能当时就发表了,不会立即对业务实践造成直接的影响。但我们的论文发表于 20 世纪 70 年代。1973 年中期至 1974 年末,股市下跌了 50%。美国国债利率为两位数,1981 年达到峰值,超过 20%。通胀率达到了美国南北战争以来的最高水平,政府为此实行了一些价格管制,但后来又搁置了;突然间,布雷顿森林协定所造就的全球固定汇率体系被废除,世界货币开始出现近 30 年来的首次波动;第一次石油危机发生,石油价格从每桶 2.5 美元升至 13 美元。所有这些都发生在高失业率的环境中,新的风险从系统的各处涌现出来"。

如今,布莱克-斯科尔斯-默顿期权定价模型无处不在,其应用范围远远超出了看涨期权的定价。例如,如果你有一笔抵押贷款,那么你的提前还款权就是一种期权,你的违约也是一种期权。正如默顿 2014 年指出的那样:"规模数万亿美元的这种物质正在地球上四处飘荡。"

默顿模型,献给衍生品新世界

布莱克、斯科尔斯和默顿都认识到期权定价将对公司财务产生重要影响,并再次分别开发出了期权定价的首批应用之一。如本书第 6 章所述,当布莱克和斯科尔斯在 1970 年夏天的富国银行会议上提出他们的见解时,默顿因睡过头而错过了他们的演讲,因此直到后来才发现他们有着类似的想法。

默顿后来将自己的贡献做了整体的概括,他认为自己提供了一种远远超出看涨期权的新型衍生证券的系统方法。"如果通过推导出的规则,我真的可以用现金或其他任何资产来交易股票,那么该规则就像一个生产函数,它提供'处方',产生结果。如果你遵守所有这些规则,你就不会犯错误,你可以无摩擦地进行交易，在交易的另一端会精确地产生相应的回报。也就是说，我可以合成任何衍生证券。"默顿基于他在 1974 年发表的论文中所描述的想法，提出了一个后来被称为默顿模型的概念。

假设一家公司只有权益和单一种类的债务（比如债券），那么整个公司或其资产的价值将等于其股权和债务的市场价值之和，股权持有人和债务持有人将在一定时间内分享任何资产的情况。为了简化示例，我们假设债券不支付票息，并且将于 5 年后到期。那么，5 年后股权的价值是多少？

结果表明，这种情况下的回报结构与整个公司看涨期权的回报结构完全相同，行权价等于债券的面值。换句话说，资产价值越高，股权价值越高。但是，如果 5 年后资产价值低于债券的面值，那么股权持有人就会选择"离开"。也就是说，他们不会行使他们的期权，只留下债券持有人在破产流程之中，分摊资产的残值。因此，债务的价值是资产价值减去权益价值，债务的风险可以通过期权定价来确定。

与他早期的期权定价研究不同，默顿模型花了更长的时间才为人们所接受。正如默顿后来评论的那样，"这篇 1974 年的论文并没有让世界刮目相看"。他指出，许多投资银行使用该模型为所谓的垃圾债券定价，直到一家名为 KMV 的风险管理公司启用了该模型，它将其违约假设调整为可能随时发生，而不仅仅是在到期日。尽管有此变化，KMV 公司仍将修改后的模型称为默顿模型。1999 年前后，包括摩根大通集团、高盛集团、德意志银行和瑞士信贷第一波士顿银行在内的几家大型银行和投资公司一直在使用该模型的专有版本，它们试图建立一个标准版本。KMV 公司后来被信用评级公司穆迪收购。

当时，人们越来越需要像默顿模型这样的工具，以了解像施乐（Xerox）这样家喻户晓的公司的债券情况，这些债券一度沦落为垃圾级或非投资级。

传统模型无法察觉到它们的下跌，但默顿模型能够预示它们的债务价值即将下跌。此外，信用衍生品也越来越受欢迎。这些衍生品旨在将违约风险——（信用风险）与贷款人分离，并将其转移给愿意承担违约风险的其他人。默顿认为："这类新模型至关重要，因为它不仅给出了价格，还提供了一个风险结构，让我们能够更好地了解风险是如何变化的，以及如何尝试用其他工具对冲风险。"与那些简单的方法不同，默顿模型表明债务价值与公司资产价值有着内在的联系，并且为债务证券的定价提供了统一的理论。

然而，默顿模型不仅适用于公司债券，在更广泛的层面上，还可以总体考察一家公司的债务以及政府借款，然后再结合金融机构和中央银行等中介机构的作用，形成一个国家甚至全球金融体系的整体模型。默顿指出，受默顿模型和他开展的其他研究的启发，金融界越来越认识到金融系统模型的重要性。他说："今天，世界上没有一家主要的金融机构，包括所有的中央银行和美联储，能够在不使用金融系统的计算机数学模型和衍生证券的情况下发挥作用。其中，衍生证券主要用于转移风险和从其价格变化中提取有关金融市场的风险信息。"

"金融界的牛顿"

默顿既是科学家又是工程师，事实上，他被称为第一位金融工程师。科学家倾向于理论化，观察世界并希望了解事物；工程师则更倾向于实践，希望通过建造事物来改变世界。本书作者之一的罗闻全认为，只有在相应的工程领域出现时，一种知识体系才成为一门科学。因此，虽然金融科学始于1952年的马科维茨，但直到20世纪70年代博格将马科维茨的理论观点带入投资行业并展示了如何通过它们构建真实的投资组合时，金融科学才成为真正的科学。默顿被他的博士学位论文导师兼合作者萨缪尔森称为"金融界的牛顿"。

和他的诺贝尔奖共同得主斯科尔斯一样，默顿一只脚涉足学术界，另一只脚涉足投资界，每个领域都从中获益。默顿曾讲述了与斯科尔斯一起做的一笔关于中国香港的交易。他们交易的是一只股票价格低于某个水平的期权，这个时点上该期权已经失效了，这就是所谓的"敲出"（down-and-out option）。通过在数学上确定合适的边界条件，他们找到了一种解决该期权定价问题的方法。研究人员布塞尔（Buser）指出："后来，在撰写关于期权定价的论文时……我试图说明如何将这项技术应用于许多不同的领域，其中一种就是'敲出'。后来大家发现有一个叫作'奇异期权'（exotic options）的全新行业诞生了，而'敲出'就是其原型。如果我没有参与实践，我甚至不会意识到'敲出'的存在，更不用说能够解决问题并将其写出来了。"

默顿的第一个咨询经历发生在 1969 年，与一家对权证定价感兴趣的加利福尼亚银行。默顿与斯科尔斯一起参与了许多咨询项目，包括 1972 年唐纳森、卢夫金和詹雷特投资银行（investment bank of Donaldson, Lufkin & Jenrette）开发期权定价策略和对冲模型的项目。1976 年，默顿和斯科尔斯创建了第一个主做期权的共同基金，该基金为投资者提供了股票市场的敞口，并提供下行保护，这是 20 世纪 80 年代流行的组合保险产品的前身。

1988 年，默顿加入所罗门兄弟投资银行，成为董事长办公室的特别顾问。所罗门兄弟投资银行当时由约翰·古特弗罗因德（John Gutfreund）领导。约翰·梅里韦瑟（John Meriwether）是所罗门兄弟投资银行国内固定收益套利团队的负责人，他吸引了许多默顿以前的学生，其中大部分都是博士。梅里韦瑟于 1991 年离开所罗门兄弟投资银行，并在 1993 年有了创办一家新公司的想法。这将是一个名为长期资本管理（LTCM）的对冲基金，旨在从全球固定收益套利中获利，例如在不同市场上交易类似债券之间的价格差异。默顿和斯科尔斯都位列其 11 位创始人之中，其中 7 人与麻省理工学院、哈佛商学院或两者都有密切联系。长期资本管理基金从其投资者那里筹集了超过 10 亿美元，这在当时是一笔巨额投资。

长期资本管理基金在其运营中使用了几种相关的策略,其主要策略是寻找两种类似资产之间的价格差异,买入定价过低的资产,卖空定价过高的资产,从而在资产价格趋同时获利。这些策略被称为融合交易(convergence trades)。例如,基于与期权定价相关的定量模型,交易员可能会发现长期国债的价格与被称为利率互换的相关类型衍生证券的价格之间存在差异,买入前者,卖出后者。另一种策略被称为相对价值战略,也是以类似的方式运作。然而,需要注意的是,虽然预期价格会趋同,但除非经过很长一段时间,否则价格趋同难以得到保证。除了这两种主要策略外,长期资本管理基金最初还涉及少量的方向性交易,但这种非对冲头寸的风险要大得多。

长期资本管理基金的回报率令人瞩目。1994年2月24日至12月31日,该基金扣除费用后的回报率为19.9%,而大盘标准普尔500指数下跌。1995年和1996年,其回报率分别为42.8%和40.8%,远远超过市场基准。1997年1—8月,该基金回报率又增长了11.1%,尽管1997全年的回报率低于市场回报率。截至1997年9月,长期资本管理基金的资本已从10亿美元增至67亿美元。鉴于衍生品的杠杆结构,长期资本管理基金控制了超过1 260亿美元的资产。此时,创始人考虑将资本返还给大部分外部投资者。截至1997年末,当其资本进一步增加至75亿美元、净回报率为17.1%时,长期资本管理基金向外部投资者返还了27亿美元的回报,剩下48亿美元的资本,其中19亿美元由合伙人和员工持有。

然而,长期资本管理基金的运营并没有持续下去,到1998年8月,该基金全年下跌超过40%。出人意料的是,俄罗斯政府债务的违约令市场大吃一惊。长期资本管理基金在掉期交易中的一些核心头寸之间的价差恶性扩张,而不是像预期的那样不断收敛。8月底,道琼斯工业平均指数创下了最严重的单日跌幅截至当时,该基金已经下跌了52%,并且有持续的资本流出。鉴于其高度杠杆化的状况,长期资本管理基金处于崩溃的边缘。由于长期资本管理基金在与金融机构交易中的影响力,美联储担心崩溃蔓延的影响，于是组织了一项救援计划。许多大型金融机构共同向长期资本管理基金提供了 36 亿美元的额外资本，以换取该基金 90% 的股份。该基金在 1998 年近 2/3 的亏损与掉期和股权波动有关。

后来，默顿在反思长期资本管理基金时说："金融市场会出现错误和发生无法预见的事情，但危机并不是由模型的错误或相关错误引发的……一连串押注和市场情况导致了此次危机。"事实上，长期资本管理基金的许多头寸价格最终都如预期般收敛，但收敛速度不够快，以致无法维持基金的存续。

2003 年，默顿成为全球顶级资产管理机构 Dimensional Fund Advisors（DFA）的董事会成员，尤金·法玛也在此任职。由于学术研究表明小盘股的表现优于大盘股，所以 DFA 最初重点投资小盘股，但其后来的战略重点转变为将学术投资理念转化为金融产品。2009 年，在 DFA 收购养老计划软件系统 SmartNest 之后，默顿成为 DFA 的常驻科学家，因为他曾参与了该系统的开发。

衍生品，更好的、透明度更高的金融工具

自 20 世纪 70 年代初默顿最初研究期权以来，金融经济学取得了许多进展，其中包括对布莱克-斯科尔斯-默顿期权定价模型的改进。同时，默顿也谨慎地指出了金融模型的局限性："如果你把金融看作一个领域……这是唯一一个领域，当我说我有一个模型时，它是一个描述应该发生什么或预期会发生什么的模型。但这个模型有一个错误项，它本不应该存在，但由于模型存在缺陷，所以误差项在所难免。在某种程度上，金融学就是关于这个误差项的研究。如果没有不确定性，金融将是一个非常枯燥的领域。"换句话说，**模型可以帮助我们理解风险等关键因素，但模型永远无法解释一切，因为它并非完美无缺。**

1997年，默顿点评了期权定价理论发展25年来出现的许多应用："除了庞大的场外衍生工具市场外，这些交易所交易的期权和期货类目繁多，包括个股、股票指数及共同基金投资组合、债券与其他固定收益证券、货币，以及包括农产品、金属、原油及其精炼产品和天然气、电在内的商品。"默顿接着提到了期权定价理论的其他应用，涉及购买房地产、电影版权、雇员期权、保险合同、许可证和海上钻探权。斯坦福大学金融学者达雷尔·达菲（Darrell Duffie）在向布莱克、斯科尔斯和默顿致敬时，描述了衍生品在现代金融世界的进一步应用："投资银行通常会出售其客户要求的任何种类的嵌入式期权证券，然后通过采用的动态对冲策略（包括默顿最初建议的策略）来覆盖与其净头寸相关的组合风险。"

同样，默顿的关门弟子、康奈尔大学的金融学者罗伯特·贾罗，在《纪念诺贝尔奖获得者罗伯特·默顿和迈伦·斯科尔斯》(In Honor of the Nobel Laureates Robert C. Merton and Myron S. Scholes) 一文中高度称赞了这些贡献。贾罗观察到，适当定价时的期权是保险和投资的有用工具。他强调，布莱克－斯科尔斯－默顿期权定价模型"相当于在金融界一块稀疏且相对贫瘠的土地上施用能产生奇迹般生长的肥料"，它带来了衍生品的全新收获。贾罗总结道："包括我在内的许多学者都认为布莱克－斯科尔斯－默顿期权定价理论是经济学史上最成功的经济理论应用之一。"

对默顿而言，衍生品等金融工具是进步的关键，因为它们能够将全球不同的金融体系联结起来。他表示："衍生品等工具教会了我们如何将不同的东西分解成不同的部分，并将它们重新组合起来，以更高效地完成工作。例如，你现在可以通过多种不同的方式来购买股票，投资期货、掉期和人寿保险。这些工具对金融体系已有的和未来的演变产生了深远的影响。在我们的理论中，我们可以将市场和工具作为更有效的方式来履行金融的核心职能。"

默顿经常被问及衍生品市场的发展是否导致总体市场风险的增加或减少。对此，他回答说："衍生品市场衡量和管理风险的能力大幅提高，但这并不一定意味着我们更安全。"他补充道，"打个比方，如果你在恶劣天气下驾驶，你会说四轮驱动的汽车比两轮驱动的汽车更安全。现在假设我们观察到，在过去的15年中，每行驶1千米的汽车事故数量没有任何变化。肯定会有人说'等一下，四轮驱动不是让我们更安全了吗？'答案是：'从技术上说，不会，因为我们发生的事故数量与过去相同。''那么，四轮驱动的发展都是徒劳吗，还是我们的方向不对？'我想你和我一样知道答案。真正的情况是，即便你的行为和以前一样，人们获得的这些技术和工具毫无疑问会让你更加安全。这是首先要了解的关键因素。我们个人或集体承担的风险量不是一个给定的物理常数，而是我们自己选的。当我们看到一些新的、更安全的工具时，我们相信做同样的事情会更加安全。或者，我们也可以承担同样的风险，甚至做一些在以前看来风险更大的事情。所以，坐在一辆四轮驱动汽车内，看着窗外10多厘米厚的雪，你说：'没关系，我要去拜访我的家人。'所以，我们要问的问题不是'我们更安全吗'，而是'我们的境况变得更好了吗'。"默顿的意思是：我们的金融体系比过去好得多，尽管金融体系更复杂了，但我们拥有更好的、透明度更高的金融工具。

默顿的完美投资组合

默顿目前仍然活跃在研究和教学领域，没有要退休的打算，但他作为学者和从业者的关注点一直都在养老领域。这也是他思考完美投资组合的背景。默顿的出发点是马科维茨关于收益与风险的开创性工作，即均值－方差框架：我们希望在工作年限内通过储蓄和投资来赚取足够的收入，以便在退休后舒适地生活。但由于通常将部分或大部分储蓄投资于风险资产，所以我们期望的回报可能无法实现。

默顿指出："均值－方差框架的核心目标是，在给定的风险水平下实现收益最大化，这一目标永远不会过时，但如今业界已经扩展了模型，尝试捕捉现实世界终身理财计划中的多种风险维度。风险控制或风险管理的三种主要方法是对冲、多样化和保险。然而，目前针对家庭的大多数咨询顾问只关注多样化……我们需要扩展工具箱。"例如，默顿建议我们应该将支出目标定为预期的大学教育费用。对于此类费用支出，咨询顾问们会明智地提供与大学教育成本挂钩的产品。

默顿表示，为了更好地理解风险是什么，我们首先需要更好地理解无风险意味着什么。他说："人们不会刻意地去探索无风险资产的重要性……无风险资产告诉我们什么是有风险的……无风险资产是，无论你的目标是什么，都能确保你的目标可以实现的资产。所以，你得罗列出自己所有的目标……如果你购买的资产足以支付你目标中的每一项费用，那么这就是你的无风险资产，否则就不是一个无风险的资产。重要的是要认识到，在仔细定义无风险资产之前，你真的不知道什么是风险。而如果你不知道什么是风险，那么你在做投资决策时就会遇到很多麻烦。"

换句话说，**完美的投资组合应该是每个投资者都可以投资于自己的无风险资产，而不必承担任何风险。**假设一个人有 100 万美元的养老资产，如果他计划在 5 年后退休，并在 5 年内需要 100 万美元的经通胀调整的等价物，以便购买能够提供终身收入的年金，使自己能够在余生中以自己喜欢的方式舒适地生活，那么他可以将这 100 万美元投资于国债通胀保值证券（TIPS）。这些政府债券是无风险的，并与通胀挂钩，票面价值和息票支付与消费者价格指数挂钩。然而，如果他只有不到 100 万美元，他就需要将部分资金投资于风险更高的资产，以实现自己的目标。

通过查看美国专利商标局的例子，我们就可以看出默顿高度认可投资无风险资产将在实践中发挥重要作用。2005 年，默顿与投资行业专家罗伯托·门多萨（Roberto Mendoza）和彼得·汉德科克（Peter Hancock）以及波士顿大学的兹维·博迪（Zvi Bodie）共同申请了一项养老收入规划方法专利，专利号为20070061238.69。其官方描述如下："本发明提供一种用于养老收入规划的方法和工具，通常用于规划收入流的方法，包括接收与个人有关的个人数据，其中个人数据包括个人的预计收入值和预计支出值，然后计算预计支出和预计收入之间的差额，并从以拍卖方式呈现的多个年金中实时购买某个年金，这个年金提供的收益可以抵消上述差额。"该专利后来被DFA购入，而默顿则是该公司的常驻科学家。

作为一名汽车爱好者，默顿以汽车打比方来说明完美的投资组合是什么，以取代直接的描述。"它发生在引擎盖下……这就是整个诀窍，即如何让它对消费者来说变得真正简单……就像你的汽车一样，你无须知道汽车的工作原理，只要上车，转动钥匙，然后问自己'操作顺手吗？坐着舒服吗'，这就是我们努力的方向。"你的完美投资组合可能将由使用动态交易策略的财务顾问来创建，原因在于，"自己做这件事的挑战是巨大的……如果你不得不自己来做连续交易，你将无法做其他任何事情。"另一个原因与投资知识有关："创建完美的投资组合与教育无关，但与分工有关。有些人拿着数百万美元的报酬，就是为了找出哪位财务顾问在未来会做得更好。"

那么财务顾问应该给出怎样的建议呢？默顿认为："只给人们有意义的选择和有意义的信息。'有意义'不同于'重要'。"默顿用另一个汽车的类比解释了"有意义"和"重要"之间的区别：假设你在看两辆车，不知道该买哪一辆。此时，你被告知一辆车的发动机压缩比为9∶1，而另一辆车的发动机压缩比为9.3∶1。"我可以负责任地告诉你，压缩比对汽油的续航里程、加速性、可靠性以及你必须使用的汽油种类来说非常重要。因此，这是一条重要的信息，但它对你来说完全没有意义。投资与此类似，我们都知道资产配置对结果非常重要。如果财务顾问告诉我，他打算在投资组合中将权益与债券的比例配置成65∶35或70∶30，这是毫无意义的。我想知道的是：退休后，我能维持现有生活水平的可能性有多大？如果我沿着这条路走，生活会发生什么变化？"

默顿对现行的固定缴款计划持批评态度，因为雇主被要求披露并向雇员提供401（k）退休计划的基金信息，如过去的业绩，但其并不知道如何利用这些信息来决定选择哪些基金。对此，默顿提出的解决方案是："我从你手里拿走你无从了解的每一个决定，比如压缩比。相反，在专业指导下，从你的目标开始反向规划。我可以向你保证，在你的余生中，你将能够按照你在工作生涯的后半段已经习惯的生活标准生活……如果同意这一点，你就会问：'我们如何才能达到目标？'有些人的职业就是来估计某个人在退休的年龄，无论身在何处，要维持生活水平需要付出什么样的代价……这是应该由专业人士来完成的。"默顿解释说，所需信息包括你的年龄、你期望的退休年龄、你的收入、你预期的社会保障福利以及你希望在退休后获得的最低收入，以满足你期望的生活水平。有了这些信息，专业人士就会通过计算机程序计算出你达到目标的概率。

对于那些参与养老计划的人来说，还有一个经常被忽视的因素。默顿指出："你大部分工作生涯中最大的资产是你未来的供款……当你是一个40岁以下的年轻人时，你的大部分为养老准备的资产都是未来的供款，它们非常安全。特别是相对于一个人所期望的生活水平而言。"默顿举例说明了这些资产的重要性。假设2007年8月，就在金融危机引发的暴跌之前，两个人的退休资产100%都在股票中。到2009年3月，每个人的退休计划价值将下降40%，这是一个毁灭性的结果。但是假设一个人比另一个人年轻得多。对于年轻人来说，可能只有10%的养老总资产在固定缴款计划中，而其他90%是以未来供款的形式存在。他只会损失他全部养老资产的4%。然而，老年人的固定缴款计划中可能有90%的养老资产，导致36%的总损失，这无异于一场灾难。"除非你考虑到这些其他资产，否则我怎么可能对你的固定缴款计划做出一个好的决策？你们都有相同的资产配置，但结果完全不同。"默顿补充道，单年龄这一项并不是风险的最佳代理指标，而传统的"目标日期"（target date）基金或"下滑路径"（glide-path）基金就是根据年龄来调整资产配置比例的，"这与你持有的资产具有不同的风险特征有关，其中最大的资产是你未来的缴款。"

默顿认为，最好的办法是财务顾问向人们提供充足的信息，让他们了解为实现养老目标所需的努力，然后为他们提供一些简单的选项。例如，假设一个人的目标是 100%，而他目前的位置处于 70%。他说："财务顾问应该告诉他：'你有三种方法可以提高实现目标的概率：更多的储蓄、更久的工作年限或承担更多的风险。现在，我建议你不妨将银行存款提升 1 个百分点。这会带来更多的储蓄，也意味着减少消费。如果你这样做，你的位置将从 70% 上升到 81%。'对方说：'哦，这是一个巨大的进步。等等！如果我多拿出这 1% 的资金，我下个月的现金流就会减少。我能承受吗？'……'那么，你是不是愿意晚退休一年呢？……否则你唯一的选择就是承担更多的风险。'我该如何向你传达上述这些意思呢？关键是要能够以有意义的方式来表达。"

默顿协助开发的软件使用可视化滑块，让人们可以即时、直观地了解到储蓄率、工作年限或风险负担程度的变化对退休目标的影响。默顿直截了当地指出，**如果你不想存更多的钱、工作更长的时间或者承担更多的风险，"那么你唯一能做的就是调整你的目标"**。默顿开发的软件自 2005 年以来一直被各家公司采用，其技术也在不断进化。

在 DFA 应用这项技术后，默顿主导了管理型固定缴款项目（Managed DC program），该项目后来转变为固定缴款计划的目标养老解决方案，随后又转变为面向个人投资者的目标日期退休收入基金。这些策略旨在为投资者创建量身定制的、动态的完美投资组合。这些产品不同于典型的养老规划，例如 70% 股票和 30% 债券的固定配置比例，而是动态更新投资者的资产配置，以在退休时实现预期收益。沟通和关注的重点是退休后的收入，即投资者能够购买的通胀保护年金金额，而不是当前的账户平衡。正如默顿所说，"管理型固定缴款的秘密在于，如果你愿意接受一个目标，比如，退休后每年能拿到和通胀率挂钩的 58 000 美元，我和我的竞争对手虽然一开始的夏普比率相同，但我使用基于目标的动态策略，而不是 70∶30 的投资组合，那么我向你保证我会战胜他们。专注于目标就像让你多拥有了 20% 的资产。"

默顿指出，传统的做法是，一个人工作 40 年，到 65 岁退休，活到 75 岁，那么他必须用 40 年的工作来维持 50 年的消费，因此需要把大约 25% 的收入用作储蓄。然而，如果现在的工人 65 岁退休并能活到 85 岁，那么 40 年的工作就要维持 60 年的消费，个人需要储蓄大约 33% 的收入。在这种情况下，一般人都会出现储蓄不足的情况。此外，我们需要储蓄的数额取决于我们想要实现的养老生活状态。他说："到你退休时，你已经习惯了你想要的生活方式。因此，你的目标应该是有足够的资金维持你在工作生涯后期享受的生活水平。简·奥斯汀在《傲慢与偏见》中没有说男主人公达西先生的薪资是 1 万英镑，而是说他年收入 1 万英镑。"

了解了这一点，让我们来看看"引擎盖"下面是什么。DFA 的固定缴款退休产品与三个简单的投资组合相关联：一个全球股票指数和两个具有不同期限（中期和长期）的通胀保护债券（TIPS）投资组合。DFA 目标日期退休收入基金也与此类似，其全球投资组合主要为股票及部分债券，并结合通胀保护的投资。例如，针对计划在 2030 年左右退休的投资者的 2030 年目标日期退休收入基金，约有 37% 投资于美国股票、22% 投资于国际股票（包括一些新兴市场股票）、14% 投资于全球债券（政府和优质公司债券）、27% 投资于通胀保值债券。

那么，默顿自己的投资组合中有什么？"在我的养老账户中，我有通胀保护债券,还有一只全球指数基金;我还有一只对冲基金,它让我在一些非常规的领域拥有一定的风险敞口;当然,我也拥有房地产。"默顿观察到,"可能对你的生活水平最好的对冲是基于通胀保护债券的年金,再加上在你计划长期居住的地方拥有自己的房子。"

默顿最后的观察是广大人群对养老计划的准备情况,以及他帮助创建的工具可以为此做些什么。他说:"我要传递的信息是关于养老的问题,这是一个全球性的挑战,是一个工程性的问题,而非科学性的问题。有一种方法可以解决它,即创造一个可持续的系统。我们有工具可以做到这一点,但这是一个非常复杂的工程问题。因此,未来你能够制订出更多、更多元的退休计划。"可以说,对完美投资组合的追求永无止境。

In Pursuit of the Perfect Portfolio
默顿的投资组合箴言

- 如果你不知道什么是风险,那么你在作投资决策时就会遇到很多麻烦。

- 完美的投资组合应该是每个投资者都可以投资于自己的无风险资产,而不必承担任何风险。

- 如果你不想存更多的钱、工作更长的时间,或者承担更多的风险,那么你唯一能做的就是调整你的目标。

- 养老问题是一项全球性的挑战,它是一个工程性的问题,而非科学性的问题。有一种方法可以解决它,那就是创造一个可持续的系统。

THE STORIES, VOICES, AND KEY INSIGHTS OF THE PIONEERS
WHO SHAPED THE WAY WE INVEST

In Pursuit of the Perfect Portfolio

第 **8** 章

马蒂·莱博维茨与负债驱动投资

- 摩根士丹利常务董事
- 负债驱动投资的创始人
- 少数几个获得特许金融分析师协会颁发的三项最高奖项（尼古拉斯·莫洛多夫斯基奖、詹姆斯·维尔廷奖、专业卓越奖）的人之一
- 1995年，成为第一位入选固定收益分析师协会名人堂的人
- 2014年，国际数量金融协会将莱博维茨评为"年度金融工程师"
- 著有《深入收益率手册》（与悉尼·霍默合著）、《捐赠基金资产配置及投资模式》（与布雷特·哈蒙德合著）等

MARTIN LEIBOWITZ

马蒂·莱博维茨

马蒂·莱博维茨常被人称为债券大师。然而，无论你是否跟踪学习过莱博维茨广博的研究，几乎没有人能否认他是华尔街第一批改变投资者对债券和其他固定收益产品看法的人之一，莱博维茨将它们从单调乏味的买入持有型资产转变为充满活力和激动人心的投资品。

其实，莱博维茨对投资行业的贡献远不止债券领域。早在1992年，夏普就评论说，莱博维茨的作品集"构成了一部真正的投资分析之旅"。莱博维茨是特许金融分析师协会的旗舰出版物《金融分析师杂志》中有史以来最多产的作者之一，他在1974—2019年共发表了42篇文章，几乎每年一篇。莱博维茨也是《投资组合管理杂志》有史以来最多产的作者之一，在1974—2019年发表了25篇论文。凭借众多著作，莱博维茨被称为负债驱动投资的创始人，这是一种考虑个人或养老基金现金流需求的投资方法。

但这还不是全部。莱博维茨是少数几个获得特许金融分析师协会颁发的三项最高奖项的人之一：1995年的尼古拉斯·莫洛多夫斯基奖（the Nicholas Molodovsky Award），表彰他在改变职业方向和提高职业成就标准方面的杰出贡献；1998年颁发的詹姆斯·R.维尔廷奖（the James R. Vertin Award），表彰那些对投资界产生持久影响力和贡献价值的研究人员；以及2005年的专业卓越奖（the Award for Professional Excellence），以表彰投资行业中具有杰出成就、卓越实践和真正的领导力，激发并彰显了该行业的荣誉的成员。1995年，莱博维茨成为第一位入选固定收益分析师协会名人堂的人。2014年，国际数量金融协会将莱博维茨评为"年度金融工程师"。

莱博维茨是一位罕见的实践者，他的研究和领导能力甚至比最顶尖的学者都要丰富。因此，莱博维茨非常适合为完美的投资组合提供见解。

一切从纽约出发

莱博维茨于1936年出生于宾夕法尼亚州的约克市，该市曾被称为白玫瑰城。约克市当时是一个被阿米什人（Amish）农场包围的小型工业城镇。著名的约克薄荷馅饼于1940年由约克蛋筒公司开始生产，如今其生产商已更换为好时公司。莱博维茨的父母经营一家服装店，是该地区第一家推出分期付款服务的零售商。"我们生活在一个温和的环境中，"莱博维茨回忆道，"当时有一件事是普遍提倡的，那就是不浪费任何东西，即不浪费食物，不浪费努力，不浪费人们的时间，不浪费金钱。因此，我认为，这种节俭的经济背景在我致力于寻找提高效率的方法，并使之更符合效率意义上的经济性方面发挥了作用。"

在莱博维茨的父亲于1940年去世后，莱博维茨一家先后搬到洛杉矶、巴尔的摩，最后搬到田纳西州的橡树岭（Oak Ridge）。在橡树岭，莱博维茨的姐姐作为物理学家就职于原子能委员会。莱博维茨在橡树岭上了高中，1950年，他赢得了田纳西州的少年国际象棋锦标赛的冠军。第二年，15岁的莱博维茨获得了著名的福特基金会奖学金，并踏上了去芝加哥大学深造的道路。

在芝加哥大学，莱博维茨学习物理学和通识课程，并于 1955 年获得了文科学士学位，次年又获得了物理学硕士学位，此时他才 20 岁。卡尔·萨根（Carl Sagan）当时是莱博维茨的物理学同班同学之一，他后来成为普利策奖得主、科学普及者和行星科学家，他的《宇宙》（Cosmos）系列节目成为电视史上收视率最高的节目。尽管莱博维茨不是商科或经济学专业的学生，但他与商学院教授、后来建立了证券价格研究中心的詹姆斯·洛里（James Lorie）成了朋友。莱博维茨的物理学导师之一、颇具影响力的劳伦斯·弗里德曼（Lawrence Friedman）离开芝加哥，前往克利夫兰的凯斯理工学院（Case Institute of Technology）研究一个被称为运筹学的新兴领域，该领域应用数学技术改进商业和军事运作。莱博维茨对这种实践性问题的热爱促使他后来放弃了物理学研究，对此，莱博维茨说："我一直对数学很感兴趣，尤其热衷于将数学应用到我身边的实际问题上。"

莱博维茨对运筹学产生了浓厚兴趣，于是前往圣迭戈，在通用动力公司新成立的运筹学部门找到了一份工作。1958 年，莱博维茨又在斯坦福研究所[1]获得了一个职位。1958 年，莱博维茨在《美国运筹学学会期刊》（Journal of the Operations Research Society of America）[2]上发表了一篇题为《选择有效性衡量标准时涉及的形而上学考虑》（Metaphysical Considerations Involved in Choosing a Measure of Effectiveness）的文章。1960 年，在同一份杂志上，莱博维茨与斯坦福大学教授杰拉德·利伯曼（Gerald Lieberman）合著发表了第一篇专业论文《异构局部防空系统的最优组成和部署》（Optimal Composition and Deployment of a Heterogeneous Local Air-Defense System），该论文研究了

---

[1] 斯坦福研究所是一个独立的非营利研究中心，成立于 1946 年，是斯坦福大学的一个分支，专注于从实验室到市场的研发。

[2] 管理科学和运筹学领域顶尖期刊《运筹学》（Operations Research）的前身。——编者注

针对敌机攻击的最佳防御策略。

1959年,莱博维茨决定搬到纽约市,因为他觉得每个年轻人都应该在那里至少待一年。莱博维茨在计算机模拟实验室Systems Research Group找到了一份工作。在那里,他遇到了马科维茨。马科维茨当时在一家对手公司工作,正在开发一种叫作SIMSCRIPT的编程语言。

1964年,莱博维茨在商业相关机构找到一份工作,这家公司旗下拥有三家地毯制造和分销企业,创始人是吉姆·马库斯(Jim Marcus),他是莱博维茨一位朋友的父亲。在70年的行业生涯中,马库斯以有远见而闻名,他做出了开创性的贡献,改变了行业的面貌。马库斯成功地开发了尼龙地毯的新工艺。为马库斯工作,给莱博维茨提供了宝贵的商业管理经验。莱博维茨回忆道:"当时我学到的商业知识远比我在商学院学到的多。"莱博维茨在商业附属公司承担着更多的责任,涉及各种运营问题,如谈判新厂址、设计仓库系统和建立计算机化的销售分析系统。"这是非常令人满意的,因为你可以制造出有形的产品。"莱博维茨补充道,"你可以将这些产品发送给客户,也可以看到这些产品的安装过程。在许多情况下,你可以看到它们的功能和美丽。"在这段职业生涯里,莱博维茨获得了两项材料处理专利。

莱博维茨从一开始就放弃了许多同事遵循的攻读博士的典型路线。然而,在全职工作期间,莱博维茨后悔了,后来他在纽约大学著名的库兰特数学科学研究所上了夜间课程。经过几年艰苦的学习,1969年,莱博维茨获得了概率论与数理统计专业的博士学位。在纽约大学期间,莱博维茨遇见了萨拉·弗莱尔(Sarah Fryer),二人相爱并于1966年结婚。由于弗莱尔的父亲当时已经去世,婚礼上,新娘由叔叔悉尼·霍默(Sidney Homer)领出,这位叔叔将对莱博维茨的职业生涯产生巨大影响。莱博维茨评价道:"霍默是一个才华横溢的人。年轻时,他花了很短的时间就从哈佛大学毕业了。然后,他在华尔街找一份工作,这让他的艺术家庭感到失望……在华尔街,霍默的表现势如破竹,被许多人称为'债券市场的吟游诗人'。"

随着商业相关机构在20世纪60年代末蓬勃发展,莱博维茨被要求为这一不断增长的业务制定适当的财务结构。莱博维茨试图说服马库斯考虑公开上市的问题。碰巧的是,霍默在传奇的华尔街公司所罗门兄弟和赫茨勒(Salomon Brothers & Hutzler)担任高级职务,当时该公司主要从事债券交易。珀西(Percy)、阿瑟(Arthur)和赫伯特·所罗门兄弟(Herbert Salomon)于1910年创办了这家公司,而莫顿·赫茨勒(Morton Hutzler)是一名经纪人,在纽约证券交易所拥有一个席位。赫茨勒的名字在1970年从公司名称中被抹去,这家公司自此被称为所罗门兄弟公司。霍默是负责其债券市场研究部门的普通合伙人。在1968年的一次社交聚会上,莱博维茨咨询了霍默关于首次公开募股的过程,以及他是否可以提供帮助。但霍默告诉他,公司融资是所罗门兄弟公司刚开始涉足的领域。

同时,霍默也有问题要咨询莱博维茨。莱博维茨回忆道:"霍默写下了这部奇妙的利率史,他做这件事实际上是出于业余爱好,并不知道它最终会变得如此重要。但这让他在当时债券市场的众多参与者中赢得了极大的尊重,并最终使他进入了所罗门兄弟公司。"霍默问莱博维茨对债券了解多少,莱博维茨回答说不太了解,这可能是他最后一次能够这么说。霍默解释说,他之所以这么问,是因为他知道莱博维茨是一位数学家。霍默向他透露,自己正在写一本书,暂定名为《债券的数学》(*The Mathematics of Bonds*),目前大约手写了50页,但计算结果并不准确,特别是关于不同票息和期限的债券价格行为的传统认知。霍默希望莱博维茨能够帮助自己发现并纠正错误。莱博维茨想知道这些债券收益率是从哪里来的,他描述当时的情景:"于是,霍默递给我一本厚厚的表格册,这对我并没有太大帮助,但其引言中描述了债券收益率是如何计算的。"

莱博维茨很快掌握了关于债券收益率的数学方法,然后做了一些逆向推导来理解问题的根源。霍默对这项工作印象深刻,并表示赞赏。

但莱博维茨很奇怪霍默为什么要来找自己帮忙:"'这很奇怪,所罗门兄弟公司肯定有一屋子的数学家,不是吗?'但霍默说:'不,不,根本没有这样的人。'于是,我瞬间明白了,他们真的需要一个数学家。"就在此时,莱博维茨开始规划自己的职业生涯。莱博维茨想在华尔街工作,特别是在所罗门兄弟公司。他想创造一个新职位:内部数学家。

恰逢其时的合作

20世纪20年代中期,霍默开始从事债券业务,优质的长期债券收益率难以置信地稳定在4.25%左右,并且当时也几乎没有针对利率的投机行为。当收益率在1930年大幅上升到5.5%左右时,由于收益率和债券价格之间的经典反向关系,债券价格也相应下降。随着债券业务的发展,债券被分销给私人投资者和机构投资者,如银行、养老基金和保险公司。虽然也有一些债券在交易所上市和交易,但机构投资者越来越多地在场外市场进行交易。在那里,他们可以更容易地成批交易以1 000美元的面值计算的数千种债券。

在大萧条期间,低质量债券收益率飙升至15%,而高质量债券收益率下降至2.75%。公司债券市场几乎完全变成了一种机构业务。债券市场在20世纪四五十年代稳定下来,收益率再次在4%~5%的区间内波动。20世纪60年代,投资者不再关注公司债券,转而关注政府债券。新发行债券的承销规模庞大,二级市场相当活跃。然而,到了20世纪60年代后期,随着通胀开始抬头,债券收益率再次飙升至9%以上。

1969年,莱博维茨通过霍默获得了所罗门兄弟公司的面试机会,并以减薪为代价应聘成功。甫一到岗,莱博维茨就观察到,所罗门兄弟公司的交易员经常为尝试安排"债券互换"而感到沮丧,这种互换可以将旧的组合债券换成新的高收益债券。如果机构能够在债券的剩余期限内获得更好的现金收入，那么它们愿意承担税收损失。然而，计算常常表明，这种到期收益率的提高并不一定会真正带来足够的现金收入改善。莱博维茨无法抗拒这个挑战。

为了了解20世纪60年代末债券定价的水平，我们来看看1969年发表在《金融分析师杂志》（*Financial Analysts Journal*）上的一篇文章。这篇文章的开头写道："投资界的人几乎都知道如何在获得某些基本信息（息票、到期日和收益率）后找到特定债券的美元价格，在《收益率手册》（*Yield Book*）上查找即可。"标准的《收益率手册》由金融出版公司出版。如表8-1所示，你不需要了解债券价格和收益率之间的关系，只需要知道如何在一本厚厚的表格册中查找。这篇文章的重点是向读者展示，任何债券的价格都是未来息票流的现值，加上到期时收到的债券面值的现值，按到期收益率贴现。换句话说，这是一个非常基本的债券定价公式。

表8-1 债券收益率表　　　　　　　　　　　　　　　　　　单位：美元

7%息票利率收益率	债券持有期							
	10年6个月	11年	11年6个月	12年	12年6个月	13年	13年6个月	14年
4.00	125.52	126.49	127.44	128.37	129.29	130.18	131.06	131.92
4.20	123.58	124.46	125.33	126.18	127.01	127.83	128.63	129.41
4.40	121.68	122.48	123.27	124.04	124.79	125.53	126.26	126.96
4.60	119.81	120.54	121.25	121.94	122.62	123.29	123.94	124.57
4.80	117.98	118.63	119.27	119.89	120.50	121.09	121.67	122.24
5.00	116.18	116.77	117.33	117.88	118.42	118.95	119.46	119.96
5.20	114.42	114.94	115.43	115.92	116.39	116.86	117.31	117.74
5.40	112.70	113.14	113.57	114.00	114.41	114.81	115.20	115.58
5.60	111.00	111.38	111.75	112.11	112.47	112.81	113.14	113.46
5.80	109.34	109.66	109.97	110.27	110.57	110.85	111.13	111.40

续表 单位：美元

7% 息票利率收益率	债券持有期							
	10年	11年	11年6个月	12年	12年6个月	13年	13年6个月	14年
6.00	107.71	107.97	108.22	108.47	108.71	108.94	109.16	109.38
6.20	106.11	106.31	106.51	106.70	106.89	107.07	107.24	107.41
6.40	104.54	104.69	104.83	104.97	105.11	105.24	105.37	105.49
6.60	103.00	103.09	103.19	103.28	103.37	103.46	103.54	103.62
6.80	101.48	101.53	101.58	101.62	101.67	101.71	101.75	101.79
7.00	100.00	100.00	100.00	100.00	100.00	100.00	100.00	100.00
7.20	98.54	98.50	98.45	98.41	98.37	98.33	98.29	98.25
7.40	97.12	97.03	96.94	96.85	96.77	96.70	96.62	96.55
7.60	95.71	95.58	95.45	95.33	95.21	95.10	94.99	94.88
7.80	94.34	94.16	94.00	93.84	93.68	93.54	93.39	93.26

20 世纪 60 年代末，金融市场处在动荡时期，《收益率手册》中的表格越来越不实用。随着利率的上升，长期政府债券价格在 1967—1969 年连年下跌，而道琼斯工业平均指数在 1969 年下跌了 15% 以上。对于霍默来说，这个时机不错，他再次回到了关于债券定价的书稿写作上。很快，莱博维茨也加入其中，与霍默并肩作战。

他们之间的合作堪称恰逢其时，同时也是霍默先前的想法与莱博维茨的新工作之间的完美结合。20 世纪 60 年代，当莱博维茨走进所罗门兄弟公司在华尔街的办公室时，那间办公室主要由一个拥挤的交易大厅组成，除了霍默的办公室外，几乎没有空间较大的办公室。莱博维茨回忆道："巨大的房间里到处都是报价纸带。每隔一段时间，纸带就会中断，人们惊慌失措，他们会用透明胶带来修补股票行情纸带。他们没有交易大屏，没有电脑，甚至没有计算器，所以，他们只能在《收益率手册》中疯狂查找相关的表格，试图找出给定收益率下的价格和给定价格下的收益率。这是一个相当疯狂的场面。我简直不敢相信这里是世界上交易美国政府债券最多的债券公司。"

莱博维茨最初在公司交易区旁边有一个小办公桌，就位于疯狂的交易大厅里。但他获得了一台 IBM 计算机的共享使用权（很多人都可以在这台计算机上运行程序，而不必拥有当时售价昂贵的个人计算机）。这台计算机使得莱博维茨能够解决其他人长期以来一直在努力解决的问题。莱博维茨关于公司需要内部数学家的直觉是正确的，高级合伙人们在他的办公桌前排队等待解决方案。

随后，当债券收益率攀升到 8% 以上时，莱博维茨更是变得炙手可热，因为《收益率手册》只收录 8% 以下的数据。他回忆道："当时，我是这座城市唯一有收益率计算器的人，也许在全世界也是唯一的，他们真的需要我了。合伙人们争相排队，我的价值越发明显。因此，我在所罗门兄弟公司有了一点立足之地。"莱博维茨很快成为一小群分析师的负责人，并被授予投资系统总监的头衔。

加入所罗门兄弟公司后不久，莱博维茨收到了一篇由达特茅斯学院的彼得·威廉姆森（Peter Williamson）写的题为《债券互换的计算机化方法》（*Computerized Approaches to Bond Switching*）的论文。新官上任的莱博维茨对这篇论文非常感兴趣，对其进行了仔细研究。这篇论文给手握两种债券（例如，一种高等级公用事业债券和一种政府债券，并预期它们之间的收益率之差将缩小）的"债券人"提出了一个问题：什么样的收益率变化将使卖出政府债券和购买更多的公用事业债券有利可图？这篇论文提供了一个 Fortran 程序的部分代码来解决这个问题，该程序由威廉姆森和 4 名研究生组成的团队开发完成。"威廉姆森没有完全解决这个问题，"莱博维茨回忆道，"但结合我最近对《收益率手册》中收益率计算本质的理解，我们发现机构在考虑如何比较两种不同收益率的债券方面存在根本性的问题。"

莱博维茨指出，威廉姆森对市场环境的假设并非完全错误，但他忽略了通常每6个月支付一次的债券息票再投资利率的重要性。莱博维茨最终编写了一个计算机程序，探索一般再投资利率对不同到期日（贷款人收回资金的时间）和不同息票（贷款人收到的半年利息）的各类债券的影响。例如，如果一种债券的初始收益率为9%，但随后下降至7%，则由于再投资息票的回报率较低，持有债券至到期的实际回报率将较低。莱博维茨回忆道："我把它展示给交易大厅的一些人看，他们说'这肯定不对'，因为他们根深蒂固地认为收益率就是到手的现金流。于是，这个程序在交易大厅里四处传播，然后到了霍默手中，他说：'嗯，这真的非常有趣。'于是，这触发了霍默撰写一系列关于使用计算机程序进行分析的论文。"霍默最初的想法只是写一本关于债券数学的书，但它即将转变成更伟大的东西，包括霍默和莱博维茨写的5篇论文。霍默将他们为所罗门兄弟公司的客户撰写的系列论文称为"投资组合经理备忘录"，现在通常被称为研究报告。

为了理解莱博维茨和霍默的发现，我们有必要退一步，掌握一些关于债券的基本概念。债券是由政府或需要借款的公司发行的，每种债券的面值或票面价值通常为1 000美元。在本例中，为了简单起见，我们假设贷款人发行的是最小典型面值为1 000美元的债券。贷款人同意在规定的到期日偿还款，例如从现在起5年。贷款人还同意按照票面价值的一定百分比支付利息，即票面利率，比如4%。利息以票息形式支付，每半年支付一次。我们可以计算出，在这个例子中，票息每6个月20美元，每年总共40美元，即1 000美元的4%。债券收益率也称为到期收益率或"承诺"收益率，是指使债券购买价格与未来现金流贴现价值，即票息支付和到期面值相等的利率。当债券以面值发行和出售时，债券的收益与票面利率相等。

此计算中的一个重要假设是，收到的任何票息均以与收益率相同的利率进行再投资。然而，这是一个特例。虽然债券可以持有到期，但通常存在供债券交易的活跃的二级市场。问题在于：这种债券的合理价格是多少？答案是，这取决于到期时间、票息支付以及最重要的现行利率。

回到上面的例子，假设利率或收益率突然下降到 3.5%，例如，投资者认为通胀将远低于此前的预期。现在，债券的公允价格是多少？如果贷款人今天发行新债券（再次借款），新债券按面值发行，也是 5 年到期，但票面利率只有 3.5%，那么投资新手可以选择以 1 000 美元的价格购买新债券，每年只获得 35 美元的票息，收益率只有 3.5%，或者以 4% 的票息率购买旧债券。

事实证明，考虑到旧债券更具吸引力的票息，投资者愿意支付比旧债券面值 1 000 美元更多的钱。实际上，根据资金的时间价值计算，投资者愿意支付 1 022.75 美元。按照这个价格，旧债券的收益率将与新债券的收益率相同，为 3.5%。这是债券价格和收益率之间的反比关系：收益率下降，债券价格上升，反之亦然。然而，在 4% 票息率的债券发行时购买该债券的初始投资者或贷款人，如果持有该债券至到期，在债券存续期内不会获得 4% 的实际回报，因为初始投资者只能以 3.5% 而不是 4% 的利率进行再投资。

这是莱博维茨和霍默在 1970 年 10 月 5 日发表的题为《利息的利息》（*Interest on Interest*）的第一份备忘录中提出的重要洞见。与前几十年收益率非常稳定的情况不同，20 世纪 70 年代初，市场对于收益率是否会维持高水平抱有相当大的不确定性。因此，霍默和莱博维茨希望强调利息的利息和票息再投资的重要性。对于典型的债券，他们指出，总复合回报中超过一半归因于再投资票息的利息，而不是票息本身。他们的第一张图表考察了当时一种典型的债券，一种票面利率为 8%、20 年到期的债券。根据《收益率手册》，总票面收益为 1 600 美元，即每年 80 美元乘以 20 年。假设所有息票以 8% 的息票利率再投资，利息的利息将为 2 201 美元。因此，总复合收益为 3 801 美元，利息的利息为总收益率的 58%，总的实现复合收益率为 8%。根据《收益率手册》，故事应该到此结束。

但是霍默和莱博维茨将这个故事继续书写下去，展示了如果再投资利率突然下降或上升会发生什么。如果再投资利率下降至6%，那么利息的再投资利息将为1 416美元，总回报仅为3 016美元，而利息的利息仅为总回报的47%，实现的总复合收益率为7.07%。相反，如果再投资利率提高到10%，利息的再投资利息将为3 232美元，总回报为4 832美元。利息的利息将占总回报的67%，债券的总实现复合收益率为9.01%。

投资者并非肯定能够收到承诺的8%的回报率。莱博维茨后来回忆道："这些计算结果被许多读者视为对标准收益率计算的攻击。债券界不少脾气暴躁的成员对此表示异常愤怒。"

备忘录发布后，霍默收到了无数来自朋友和客户的愤怒的信件和电话。他说："收益率深深地植根于他们的思想中，植根于他们看待事物的方式中，以致他们无法想象它的问题所在，也无法想象我所展示的或我试图展示的是正确的。但我们的计算结果是无可争辩的。"然后，莱博维茨的工作就是回应每一位抱怨的客户，并以某种方式说服他们自己是对的。这给了莱博维茨一个与债券界的意见领袖沟通互动的机会。他表示："我的书面解释安抚了一部分人，但没能说服剩下的大部分人，这导致了所罗门兄弟公司内部一度存在一些抱怨的声音。不过，最终几乎所有人都接受了我的观点，所罗门兄弟公司的卓越声誉得以维持，甚至得到提升！"没过多久，莱博维茨的见解就成了新的传统智慧。

霍默和莱博维茨对债券收益的清晰评估对许多大型投资者产生了真实而深远的影响。莱博维茨回忆道："在利率相对较高的时候，几乎所有的债券投资组合都在以大幅折价悄悄抛售债券。所罗门兄弟公司发现，让保险公司和养老基金考虑交易那些被锁仓的债券是非常困难的，因为它们不得不承受损失，它们觉得自己无法挽回损失。它们利用各种不正确的公式来计算它们是否能弥补这些损失。所以，由于人为原因，大量的债券被锁仓。所以，事实证明，当你以适当的再投资利率来审视这些计算时……有相当一部分的损失是可以被挽回的，这为解锁一些投资组合提供了理由。除了希望做点好事外，这也让我迷恋上了公司的高级合伙人职位。"

霍默和莱博维茨接下来的两份备忘录主要关注价格波动：当收益率或利率发生变化时，债券价格会发生什么变化？这些备忘录争议较少，普遍受到好评。虽然传统观点认为，期限较长的债券比期限较短的债券更具波动性，但霍默和莱博维茨的结论令人惊讶，情况并非如此。事实上，一些票息较低的债券可能更具波动性，即使期限较短。另一份备忘录研究了无票息债券的价格如何对收益率变化做出反应，这是在零息债券发行之前的一个重要见解。

霍默和莱博维茨的最后一份备忘录影响最大。这份备忘录涉及债券互换这一债券投资组合管理实践中的一个重要领域。

债券互换就是在买入一种债券的同时，卖出另一种债券。当时，业界还没有对互换的目的进行区分。霍默和莱博维茨第一个系统地对不同类型的互换进行分类，并展示了利率变化是如何影响其盈利能力的。第一类是替代互换，即债券之间的互换，它们具有基本相同的特征，如票息、到期日、质地和流动性，但收益率不同。第二类是跨市场的利差互换，即当利差过小或过大时，在不同板块的债券之间进行的互换。第三类是利率预期互换，旨在预测利率变化，从而更有利地影响某个债券的价格。最后一类是纯追求收益率的互换，这种互换不预期利率变化，纯粹是出售低收益债券以换取高收益债券。可以说，这份备忘录为债券行业创造了一个全新的词语。

这些备忘录在美国和国际上广泛传播，并很快被翻译成日文和德文。这些国际同行甚至参加了所罗门兄弟公司的竞争对手的培训项目。在纽约金融研究所和普伦蒂斯·霍尔（Prentice Hall）的敦促下，霍默和莱博维茨又增加了几章和一个技术附录，描述了货币时间价值计算的基础知识，如现值和收益率。这一部分出乎意料地受到许多读者的重视。霍默和莱博维茨于1972年完成了他们的著作《深入收益率手册》(Inside the Yield Book)。

霍默－莱博维茨的合作成为经典。《深入收益率手册》自1972年出版后，已经加印了25次，现在迭代到第3版了，由斯坦利·科格尔曼（Stanley Kogelman）和安东尼·博瓦（Anthony Bova）作为合著者进行了更新。多亏了霍默和莱博维茨，积极的债券策略将取代枯燥的买入和持有方式，债券投资将不再是原来的方式。

这部经典著作的出版也是恰逢其时的。1973年的时候，计算机已经开始在债券定价中扮演越来越重要的角色。随着霍默和莱博维茨书中的方法越来越被接受，所罗门兄弟公司的债券投资组合分析小组成立，这是美国第一个固定收益定量分析小组。正如莱博维茨后来对所罗门兄弟公司债券部门的回忆，"这真是太棒了。所罗门兄弟公司是一个学习的好地方、一个成长的好地方"。

20世纪70年代，莱博维茨的团队开发了计算机程序，以更好地衡量主动债券策略的绩效。在20世纪70年代末和80年代，他的团队参与了债券行业的许多创新（其中一些我们将在下文中讨论），包括衡量债券波动性的一种方法久期的金融应用、第一个债券指数、发行零息债券和剥离债券（将国库券重新打包为独立债券）、免疫策略和资产负债的匹配，以及催化现代抵押贷款证券化发展的理论分析基础。莱博维茨本人于1977年成为所罗门兄弟公司的普通合伙人，1981年成为其常务董事，1986年成为其研究部副主任，向亨利·考夫曼（Henry Kaufman）汇报工作。1991年，莱博维茨成为所罗门兄弟公司研究部主任，负责固定收益和股票业务，并成为该公司执行委员会成员。

免疫策略的世界

莱博维茨有时被称为资产负债管理或负债驱动投资的创始人。他阐明了债券久期和免疫的概念,他可能是专项投资组合理论方面最多产的作者。让我们先来理解一下这些概念的含义。

在股票投资组合中,我们看到夏普的贝塔系数反映了股票相对于整个市场的风险。类似地,以年为单位的债券久期反映了债券的风险。债券久期是债券投资者等待收到全部债券现金流所需的平均时间,按现值加权。久期反映了债券价格对利率变化的敏感性。投资者等待获得现金流的时间越长,债券的风险就越高。例如,票面利率为5%的10年期债券的久期约为8年。如果利率上涨一个百分点,那么债券价格将下降约8%。债券的久期不应与债券的期限或到期时间混淆,后者是指债券本金到期偿还的时间。

免疫策略是指使投资者的投资期限与投资组合的久期相匹配,以最小化利率变化的任何潜在影响。在1986年发表于《金融分析师杂志》上的一篇获奖文章中,莱博维茨将久期的概念扩展到债券之外,并将其应用于包括股票在内的整个投资组合。下面,我们来了解莱博维茨的想法是如何产生的。专项投资组合理论描述的是创建具有可预测现金流入的投资组合的过程,其现金流入与现金流出或负债的金额和时点精确匹配。在1987年发表于《金融分析师杂志》上的另一篇获奖文章中,莱博维茨强调了利率变化对资产和负债的影响,强调了养老金的基金经理关注资产和负债之间的差异或盈余的重要性。

资产负债管理或负债驱动投资,拓宽了投资的视角。投资者或基金管理人不再只关注投资和回报,还必须关注负债,并将它们加以整合。我们来看看莱博维茨是如何在资产负债管理领域取得成功的。

在20世纪80年代，精算师在养老基金管理中发挥着特别重要的作用，因为他们负责估计未来承诺支付给现任和退休员工的金额。养老金管理人的作用是，确保其资产超过这些负债的估计值。为了估算这些价值，标准做法是使用约4%的贴现率来计算未来现金流出的现值。然而，在20世纪80年代初，当通胀甚嚣尘上时，以保罗·沃尔克（Paul Volcker）为首的美联储收紧了货币政策，并将利率提高到10%以上。根据货币的时间价值，如果预期现金流出以更高的利率贴现，那么负债将大幅减少，公司的养老金状况将会好转，公司价值也将明显提升。

莱博维茨研究了另一种方法，他说："我开始做一些关于免疫策略的数学计算。从本质上说，运用针对负债的免疫策略，能够建立一个可以完全覆盖负债的投资组合，并把它作为精算师要求的负债会计价值的一部分。"在为客户解决问题的同时，莱博维茨和他的同事们也能够在债券投资组合管理方面做出持续的贡献。其中一项贡献涉及对久期概念的提炼，这一概念被称为久期盯住（duration targeting）。莱博维茨表示："久期盯住是斯坦利·科格尔曼和我在20世纪90年代初与我的同事特里·兰吉蒂格（Terry Langetieg）共同创造的一个术语。我们发现，随着债券经理变得更加注重绩效，他们倾向于向久期目标重新平衡，而不是像过去那样持有到期。"久期盯住背后的理念是在收益和风险之间保持平衡。莱博维茨和他的同事们能够证明，在一个约为两倍久期的投资期限内，久期盯住过程的实际回报将接近初始收益率水平，无论收益率是上升还是下降。

虽然资产负债管理最适用于固定收益养老金计划，但莱博维茨指出，这些原则也适用于个人，尽管并不显而易见。莱博维茨举了一个例子，假设你正面临退休，目前你只能为你想要的生活方式提供80%～90%的资金，那"你会选择冒险吗？如果会，你会冒多大的风险？我认为，如果你已经有90%的资金，那么冒险至少是可行的，因为你有一定程度的自由。不过，如果你发现自己倒退到80%的分位，那将是非常痛苦的。所以，你可能想在 90% 的分位上降低风险。另外，如果你发现自己的养老金水平已经达到了理想生活方式的 90%，并且你觉得自己有一定程度的生活自由度，未来也会有一定的盈余，那么你可能希望继续投资风险资产以获得更多回报。"

莱博维茨是如何提出如此多的想法并被广泛接受且付诸实践的？"在所罗门兄弟公司的这些年里，我从与客户的交谈中学到了很多。"莱博维茨回忆道，"实际上，企业养老基金免疫问题是由一位名叫莱恩·威斯纳（Len Wissner）的客户引发的，他意识到当时的市场环境正在呼唤免疫策略。"

颠覆资产配置的传统

1995 年，莱博维茨接到了 TIAA-CREF 主席约翰·比格斯（John Biggs）的电话。TIAA-CREF 是教师保险和年金协会-大学退休股票基金，该基金的资产超过 3 000 亿美元。莱博维茨被任命为该基金的副主席兼首席投资官，负责管理其股票投资组合。当时，由于很享受在所罗门兄弟公司的时光，莱博维茨打算拒绝这个提议。然而，除了罗伯特·默顿和史蒂夫·罗斯（Steve Ross）等 TIAA-CREF 受托人的游说之外，莱博维茨的妻子弗莱尔也决定劝说莱博维茨做出改变。弗莱尔是洛克菲勒大学的神经科学家，也是 TIAA 计划的成员之一。莱博维茨看过 TIAA 发给她的月度报告，并对其表示钦佩。为了厘清莱博维茨的想法，弗莱尔问他："如果有一天离开所罗门兄弟公司，你会去哪里？"莱博维茨承认他会选择像 TIAA-CREF 那样的地方。然后弗莱尔问："那世界上有多少地方是那样的？"就在那一刻，莱博维茨意识到自己确实要珍惜这样的机会。

就这样，在所罗门兄弟公司工作了 26 年后，莱博维茨投身于这家新机构。不久，他就成为 TIAA-CREF 所有投资板块的首席投资官，涉及股票、债券和房地产。莱博维茨回忆道："我喜欢和志同道合的人在一起共事。"2001 年，在年满 65 岁（TIAA-CREF 的正常退休年龄）时，莱博维茨又被恳切地留用 3 年。3 年留用期满后，不喜欢退休的莱博维茨在 2004 年迎来了加入摩根士丹利的机会，并获得了令人无法抗拒的优厚待遇。莱博维茨回忆道："我被任命为董事总经理，有较大的空间涉猎金融理论和投资实践的众多不同方面。"

莱博维茨的研究视野不断拓展，并转向债券以外的问题。一个主要的关注领域是资产配置，也可以说是投资组合中的资产配比。通常，养老基金和捐赠基金倾向于将资产的 60% 配置为股票，40% 配置为债券，但也有一些基金已经开始向"非传统"资产类别寻求多样化。莱博维茨与他在摩根士丹利的同事安东尼·博瓦联手撰写了一篇文章，这篇文章将颠覆传统的资产配置问题。

莱博维茨和博瓦的独特方法是重新构思贝塔系数的概念。在莱博维茨和博瓦之前，贝塔系数主要用于股票领域，以衡量单只股票相对于整体股票市场或标准普尔 500 指数等基准的风险。他们估算了各种资产类别相对于美国股票的贝塔值：债券、国际市场和新兴市场的非美股票、风险资本和私募股权、商品、房地产（私人和房地产投资信托）、绝对收益产品（对冲基金），以及现金和货币市场基金。大宗商品的贝塔系数为负，这对多样化非常有利：当美国股市上涨时，大宗商品往往下跌，反之亦然。毫不奇怪，现金的贝塔系数为零。所有其他资产类别均被视为具有正贝塔，房地产的贝塔值为 0.07，私募股权的贝塔值为 0.96。

莱博维茨和博瓦随后研究了典型和非典型的养老及捐赠基金的总体投资组合贝塔。传统的 60/40 配置导致总贝塔系数约为 0.6，无论 40% 的配置是美国债券还是现金。然而，令人惊讶的是，看起来非常不同的投资组合有着相似的总贝塔值。例如，一个高度多元化的投资组合竟然有着 0.55～0.60 的贝塔系数，该投资组合由 20% 的美国股票、20% 的美国债券、15% 的国际股票、5% 的新兴市场股票，以及各 10% 的绝对收益、风险资本、私募股权和房地产组成。如果使用另一种风险度量手段，比如衡量投资组合收益的总体波动性的标准差，那么这种多元化投资组合的波动性介于10%和11%之间，接近传统60/40配置的波动性。正如莱博维茨所指出的："大多数机构投资组合的贝塔系数为0.6。我们在TIAA-CREF所做的一些研究让我发现，现实世界的大多数各类资产配置组合的权益贝塔系数始终接近0.6。我们发现，隐性股权风险在多元化投资组合中占主导地位，即使是在正常时期，而且无论其构成如何，它们基本上都具有60/40投资组合的贝塔系数。这让我和许多投资专业人士感到惊讶。让我们如此惊讶的并不是股权风险占主导地位，而是如此多的机构投资组合如捐赠基金、主权财富基金、基金会、负债驱动投资的养老金计划，都映射基本的60/40投资组合的风险特征。"

莱博维茨进一步指出："我们写了一篇名为《风险趋同》(*Convergence of Risks*)的论文，研究了人们希望避免的三种风险：年内损失的风险、三年以上低于初始净值的风险和回撤风险。我们指定了各种概率，只取了标准数字和简单的正态分布。结果表明，许多导致上述结果的不同类型的风险集中在60/40投资组合的区间范围内。"

另一个令人惊讶的发现是，投资组合的约90%的波动可以简单地用总贝塔系数来解释。莱博维茨对这一发现发表了评论："无论一只基金的多元化程度如何，其波动基本上都由股票所主导，约90%的短期风险与股票波动有关，即使是最多元化的基金也是如此。多元化基金对股票波动的敏感性与仅由固定收益和股权组成的传统60/40基金相同。多样化并不能帮助你减少短期波动。当你身处一个非常糟糕的市场时，就像我们在2008年看到的那样，除了流动性问题，这些多重资产组合之间的相关性可能会变得更糟。具有讽刺意味的是，在一个非常糟糕的市场中，多元化基金的恶化可能比传统的60/40基金还要严重。另外，多元化基金在长期的确获得了更好的回报。而且，对于一只真正能够着眼于长期的基金来说，累积收益是抵御风险的最佳方法，但这意味着你必须能够在那些向下的大幅震荡中生存。这让我们回到了流动性问题上，即你需要有足够的流动性来渡过难关。"

阿尔法猎手和贝塔放牧者

后来，莱博维茨解决了投资的另一个核心问题：追求卓越的风险调整后回报，即所谓的阿尔法，也就是他所描述的"主动投资的圣杯"。如前文所述，由尤金·法玛的学生迈克尔·詹森创造的术语"阿尔法"，是指投资者赚取的超额回报，即高于CAPM模型中贝塔风险敞口预测的预期回报的部分。这的确是一座圣杯。

为了庆祝《金融分析师杂志》创刊60周年，包括莱博维茨在内的许多知名人士应邀发表文章，反思当时投资理论和实践的现状。然而，有一个难点：他们被要求写一篇没有任何数字、表格或方程的可读性较强的文章。对于莱博维茨这样的数学家来说，这不是一件容易的事。尽管如此，莱博维茨还是提交了一篇论文，并遵守了这些严格的指导原则，紧接着马科维茨的论文之后被刊登出来。莱博维茨盛赞马科维茨的论文："了不起、发人深省、研究深入，但有很多图表、数字和方程。"

莱博维茨的论文标题为《阿尔法猎手和贝塔放牧者》(*Alpha Hunters and Beta Grazers*)，这个标题在他所写的文章中得到的赞扬是最多的。莱博维茨将贝塔食草动物描述为坚信市场效率并采取消极立场如投资指数基金的投资者。莱博维茨后来评论道："贝塔放牧（Beta grazing）是一种被动的投资组合构建方法，接受股票资产等主要风险，并且基本上保持资产配置比例不变。"

而阿尔法猎手则是寻找超额回报的主动投资者。莱博维茨对两种广义上的阿尔法做了重要的区分。第一种"配置阿尔法"（allocation alphas）广泛适用于任何将其投资组合转换为更平衡的风险回报结构的人，例如，从以国内股票为主的投资组合转换为具有更多全球股票敞口的投资组合的人。这种阿尔法"类似于在各地超市购物以获取蛋白质的方式，其选择取决于个人口味和饮食限制"。换句话说，这是一种更为复杂的投资方式。

相比之下，"真正主动的阿尔法"的获取要难得多。正如莱博维茨所说，它们是被"穷追猛打的、由于市场低效带来的转瞬即逝、难以捉摸的机会"。部分市场低效包括投资者依赖过去的表现作为未来表现的指标、羊群行为、投资者观点的顽固性、目标价调整、低效的再平衡过程、投资组合波动的聚集性以及在岸市场偏见等。莱博维茨指出，这些偏见可能会创造出转瞬即逝的机会，这可能解释了为什么沃伦·巴菲特和因出色的耶鲁捐赠基金管理而闻名的戴维·斯文森（David Swensen）等投资者能够始终如一地产生阿尔法，同时也解释了为什么这样的投资者如此之少。阿尔法狩猎"可以被视为一种不同的生活方式、一种不同的文化、一种不同的冒险"。

投资者如何才能找到另一种阿尔法？莱博维茨鼓励投资者"跳出基准思维"。一种方法是通过考虑使用杠杆和做空来超越"只做多"投资的限制，例如使用130/30的投资组合，做空相当于自己投资组合的30%，将做空收益再投资于更多的股票。另一种方法是寻找莱博维茨所谓的公司"特许经营价值"，即能够增加企业价值的增长部分，并投资于那些价值被低估的特许经营股票。

捐赠基金模型

在这些早期洞见的基础上，莱博维茨和博瓦以及他在 TIAA-CREF 的前同事布雷特·哈蒙德（Brett Hammond）合作，总结了关于资产配置和多元化的各种想法，创建了一个新的捐赠基金框架，该框架也适用于个人投资者。"我总是觉得个人投资者的问题更具挑战性，"莱博维茨承认，"例如，他们不像许多机构投资者所说的那样拥有近乎无限的时间期限，也没有持有人不同程度的支持。如果情况不好，他们就必须或者大多数人应该转向低风险投资组合。这一想法已经存在多年，并广泛应用于生命周期基金。当然，60/40模型的流行意味着，正如该理论所说，在股票市场中，贝塔确实是主要的风险来源。这也意味着，在某种程度上，只要你能找到与该投资组合不相关的收益方式，这些收益就是真正的优秀回报，它们是终极阿尔法。正是这些发现，最终促成了《捐赠基金资产配置及投资模式》（*Endowment Model of Investing*）这本书的诞生。"

这本书以马科维茨的均值方差框架为基础。投资者希望形成多样化的投资组合，在特定可接受的风险水平下实现预期回报的最大化。在此框架内，莱博维茨、博瓦和哈蒙德以早期的莱博维茨－博瓦模型为基础，衡量了某类资产相对于美国股票的贝塔系数，然后将资产类别的回报分解为贝塔收益和阿尔法收益。由于股票资产风险在典型的捐赠基金和养老基金资产配置中占主导地位，他们的方法与通过简单的投资组合多样化来降低投资组合风险的典型方法不同。他们建议，把标准的资产配置流程倒转过来。标准资产配置一般是从股票和债券等基本资产类别开始，然后逐步增加房地产和大宗商品等非标准资产。他们将非标准资产的阿尔法置于核心位置，从而反转了配置过程，当然这也受到不同基金对相应资产类别比例的限制。接着，传统的股票/债券资产被整合为"卫星"资产加入组合，以使投资组合达到预期的贝塔风险水平。

对非传统资产类别有哪些限制？答案取决于对风险的不同思考方式。莱博维茨回忆道："'巨龙风险'（Dragon risk）是我从克利夫·阿斯内斯（Cliff Asness）那里借用的一个术语。这是一个历史上用来描述世界上未知地区的术语，地图上标有'这里是龙'。我认为这是一个很好的术语，可以定义在投资组合中人们持有多少某一类别的资产是舒服的。该舒适度水平是确定资产配置权重的关键因素。为什么不持有30%或40%的房地产呢？具有标准数据输入的均值/方差优化模型，如果没有约束，可能会建议零配固定收益、大量配置房地产、商品和新兴市场股票。故事至此将戛然而止，但没有人会这么做。"

非传统资产类别将根据投资者对"巨龙风险"的最大舒适度受到限制。莱博维茨、博瓦和哈蒙德得出的结论是，他们的捐赠基金模型并不是一种减少短期波动的技术，而是一种积累阿尔法以实现长期投资目标的策略。捐赠基金模型的重点是提高回报，而不是控制风险。关键是要有一个长期的聚焦点，能够经受住短期的挫折和流动性危机，比如 2007—2009 年发生的危机。

莱博维茨的完美投资组合

捐赠基金模型与完美投资组合的概念相吻合。这种方法是为机构投资者开发的，比如捐赠基金和养老金计划，但也可用于个人投资者。需要注意的是，投资者与其从股票和债券等传统资产开始，倒不如从房地产、大宗商品、对冲基金和私人股权等非传统资产开始。这些资产类别与传统资产类别相比，可能提供更高的回报。一旦为组合创建了核心，投资者就可以继续添加股票和债券，使自己的投资组合达到所需的风险水平。"首先，了解自己能够承受多少风险是很重要的，我认为这件事说起来容易做起来难，"莱博维茨说道，"许多机构投资者认为自己是践行长期主义的，然而，如果看到他们在 2008 年甚至在更温和的经济衰退中的表现，你会发现他们的长期主义在压力点上会土崩瓦解。人们从相信自己是长期主义者到不太确定，最终陷入恐慌。"

当市场不景气时，投资者应该怎么做？"通常的标准答案是'坚持到底'，这通常是正确的答案，但并不总是正确的。除了情感上想在错误的时间或市场低谷时降低风险的反应外，还有一个考量因素，尤其是对个人投资者而言：当市场风险接近你的风险承受能力时，你可能会对自己说'别再坚持下去了'。适当减点儿仓，晚上你就能睡得更好，或者如果你晚上睡得很好，那就减仓到让自己晚上能睡得更好的程度。"莱博维茨的完美组合"绝对不是买入并持有。尽管买入并持有可能是对初学者的一个不错的建议，但它并不自始至终都是好建议"。

投资者可以承担的风险对他们能够投资的资产类型有着一定影响。莱博维茨将其与养老基金的提存比率（funding ratio）进行比较，即投资资产的相对金额与未来负债的贴现价值进行比较。换言之，"相对于你的需求，你的资产和有保障的未来收入有多少？另外，如果你的'广义提存比率'很高，你就处于一个舒适的状态，你可以承担风险"。在这种情况下，您的投资组合中可能会有更大比例的风险资产，如传统股票或风险替代品，以及私募股权或风险资本基金。

莱博维茨告诫人们不要拘泥于教条主义，他说："投资中没有什么事情是绝对的，因此，有能力承担更多的风险并不一定意味着你应该承担更多的风险。假设市场风险更高或成本高昂，风险回报率远低于合理水平，那么即使你享有较高的广义提存比率，你可以冒更大的风险，也不意味着你应该这么做。这些决策从来都不是容易的，但我认为，如果你是一名投资者，你真的必须准备好做出这些判断，不是持续不断地小打小闹，而是在前景明显有利时做出决断。"

莱博维茨提到了另一种情况，即尽管投资者有风险偏好，但投资风险资产可能并不合适。他表示："为什么不必冒险呢？想想这样一种情况：一个人的生活方式温和，没有继承人，对慈善事业没有特别的积极性。他有他想要的东西，为什么他要冒更多的风险？……累积收益对他来说没有边际价值。"该投资者可以简单地投资于更安全的资产。

莱博维茨对个人投资与机构投资进行了反思："我认为，为个人提供建议要复杂得多。这是因为与个人相关的非常具体的情况要复杂得多，它们涉及其他类型的因素，如生活事件、意外事件、税收、遗产税等。还有许多更为复杂的因素，其中最重要的一点是，你几乎一直在处理多个目标，而且你正在处理优先级发生变化的目标，例如资产规模和时间推移。"

就个人投资者的资产类型而言，他们应该同时拥有股票和债券。为什么在投资组合中包含固定收益证券？除了减少波动性和提供相对稳定的回报外，"固定收益有时被视为对冲灾难性的股票市场的一种手段"。这一切都源于马科维茨所揭示的多元化的好处。"正如马科维茨一针见血地指出，多元化是最便宜的回报来源。"这是因为多元化不仅仅是为了降低风险，"也能减少无意的、无回报的人为风险。"换句话说，"你不想承担无意的风险，但是从某种程度来说，如果你不做多元化，你就是在承担无意的、无回报的风险。也就是说，你想承担合宜的风险水平，你想承担由你选择的贝塔系数所决定的风险。"正如马科维茨所指出的，"股票的波动性远远大于固定收益，因此，这就是为什么它在几乎所有投资组合中都是一个主导因素"。极端的情况是，只持有一只股票是不理性的，除非你能坚持威尔·罗杰斯（Will Rogers）的哲学："我只买上涨的股票，如果不上涨，我就不买。"

莱博维茨指出了养老计划中值得更多关注的通胀领域，他说："今天的人们可以有一个合理的预期，那就是度过二三十年的退休生活。在这么长的一段时间里，即使是低水平的通胀也会对一个看似舒适的养老生活造成毁灭性的影响。我认为这个问题在美国金融体系中没有得到很好地反映。"从长远来看，在通胀率为3%的情况下，30年后，今天5万美元的年度支出将增长到12.1万美元以上。

至于资产配置组合，目标基金（target funds）正变得越来越受欢迎。随着投资者年龄的增长，这些基金会自动地将配置从风险较高的股票转向风险较低的债券。莱博维茨认为："目标基金可能对一些投资者有所帮助，尽管我有点担心它们再平衡操作中固有的刚性。"

莱博维茨对追求完美投资组合有几点"临别"赠言：所有的一切都归结为两个基本概念。他说："**首先，知道自己真正能够承受的风险水平。其次，尝试提前为可预见的风险制订潜在的应急计划，以便在这些风险实际发生时，你能做出及时的应对。**记住，当谈论风险时，你谈论的是实际可能发生的事件。只要你做好应对此类不利事件的准备，相关财务困境至少可以得到缓解。我们在 2008 年发现的一件事是，投资者经常表现出对危机情况的不正常反应。许多投资者变得无所适从，没有采取任何纠正措施；有些人机械地进行再平衡，往往过早地重返市场；其他人出售股票，实际上只是因为他们发现自己陷入了大规模的、有些甚至是可以预见的流动性挤压之中。因此，**作为投资者，在身处严峻的困境时，你需要一个流动性需求计划。你应该事先做好计划，来规划如何再平衡，并继续前进。**"因此，要创建一个完美的投资组合，你需要从制订计划开始。

In Pursuit of the Perfect Portfolio
莱博维茨的投资组合箴言

- 投资不要从股票和债券等传统资产开始，而要从房地产、大宗商品、对冲基金和私人股权等非传统资产开始，这些资产类别与传统资产类别相比可能提供更高的回报。
- 完美的投资组合"绝对不是买入并持有"。
- 有能力承担更多的风险并不一定意味着你应该承担更多的风险。
- 首先，知道你真正能够承受的风险水平。其次，尝试提前为可预见的风险制订潜在的应急计划。
- 作为投资者，在身处严峻的困境时，你需要一个流动性需求计划。你应该事先做好计划，来规划如何再平衡，并继续前进。

THE STORIES, VOICES, AND KEY INSIGHTS OF THE PIONEERS
WHO SHAPED THE WAY WE INVEST

In Pursuit of the Perfect Portfolio

第 **9** 章

罗伯特·希勒与非理性繁荣

- 2013年诺贝尔经济学奖得主
- 对金融市场有效性这一传统智慧的挑战，被诺贝尔奖委员会称为其所有研究的核心
- 著有《非理性繁荣》等

ROBERT SHILLER

罗伯特·希勒

罗伯特·希勒最著名的研究是对金融市场有效性这一传统智慧的挑战。尽管诺贝尔奖委员会称之为其所有研究的核心，但许多学术界人士最初对此表示了严厉的批评。忍受这些攻击对于希勒来讲并不容易。当时，希勒曾对一位同事说："我真希望我从来没有写过这篇论文。"然而，希勒这番有时会引起争议的思考，会让我们深入了解他不断变化的完美投资组合。

希勒非常与众不同。大多数专业上成功的经济学家往往在某个特定的狭窄研究领域钻研，他们使用传统的技艺，并以业内普遍接受的现有文献为基础，然而希勒将他的研究特点描述为折中主义和离经叛道。希勒是一位相对罕见的经济学家，他不拘泥于专业规范，大胆借鉴其他学科的观点，并通过调查来收集原始数据（这在经济学界常被认为是"低俗"的研究方法），仅仅因为他对某个论题感兴趣。与大多数经济学家不同的是，希勒将大多数时间投入新闻界，为《华尔街日报》和《纽约时报》等撰写大量文章，并为大众而非学术精英撰写书籍。回顾往夕，对希勒后来的成功影响最大的是他早年的成长经历。

折中主义经济学家的根源

希勒自称是立陶宛裔美国人,因为他的 4 位祖父母在 20 世纪初都从立陶宛移民到了美国。希勒把他们称为"具有独立精神的人,他们投身于一种新的文化"。希勒还声称自己是汽车工业的产物,他说:"1914 年,亨利·福特宣布,他每天支付给装配线工人 5 美元,这是当时通常工资的 2 倍……他收到了大量的求职申请,其中包括我的祖父和外祖父。随后,他们都来到了胭脂河工厂工作。如果他们没有在那里会合,我的父母就不会见面,自然就不会有我的存在。"

希勒在小学时因为过于活跃和健谈而在"公民学"(citizenship)课程这一项得了低分,大人们甚至担心他可能会在二年级留级。即使在今天,希勒仍然很容易被阅读材料分散注意力,并且会非常专注于吸引他注意力的事情。不过,希勒幼时的健谈现在已经转变为对接受记者采访的兴趣。小学时的一位科学教师曾鼓励希勒崇拜科学和"真正的"科学家,而不是像经济学家这样的社会科学家。希勒早早地表现出对细节的惊人关注程度,甚至不亚于专家。

希勒的灵感来源于阿尔伯特·爱因斯坦 1930 年在《纽约时报》杂志上发表的文章《宗教与科学》(Religion and Science)。对爱因斯坦来说,"宇宙宗教情感(cosmic religious feeling)"属于每个人,与教条无关,是"科学研究最强烈、最高尚的动机"。希勒曾说:"在某种意义上,科学对我来说成了一种'宗教'。"

希勒的父亲是一位企业家,他发明了一种特殊类型的工业烤箱并获得了专利,但是因为健康问题,他很难再继续发展业务。希勒后来认为经济学界对发明关注太少:"应该有更多的文章提供这样的想法,即如何在一个完全不同的框架上建立经济制度和方法,即使这些想法并未充分成熟。"

希勒在 11 岁时读了约翰·肯尼思·加尔布雷思（John Kenneth Galbraith）的《富裕社会》(The Affluent Society) 一书后，对经济学产生了浓厚的兴趣。1960 年，当他还是底特律附近南菲尔德高中的一名高中生时，希勒在假期借阅了他哥哥的大学教科书《经济学》(Economics)。这本书的作者就是保罗·萨缪尔森。

高中毕业之际，希勒获得了美国国家科学基金会的奖学金，虽然这将部分抵销上一流大学的费用，但家里还是负担不起。1963 年，希勒只能选择去附近的卡拉马祖学院。不过，他在那里只待了一年，之后就转到了当时哥哥正在就读的密歇根大学。希勒回忆道："卡拉马祖学院帮助我找到了自己的人生方向，这是一段非常棒的经历。我对布鲁斯·蒂蒙斯（Bruce Timmons）表示钦佩，他是卡拉马祖学院经济学专业的教授，是我进入经济学世界的引路人。不过我当时学得不怎么样，我记得，我在经济入门课程中只获得了 B+ 的成绩。我当时觉得，这可能暂时意味着我在经济学方面没有天赋。"

密歇根大学要求学生学习一门外语，希勒选择了俄语。然而，当其他同学在大三选择出国时，希勒却没有随大流。他回忆道："当时我认为，加入一家诸如《密歇根日报》这样大型的大学报社将意义非凡，至少比整个班级都出国留学更有趣。所以我就这么做了。"

在密歇根大学，希勒开始为校报写作，他很享受报道事实的乐趣。希勒受到两位教授的启发：经济系的肯尼斯·博尔丁（Kenneth Boulding）提出了与科学联系起来的通用系统（general systems）概念；心理学系的乔治·卡托纳（George Katona）让希勒深刻认识到心理学对经济学家的重要性，这最终使希勒进入了行为经济学领域。

希勒在选择研究生专业时很是挣扎，他认真考虑了物理学和医学这两个方向。虽然医学也很吸引他，但希勒无法接受像典型的医生那样每天都安排得满满当当的生活，于是他选择了经济学，可以说这个选择具有一定的偶然性。希勒回忆道："当我年轻的时候，我觉得一切听起来都很有趣，只能选择一件事简直太悲惨了。我最终选择了经济学。"

理性的开端

在1967年取得学士学位后，希勒直接进入麻省理工学院攻读博士课程。希勒的同学中就有杰里米·西格尔（见本书第11章），最终成了他的终生好友。西格尔后来成为沃顿商学院的杰出教授，最出名的著作是《股市长线法宝》(*Stocks for the Long Run*)。在麻省理工学院的时候，希勒主动与萨缪尔森联系，因为少年时读过的《经济学》给他留下了极为深刻的印象。希勒认为，能成为萨缪尔森的学生是一种荣幸，并赞赏对方将经济学作为一门数学科学的方法。

希勒的论文导师是佛朗哥·莫迪利亚尼，他后来于1985年获得诺贝尔经济学奖。莫迪利亚尼擅长将经济理论与实际应用相结合，这使他的论文课程很有吸引力。当时，莫迪利亚尼正与阿尔伯特·安藤（Albert Ando）在宾夕法尼亚大学合作开发一个大型的美国宏观经济计量模型，即MIT-Penn-SSRC模型。该模型使用大量历史经济数据来预测经济活动。希勒后来表示，他不认可莫迪利亚尼在这一特定研究领域取得的成果，对这些模型的怀疑使他质疑其潜在的"理性预期"假设。他说："我并不真的相信这些模型，它们漏洞百出，但我想从中获得启发。我在思考一个问题，即如何把各种事物量化。"

希勒的研究最初把理性预期作为核心。理性预期理论认为，个体可根据现有的信息做出理性决策。平均而言，经济的未来状态应该反映在当前的预期中。换言之，尽管对经济形势的理性预期可能并不总是准确的，比如对一年后利率水平的预期，但平均来说还是值得采信的。十分有趣的是，就希勒将与法玛展开的辩论而言，尽管存在细微差异，理性预期和市场有效性基本上是相同的想法：理性预期是一种一致性条件，即模型中的预期应该是整个模型的预期，而市场有效性更接近于对世界的描述性陈述。

1972年，希勒完成了一篇名为《理性预期与利率结构》（Rational Expectations and the Structure of Interest Rates）的博士学位论文。萨缪尔森与默顿是他的论文委员会成员。希勒在这篇长达182页的论文中开发了一个利率期限结构模型（或称收益率曲线），即按到期日不同分布的企业或政府的融资利率。希勒的模型基于对未来利率的预期，他发现，用公司债券收益率测试的模型运行得相当好。至学位论文完成时，希勒已经或即将发表3篇文章，包括1份为美联储撰写的研究报告、1份在著名的经济学杂志《计量经济学》上发表的研究报告，以及一篇与莫迪利亚尼联合署名的文章。

希勒的第一份学术性工作，是在明尼苏达大学担任经济学助理教授。他的亲密同事中有托马斯·萨金特（Thomas Sargent）和克里斯托弗·西姆斯（Christopher Sims），两人之后在2011年获得诺贝尔经济学奖。在获得这份学术性工作的过程中，萨金特为希勒提供了很多帮助。后来萨金特回忆道："我觉得希勒很棒，即便在当时，他的一些想法也很超前。"萨金特和西姆斯，连同2004年诺贝尔奖获得者爱德华·普雷斯科特（Edward Prescott）和奈尔·华莱士（Neil Wallace），在宏观经济学方面开拓创新，因此在经济学系被称为"四骑士"。萨金特和西姆斯因其在宏观经济因果关系方面的实证研究而获得诺贝尔奖，这项研究就是在理性预期模型的基础上完成的。希勒声称："我比他们更早、更明确地放弃了对于严格理性预期模型的信仰。"

1974，希勒加入宾夕法尼亚大学经济学系，担任副教授。第二年，他又兼任麻省理工学院的访问学者和马萨诸塞州剑桥市国家经济研究局（the National Bureau of Economic Research）的研究员。在麻省理工学院的一次舞会上，希勒遇到了他未来的妻子金妮·福尔斯蒂奇（Ginny Faulstich）。他们于 1976 年在特拉华州的纽瓦克（Newark）结婚。福尔斯蒂奇在特拉华大学获得了临床心理学博士学位。福尔斯蒂奇会定期把心理学书籍和文章带回家，而希勒则继续保持着他的阅读习惯，他会从中挑选任何他觉得有趣的材料来阅读。在他们夫妻共同参加的派对上，希勒会与心理学教员和研究生们进行深度交流，继续保持对心理学领域的接触。2011 年，这对夫妇作为合著者撰写了一篇文章，呼吁经济学家从更广阔的视角出发，纳入其他学科的思想。

在宾夕法尼亚大学任职 8 年之后，其中还包括倒数第二年（1982 年）获得沃顿商学院的交叉任命，希勒获得了耶鲁大学经济学教授的职位，此后他就一直留在那里工作。希勒在耶鲁大学与 1981 年诺贝尔经济学奖获得者詹姆斯·托宾有着长达 20 年的交集。托宾是希勒的灵感来源，他对希勒所倡导的"以事实为导向的经济科学"表示尊重。

希勒的研究都是关于数据的。希勒说："虽然大多数人认为实证研究和数据检验是底层经济学家的做法，真正的领导者是理论家，但我就是喜欢这样做。"例如，在 1987 年 10 月 19 日美国最大的单日股市崩盘几天后，希勒向个人和机构投资者发送了一份关于经济态度和观点的问卷。希勒曾经的博士生和长期合作者哈佛大学教授约翰·坎贝尔（John Campbell）回忆道："希勒的惊人之处在于，他会考虑任何想法。通过收集数据，他对这些想法及其背后的人性有了更深刻的洞见。当 1987 年的股市崩盘事件发生时，希勒立即对人们的想法展开调查，这开启了他有关行为金融的研究。"

希勒认为："群体思维甚至在学术界也会发生，但我认为这实际上是我性格的一部分。与周围的人相比，我总是反其道而行之。我的妻子曾经对此抱怨不迭：'你应该试着更加合群。'"毫不奇怪，希勒最讨厌的正是传统思维。

希勒的非传统天性影响了他的人生观，他表示："我一直对人感兴趣。在看体育比赛时，我发现自己在看观众而不是比赛，我不在乎谁赢。我的动机结构中缺少了一些东西，但我确实被人迷住了……观众更有趣。他们为什么在意？当有运动员做出高难度的动作时，你可以看到观众的肢体语言，他们仿佛自己在做那个动作。这就是同理心。"希勒进一步解释道："这是我对羊群的一个观察：它们喜欢成群结队地奔跑。人也是这样。从短期来看，遵循羊群效应可能是最佳策略。如果你是一个想出人头地的年轻人……你必须沉浸在别人正在做的事情中。但我也认为，人们会因此而错过一些东西。"个体的行为是可以归纳的，归纳的结果就可以揭示股票市场的运行规律。

过度的波动性

希勒最著名的研究文章发表于 1981 年，标题是《股票价格是否波动过大，以致无法通过随后的股息变化来证明其合理性？》(*Do Stock Prices Move Too Much to Be Justified by Subsequent Changes in Dividends?*) 这篇文章引起了争议，因为它违背了美国股市有效性的普遍观点，即价格由理性投资者决定并充分地反映潜在价值。希勒使用了一个简单的股票价格模型——股票贴现模型。股息贴现模型表明，在有效市场中，股票的当前价格应等于所有预期未来股息的现值。为简单起见，假设投资者无意出售股票。现值有时称为贴现值，因为标的的现值是从其未来价值中贴现的。

假设你想购买一只每年支付每股 1 美元股息的股票，并且希望该公司每年永远支付该金额。进一步假设，考虑到股票的风险，你认为 10% 的预期回报是合理的。那么，股票应该值多少钱？因为你本质上是在买一个永续现金流，所以你可以简单地将年度股息除以回报率，得到 10 美元的合理股票价格。如果你预计股息将以恒定的速度增长，那么你可以应用一个稍加修改的公式来计算其持续增长的额度。同样的模型也可以应用于整个市场。

为了理解希勒论文背后的洞见，我们可以看看下面的体育类比。假设你试图预测一场篮球比赛的结果：你预测迈阿密热火队将以 10 分的优势击败圣安东尼奥马刺队。然而，实际比赛中比分会显示出更大的波动性：有时迈阿密热火队会大比分领先，有时候双方的比分胶着，而其他时候圣安东尼奥马刺队可能会领先。在这个类比中，篮球比分类似于投资者实际获得的股息，其波动有时是相当大的，而预测的比赛结果则类似于市场预测的股票价格，往往不会有太大的波动。

令人惊讶的是，希勒发现股市的情况恰恰相反。股票价格即市场对未来股息的预测，显示出相当大的波动性，而股息的变化不大，这与篮球比赛中预测比赛结果和实际比分的情形正好相反。换一种方式来表述，如果股票价格反映的是股息的稳步增长，那么我们看到的将是随时间推移的直线关系。但事实恰恰相反，我们看到的是围绕趋势线的剧烈波动。希勒的结论是：理性预期模型是错误的。显然，股票市场的波动水平无法用有效市场模型来解释，在该模型中，股票价格反映的是预期股息的现值。

希勒通过考察 19 世纪 70 年代的美国股市数据来验证这一观点。他假设投资者对未来股息有着完美的预期，然后将这些完美预测的经通胀和增长趋势线调整的价格绘制成图表，并与实际股价进行比较（见图 9-1）。正如希勒在谈到自己的发现时所写的那样："显而易见的是，股息的现值看起来很像一条稳定的增长曲线，而股票价格在这条曲线周围大幅波动……诚如有效市场理论所断言的那样，在任何一个日期，实际价格都是对该日期的现值的最佳预测。那么，为什么股票市场会如此波动？"

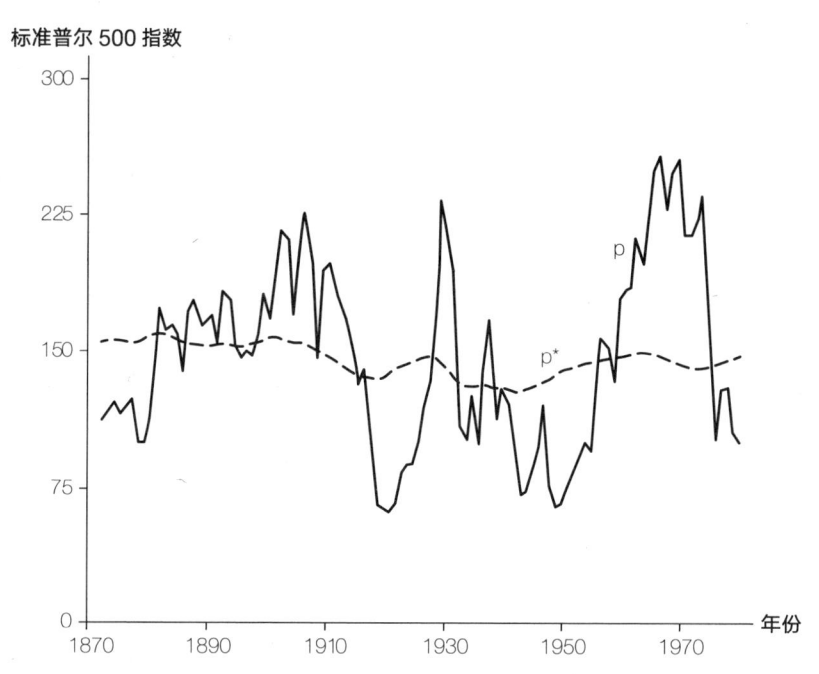

图 9-1　根据通胀（实线 P）和事后理性价格（虚线 P*）调整的标准普尔 500 指数

资料来源：Robert Shiller, 1981, "Do Stock Prices Move Too Much to Be Justified by Subsequent Changes in Dividends?," *American Economic Review* 71: 422。

我们可以从图 9-1 中看到 1929—1932 年股市的急剧下跌，但这种下跌很难通过随后的股息变化来进行解释。希勒使用多种统计技术对股票贴现模型进行了检验，包括"方差界限"（variance bounds）检验，发现股票价格的实际波动率要比可以用未来股息变动解释的部分高 5～13 倍。希勒总结道："因此，有效市场模型的失败是如此巨大，似乎很难将失败归因于数据错误、价格指数问题或税法的修订。"

有趣的是，斯蒂芬·勒罗伊（Stephen LeRoy）和理查德·波特（Richard Porter）于 1981 年 5 月在著名的《计量经济学》杂志上发表了一篇关于这一主题的论文，这比希勒的论文发表时间晚了一个月。希勒在 1981 年的文章中提到了勒罗伊和波特,他指出:"他们独立推导出了有效市场模型隐含的证券价格波动的一些约束,并得出结论,普通股价格波动太大,不符合该模型。"为什么勒罗伊和波特没有得到更多的关注?部分原因可能是,希勒的论文中包含了一张关于这一现象的非常引人注目的图表(见图9-1),与勒罗伊和波特相比,这是一个更具吸引力的阐释。

20多年后,希勒重申了他的主要结论:"清晰的结论是,整体股票市场的波动水平无法很好地用有效市场模型及其任何变体来解释。在有效市场模型中,股票价格是未来回报的贴现值。"换句话说,理性预期模型是错误的。

2013年,约翰·科克伦回顾了希勒论文的发表所引发的反应:"这真是一个爆炸性的消息。希勒告诉我们(当时我刚开始读研究生),你们芝加哥人完全搞错了方向。当然,股票收益难以预测,但价格的剧烈波动显而易见。希勒的模型犹如房间里的一头大象,新颖又震撼,而法玛研究团队却不知何故忽略了。看起来价格包含了更多的信息!希勒将其解释为心理和社会因素、乐观和悲观的循环往复。"对于投资者来说,希勒的结论意味着基于马科维茨、夏普、法玛等人的研究,即买入并持有市场投资组合策略并不一定是最优的,因为有时整个市场可能被高估或低估。随后的15年,一代学者进行了许多调查和研究,试图解释一二,包括科克伦在内。科克伦接着评论道:"在经济学界,有些人因为吸引了众多人跟随而声名显赫,而希勒……正是以这种方式出名的。"

根据科克伦的说法,业内人士现在已经承认,股价相对于股息如此波动的主要原因是投资者的预期回报有所不同,而不像简单的模型表明投资者有恒定的预期。目前仍在争论的问题,特别是希勒和法玛之间,是这些时变预期回报的性质。科克伦继续说道:"对法玛来说,这是一个与商业周期相关的风险溢价。法玛注意到低价格和高预期回报在糟糕的宏观经济时期出现，反之亦然……对希勒来说，风险溢价的变化太大，无法用整个商业周期的风险溢价变化来解释。希勒认为投资者头脑中存在非理性的乐观和悲观情绪。"非理性乐观"或繁荣的概念将在永远把希勒与美联储最著名的主席艾伦·格林斯潘联系在一起的过程中发挥重要作用。

著名的"非理性繁荣"演讲

1987年8月11日，美国副总统乔治·布什在白宫举行仪式，格林斯潘在仪式上宣誓就任美联储主席，里根总统观看了仪式。格林斯潘从身高2米的保罗·沃尔克手中接过了美联储的控制权，后者以其成功地对抗通胀而闻名。几周之内，格林斯潘就通过1984年以来首次提高贴现率的方式留下了自己的印记。

格林斯潘很快将在当年10月面临一场重大危机。1987年8月25日，在格林斯潘宣誓就职两周后，道琼斯指数创下2722点的新高。然而，截止到10月15日星期四，道琼斯指数收于2400点以下；然后在10月16日星期五，道琼斯指数下跌100多点，收于2246.74点。整个周末，投资者和格林斯潘都在紧张地等待着下一步会发生什么。

1987年10月19日（现在被称为"黑色星期一"），格林斯潘履约前往达拉斯，要在美国银行家协会的会议上发表讲话。在格林斯潘踏上从华盛顿特区出发的长达四小时的航班之前（当时乘客在飞行时与外界没有联系），道琼斯指数已经跌了200点，跌幅超过8%。当格林斯潘到达达拉斯时，他问前来欢迎他的官员："股市行情如何？"回答是"下跌了508点"。格林斯潘暂时松了一口气，以为当天市场反弹并且只下跌了5.08点。但他误解了小数点的位置：股市下跌了508点，或跌幅近22%。这是历史上最严重的单日跌幅。

格林斯潘直面危机。从大萧条的错误中吸取教训后,格林斯潘立即采取措施放松信贷。美国股市全面复苏,到 1990 年,道琼斯指数创下了新高。到 1996 年年中,道琼斯指数已从 1987 年的历史高点翻了一番,这尤其要归功于科技股的上涨。

1996 年 12 月 2 日,希勒与格林斯潘在华盛顿特区埃克尔斯大厦(Eccles Building)的美联储餐厅共进午餐,其中包括希勒的学生兼合著者坎贝尔和高盛策略师阿比·约瑟夫·科恩(Abby Joseph Cohen)。科恩入行之初是华盛顿联邦储备委员会的经济学家,随后来到华尔街,担任德雷克塞尔·伯纳姆·兰伯特(Drexel Burnham Lambert)投资战略副总裁。德雷克塞尔·伯纳姆·兰伯特因在垃圾债券市场占据主导地位而闻名于世,该公司于 1990 年倒闭。她于 1990 年加入高盛,1996 年被任命为常务董事。她以预测 20 世纪 90 年代的牛市而闻名,特别热衷于科技股。此外,几名美联储委员也出席了午餐会。

在这顿优雅的午餐中,希勒问格林斯潘,美联储主席最后一次警告公众股票价格泡沫是什么时候。希勒和坎贝尔认为,股市已经上升到非理性水平。希勒说道:"坎贝尔和我决定将所发生的一切描述为一个泡沫……我们想告诉公众股市已达非理性水平,他们需要在心理层面保持克制。"格林斯潘听着,但没有给出意见。然而,三天后,格林斯潘在华盛顿特区的美国企业公共政策研究所(American Enterprise Institute for Public Policy Research)发表了题为《民主社会中央行的挑战》(The Challenge of Central Banking in a Democratic Society)的晚宴演讲,强调了央行作为货币购买力守护者的作用。格林斯潘提到了通胀可能对社会财富水平和分配产生的影响,并为在 1907 年恐慌之后的 1913 年成立美联储提供了一些历史背景。这场为期三周的金融危机导致股价下跌近 50%。格林斯潘还回顾了大萧条后的关键经济事件,并强调了美联储制定货币政策的使命。

格林斯潘在讲话中继续强调，持续的低通胀有助于减少不确定性，从而使投资者降低持有股票相对于政府债券的风险溢价。这些较低的风险溢价反过来导将致较高的市盈率。例如，我们现在可能愿意为微软支付16倍市盈率的价格，而不是过去的15倍。说到这里，格林斯潘停了一下，然后继续说道（也许是无意识地向市场投下了一枚"炸弹"）："那么，我们如何知道非理性繁荣何时过度提升了资产价值，而资产价值随后又像过去10年中的日本那样遭受意外和长期的收缩？"格林斯潘警告人们不要对股价上涨以及股市与实体经济的互动感到过度自满，他认为货币政策也需要考虑资产价格，美联储需要综合考量金融市场和经济环境的变化。这是一次罕见的美联储主席质疑股市是否被高估、是否容易出现大幅下跌的表态。

12月6日早晨，希勒开沃尔沃送儿子去上学时，从收音机里听到了股市暴跌，因为格林斯潘质疑"非理性繁荣"是否影响了市场。当格林斯潘在美国有线电视C-SPAN上发表电视讲话时，正在开盘时间的东京股市大幅下跌，当日收盘下跌3%。随后，法兰克福和伦敦股市下跌了4%，美国股市在开盘时就下跌了2%。希勒对妻子福尔斯蒂奇说："我可能引发了一场全球股市崩盘。"福尔斯蒂奇对希勒的妄自尊大表示了揶揄。但这一事件是对市场理性的罕见的高调质疑，也是市场主流开始接受希勒研究的一种迹象。

"非理性繁荣"这个令人难忘的短语是谁创造的？希勒不记得在与格林斯潘的对话中使用过这个短语。希勒的朋友杰里米·西格尔碰巧看到《财富》杂志1959年的一段引文，其中格林斯潘提到了金融界的"过度繁荣"。因此，很可能是格林斯潘最早提出的这个短语。根据格林斯潘的说法："一天早上，在写演讲稿时，我在浴缸里想到了'非理性繁荣'的概念。"不过，无论是谁创造了这个短语，"非理性繁荣"演讲对格林斯潘来说都是一次谈论资产价值的绝佳机会。价格稳定不仅与服装和食品等产品价格相关，而且与金融资产相关：不仅与真的鸡蛋（egg）相关，也与储蓄（nest eggs）相关。股票和房地产的价格至关重要，如果这些资产价格被夸大或不稳定，那么这将是对经济的重大拖累。

演讲结束后，格林斯潘琢磨着演讲的哪一部分可能会成为新闻。第二天一早，他就知道了。《华尔街日报》的大幅标题写道："美联储主席抛出了一个大问题：市场指数是否过高？"《费城询问报》(*Philadelphia Inquirer*)则声称："非理性繁荣受到谴责。"正如格林斯潘所嘲讽的那样，"'非理性繁荣'正逐渐成为繁荣的代名词"。

2015年，当被问及美联储主席是否应该对股市发表意见时，希勒表示："我认为美联储领导层在道德上有必要对市场发表一些意见。他们有一支专家团队来研究这些问题，人们把美联储视为权威。信奉有效市场假说的人会说，我们不应该关心这些意见，但我却不敢苟同。我认为市场看待这类事情时并不明智，我们确实需要专家的指导……20世纪90年代的繁荣之所以持续如此之久，一个原因是美联储主席格林斯潘很少对市场表示担忧。"当被问及对格林斯潘的政策和言论做何评价时，希勒回答道："我想，作为美联储主席，你必须略微乐观一点。因为如果你说了些含糊不清的悲观言辞，就会给你带来麻烦。事实上，'非理性繁荣'一词之所以出名，是因为当格林斯潘发表意见时，股市几乎立刻崩盘。当时的新闻也是这样报道的。格林斯潘只是说出了'非理性繁荣'这个词，就引起了股市暴跌。"

此"泡沫"非彼"泡沫"

市场如何形成泡沫？它们又是如何破灭的？这种情况多久发生一次？已故经济史学家、麻省理工学院国际经济学教授查尔斯·金德尔伯格（Charles Kindleberger）在1978年出版的经典著作《疯狂、恐慌和崩溃：金融危机史》(*Manias, Panics, and Crashes: A History of Financial Crises*)，及随后出版的多个更新版本中给出了关于这些问题的权威性叙述。在最新的一版中，金德尔伯格记录了1618—1998年发生的38次重大金融危机。为了描述这些危机的原因，他借鉴了圣路易斯华盛顿大学经济学教授海曼·明斯基（Hyman Minsky）开发的模型。

根据明斯基的理论，金融危机始于宏观经济体系的某种外部冲击或位移，如战争、大面积农作物歉收或产生重大影响的新发明。某些领域赚钱的机会增多，其他领域的赚钱机会则减少。随着投资者更多的借贷以试图抢占投资先机，银行信贷扩张助长了经济繁荣。投机和需求增加会对现有产能造成压力，导致价格上涨，从而带来更多机会。在如此"繁荣"的阶段，利润往往被高估。过度交易常常发生，因为投资者会在其头寸上使用越来越多的杠杆。其他投资者采取"跟风"的态度，进一步推高价格，导致狂热或泡沫。在某个阶段，有一些内部人士开始兑现利润并离场，因此价格开始下行。随着人们越来越意识到可能会出现流动性挤压，金融危机也浮出水面。随着危机的持续，人们也越来越意识到价格不会继续上涨，于是争先恐后地涌向出口。之后，价格下跌，破产接踵而至。清算可能会导致恐慌，恐慌会一直持续下去。直到价格跌到很低的位置，投资者再次受到诱惑，或者直到交易中断，比如交易所和交易大厅关闭，或者直到央行等最后贷款人提振市场流动性。

金德尔伯格指出，狂热与非理性有关，而"泡沫"一词被用来预示破灭，一些经济学家认为泡沫是对"基本面"的某种偏离。金德尔伯格给出了自己的定义："泡沫是价格在一定程度内的向上运动，然后破裂。"希勒的定义更接近于前者：**"我将泡沫定义为一种社会流行病，包括对未来的过度预期。"** 希勒还看到泡沫中包含一种反馈机制，即价格递增吸引投资者增加出价，这一过程将一直持续到价格过高。情感也参与其中：一些投资者进入市场是因为他们眼红已经赚钱的投资者，后悔没有早些参与。会有各种听起来颇有道理的理论来解释价格为什么会处于如此高位，人们对这些理论深信不疑，因为它们被不断上涨的价格所证实。但最终泡沫破灭了。

希勒指出，每个"泡沫"都有其独特的文化。他表示："我把20世纪90年代的泡沫命名为千禧年泡沫（Millennium Bubble），因为我认为它受到了即将到来的新千年的影响。互联网的诞生成了一种未来主义的兴奋，大家想着'千禧年真的就要来了！'然后，2007年的泡沫就不同了。我称之为所有权社会泡沫（Ownership Society Bubble），那是个小泡沫。但从2009年到2015年的泡沫则又有所不同，我称之为新常态泡沫（New Normal Bubble）或繁荣。繁荣或泡沫，我不知道该叫它什么，因为它还没有破灭。新常态泡沫有其独特性，它不那么引人注目，更多地是受恐惧驱使。尽管如此，人们还是认为价格很有可能继续上涨。"

希勒认为，**导致股市泡沫的有可能是恐惧而不是兴奋**。他解释道："由于投资者焦虑的心理，他们想把更多的钱砸进股市。但由于缺乏高投资回报的选择，他们最终抬高了现有资产的价格。这反过来会造成更多的失望和焦虑，会让旁观者觉得他们来晚了，因为市场已经上涨了这么多。但他们仍然选择投资，仅仅因为焦虑。"希勒将这一现象称为"泰坦尼克号上的救生圈理论"（the life preserver on the Titanic theory）。正如希勒所描述的那样，"当一个市场定价过高，人们不认可其价值时，它就具备了泡沫的特征：尽管人们认为它被高估了，但还是选择买入"。2015年初的情况就是如此。

当泡沫发生时，你怎么才能识别它？希勒从20世纪90年代中期开始讲起："每次我们出去吃饭时，虽然我不会刻意去听周围人的谈话，但我都会听到'股市'这个词。这种时代精神的产生是不可思议的，突然间每个人都为这件事感到兴奋。因此，我是基于这种观察来确定是否存在泡沫的。"然后在2005年前后，希勒注意到了房地产泡沫的迹象。他回忆道："我去凤凰城的时候，当时已经是泡沫晚期了，房价一路飙升。我在乘车时问出租车司机：'房价现在怎么样了？'那名司机激动不已，滔滔不绝地跟我讲各种不同的房子和它们的售价。"

20世纪90年代中期,当希勒公开表示美国股市似乎处于泡沫中时,他的同事以及投资界的专业人士对此反应强烈。他回忆道:"当时有很多人持怀疑态度,比如:'你让我们学术界做何感想,我们有可靠的计量经济学证据证明市场是有效的,你的说法站得住脚吗?'这就是他们的反应,他们甚至感到愤怒。这是关于市场有效性的传统智慧,或者说是公认的智慧。事实上,就数据而言,人们总觉得所有证据都支持市场有效,但如果你看一下学术文献,即使是1996年的文献,也记录了很多异常现象。"用学术术语来说,这些异常现象指的是市场并不总是有效的实证证据。例如,在1996年的美国股市中,实际股票收益通常与夏普的CAPM预期结果不一致。

那么,"泡沫"的存在是因观察者而异吗?希勒认为存在泡沫,创造了"有效市场"一词的法玛则不这么认为。2013年,诺贝尔经济学奖被同时授予希勒和法玛,以及计量经济学家拉斯·汉森(Lars Hansen),很多人觉得颇为讽刺。在瑞典举行诺贝尔奖颁奖周期间,希勒和法玛进行了多次颇具争议的辩论。"当我说出'泡沫'这个词时,我能看到尤金·法玛在颤抖。他把'泡沫'称为'那个邪恶的词',他还说'泡沫'甚至从来没有被正确地被定义过。"希勒熟悉法玛的思维方式,继续说道,"我喜欢这个家伙,我对他印象深刻。事实上,我们对于事实本身并没有太大分歧,分歧完全来自对事实的解释。法玛在识别异常现象方面颇有名气,但他总是喜欢提出这样的想法:'你怎么知道这是不理性的?'然而,历史上疯狂的独裁者们,他们是理性的吗?在我看来,他们异常疯狂。值得注意的是,疯狂也只是一种行为。"希勒总结道:"泡沫的确存在,人们看到某个市场的价格上涨,会为之兴奋。而聪明的资本会冷眼旁观,有时还会做空。"

对于行为主义者处理泡沫的方式，业界的主要批评是，这是"事后诸葛亮"。法玛曾恼怒地说："'泡沫'这个词让我愤怒。"法玛举了一个"互联网泡沫"的例子来提醒人们：在过去，我们将互联网视为将彻底改变商业并为参与其中的公司带来成功的一项发明。法玛还举了一个具有划时代意义的革命性公司微软作为例子，并估计只需要 1.4 个微软就足以说明所有互联网公司估值的合理性。法玛声称，只有通过后视镜我们才可能发现，并非所有互联网公司的商业估值都能成为现实。法玛至多愿意承认泡沫可能存在于单只股票中，但不存在于整个市场或板块中。

法玛在他的诺贝尔演讲中指出："现有的研究没有提供可靠的证据证明股票市场价格下跌是可以预测的。"虽然法玛自己的研究发现，使用股息收益率和短期国债利率可以预测市场投资组合中的股票回报，但是缺乏显著的证据指向负的预期回报。如果泡沫存在，那么应该有指向可预测的价格下跌的证据。因此，任何应对泡沫的药方和政策都是基于信念，而不是基于可靠的实证证据。

这里的关键词是"可靠"，法玛强调实证中的"可靠性"概念。法玛认为，存在"事后选择偏差"。在股市大幅下跌后，人们的注意力自然会集中在少数碰巧预测到这种下跌的人身上。但是，要得出这些预测者能够"可靠"地预测下跌这样的结论，我们还需要考察预测者完整的过往记录，包括他们过去的所有错误预测，以及我们可以参考的其他预测者的记录。

法玛提出了另一个反对泡沫的论点。他考察了自 1925 年以来美国股市最大的 5 次下跌，并将每一次下跌都视为潜在的"泡沫"，因为每一次下跌之前都伴随着股价的大幅上涨。然而，每一个潜在"泡沫"也都与经济衰退有关。法玛因此得出结论，价格的大幅波动是对实体经济活动大幅波动的反应。由于股票价格反映了投资者的预期，这一证据与我们在有效市场中看到的情况是一致的。

法玛观察到，"泡沫"这个词通常意指股市泡沫破裂，这是非理性价格上涨被修正的结果。但法玛指出，历史市场价格下跌之后往往伴随着迅速的价格反弹，如果不是全部反弹的话，也会收复之前的大部分下跌。例如，尽管希勒在1996年对股市泡沫的警告导致了格林斯潘著名的"非理性繁荣"演讲，但2003年3月的股市价格仍然高于1996年12月的水平，而大部分人会认为泡沫已经破灭了。

除了与希勒的口舌之争外，法玛还与芝加哥大学的同事、行为经济学家理查德·塞勒进行了著名的辩论。理查德·塞勒是2017年诺贝尔经济学奖得主，是法玛通过个人关系帮助芝加哥大学聘请过来的。虽然法玛认为行为经济学家在20多年的研究中没有真正建立起任何东西，但塞勒曾打趣说法玛"是地球上唯一一个认为2000年纳斯达克没有泡沫的人"。后来，法玛描述了他和塞勒之间的关系："塞勒总是喜欢讲那些我称之为市场失灵时的逸事。我说：'好吧，其实论述这个主题的文章连篇累牍。'这些论述都属于事件研究的范畴。我认为，这些研究最有力地表明了市场价格将迅速地对新的信息做出反应……我和塞勒开玩笑地说：'我是行为金融学中最重要的人，因为没有我，他们就没有对象可以挑剔。'……20年前，我写了一篇名为《市场效率、长期回报和行为金融学》（Market Efficiency, Long-Term Returns, and Behavioral Finance）的论文。我说：'看看吧，伙计们，你们得成长。你们不能一辈子都在抱怨市场有效性，你们必须找出一些我们可以检验和拒绝的东西。'"但是直到今天，他们都没有行动。

法玛曾被要求对1929年和1987年的股市崩盘发表评论，以调和所谓的投资者羊群效应与市场有效性。"经济学家都是傲慢的人，"法玛回答，"因为当他们无法解释某些事情时，他们就说这些事情是非理性的。所以在我看来，上个世纪发生了两次崩盘，一次微无足道，另一次影响深远。"法玛继续说道："1987年，人们突然变得非常厌恶风险，然后股市就崩盘了。他们认为没有未来，但后来很快就改变了主意，因为股价迅速反弹。1929年也发生了一次崩盘，他们受到了打击，但实际上他们还是过于乐观了，因为随后又发生了一次崩盘。"基于这两个事件，法玛的结论是："1929年崩盘对应反应不足，1987年崩盘对应反应过度。如果市场有效，那么这正是你能够预期到的。"

关于市场有效性概念与2007—2009年金融危机及股市下跌，法玛表示："我认为市场在这一事件中表现得相当不错。股票价格通常在衰退前和衰退中发生下跌。这是一场特别严重的衰退。当人们意识到这是一场衰退时，价格开始下跌，然后再继续下跌。这没有什么不寻常的，如果市场有效，那么这正是你能够预期到的。"

被CAPE武装的骑士

希勒对泡沫和资产估值的兴趣浓厚，这促使他与坎贝尔一起开发了一种名为CAPE（周期调整市盈率）的指标。CAPE的计算方式是以股价除以过去10年经通胀调整的平均盈利。

股票的市盈率倍数，即股票价格除以最近年度每股收益，历来被投资者用作估值的衡量标准。其基本思想是，一只股票的价值应该是一家公司近期收益的数倍，因为投资者有权获得这些收益，并对未来抱有更高的期望。这些收益由投资者分红和股价上涨组成。计算所有股票的市盈率平均值，就能得到整体股票市场市盈率倍数。

然而，坎贝尔和希勒担心公司在经历商业周期的波峰和波谷时收益的波动性。通过传统的市盈率倍数来评估市场状况，可能会受极值的扰动，这些极值来自商业周期波动和由此产生的盈利短期波动的影响。CAPE背后的理念是尽量减少这些短期影响。坎贝尔和希勒通过计算10年期滚动的平均盈利，消除了波动的根源。

坎贝尔和希勒使用过去 100 年的数据进行研究，发现随着时间的推移，市盈率倍数往往会恢复到历史平均水平。"在 19 世纪，CAPE 波动很大，但它总是不断地恢复到历史平均水平，尽管有时需要一段时间才能恢复。估值较高的时期往往最终导致股价下跌。"希勒进一步阐述道，"什么因素推高了市盈率倍数？有什么变化会促使它回归？是盈利上升还是价格下降？我们发现，从历史上看，这是价格下降所导致的。这是人类心理学的研究范畴，因为有时候一切看起来都那么美好，我们也因此而感到兴奋。最好的做法是，远离对任何事情都过度兴奋的人群。"

平均而言，自 1881 年以来，美国股市滚动 10 年的市盈率约为 17 倍。CAPE 被用来衡量市场或单只股票在一定的历史区间内是贵的还是便宜的。当 CAPE 异常高时，随后股价往往会下跌。希勒说："我们发现这个比率是一个很好的预测未来股票回报的指标，特别是从长期来看。"虽然 CAPE 是一个很好的股票价格长期预测指标，但就短期市场择时而言，该指标的准确度不甚理想。

CAPE 比率随时间的变化情况以及长期政府债券收益率情况如图 9-2 所示。2014 年，当 CAPE 比率达到 25.5 倍时，希勒评论说：在 130 多年的时间里，它只在 1929 年、2000 年和 2007 年三次达到这一水平，每次都预示着崩盘。2018 年，在希勒发表评论后不久，CAPE 比率达到了 33 倍以上，甚至高于 2007 年的峰值。CAPE 比率在 1921 年达到美国的历史低点，当时降至 6 以下。然而，这并不是一个用来择时的信号。希勒表示："CAPE 并不能明确指出何时买入和卖出，市场估值可能会维持多年。但我们应该认识到，我们正处于一个不寻常的时期，是时候提出一些严肃的问题了。"

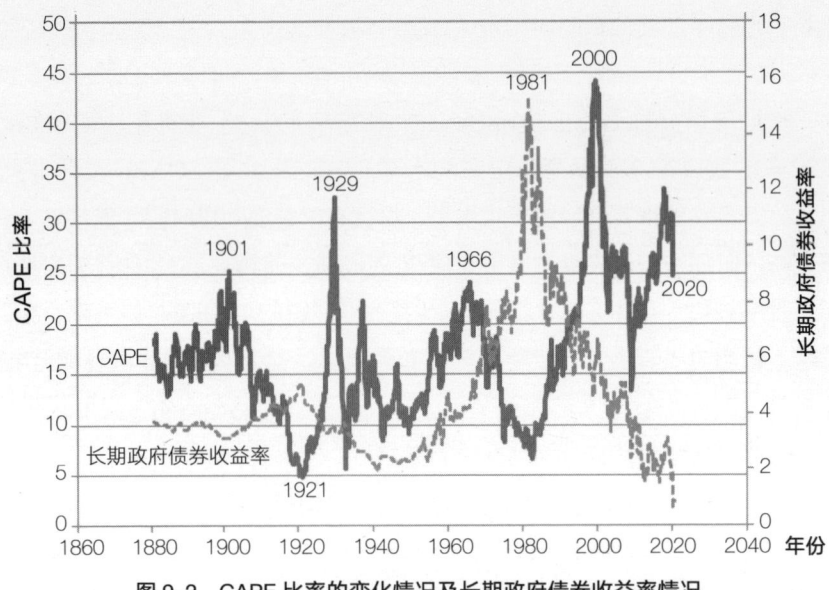

图 9-2　CAPE 比率的变化情况及长期政府债券收益率情况

在 MacroShares 中创建市场

希勒对估值和泡沫的兴趣不仅限于股票，还涉及房地产。在某种程度上，由于缺乏良好的房价数据，希勒的研究一度远离主流经济学家的视野。因此，希勒决定进一步挖掘数据。"我做的一件事就是，创建了一个 1890 年以来绝无仅有的房价指数。"希勒回忆道。

1987 年，希勒与韦尔斯利学院（Wellesley College）经济学教授卡尔·凯斯（Karl Case）合作开发了住房价格指数。他们在这一领域共同进行研究，收集同一房产在多次转售时的价格数据。"凯斯与商界的联系比房地产业内学者与商界的联系更为紧密，"希勒回忆说，"他并不脱离实际，而是与现实世界中的人交谈，比如房屋估价师，以分离房价数据，这并不容易。"1991 年，他们与前耶鲁大学学生艾伦·韦斯（Allan Weiss）合作成立了凯斯 - 希勒韦斯 Weiss 公司，目的是将他们的房价模型商业化，并开发更多的房价指数。2002年，信息管理公司Fiserv收购了该公司，然后与标准普尔合作，根据他们的研究开发可交易指数。哈佛大学经济学教授爱德华·格莱泽（Edward Glaeser）表示："希勒和凯斯所提出的是房地产市场价格变化的真正的黄金标准，它非常透明和可靠。"

2003年，希勒和凯斯对美国部分城市的购房者进行了调查，并对房价进行了分析，以强调房价下跌的潜在危险。"只要看看1890年以来经通胀调整的美国房价，每个人都会说：'现在的房价简直太离谱了。'这看起来很反常。"希勒回忆道，"那么问题是：如何理解这种反常现象？有些东西是不寻常的。是利率，还是税收政策，抑或是人口增长？所以，我和凯斯一起研究了这个问题，除了泡沫，我们似乎找不到任何类似的因素。"他们在为布鲁金斯学会（Brookings Institution）的一份出版物撰写文章时，着重对比了单个区域房地产市场与全国的房价，并得出结论："尽管一些城市房价存在泡沫，但是价格下跌是可以预期的，全国性的房价下跌不太可能发生，不同城市的下跌也不可能同步。"然而，到了2005年，希勒在《巴伦周刊》杂志上的观点广受关注，因为他预测美国房地产价格在未来10年内扣除通胀因素后，可能下降50%，或者名义价格将下降20%～25%。希勒的预测结果是显而易见的。

2005年，希勒在其著作《非理性繁荣》（*Irrational Exuberance*）第2版中预测了一场重大房地产危机即将来临。大约就在同一时间，希勒会见了准政府实体房地美和房利美的成员。虽然这些公司是政府资助的企业，但它们实际上并不是美国政府的一部分。房利美成立于1938年，其使命是扩大二级抵押贷款市场，1968年成为一家上市公司。类似地，美国国会于1970年创建了房地美，以确保金融机构有抵押金可供贷款，使消费者更容易负担得起房价，并在金融危机时期稳定住房抵押贷款市场。

希勒告诉房利美和房地美的成员："你们应该对冲投资组合的风险，

以防房价下跌。"希勒接着说道："我们的警告似乎没有丝毫引起你们的关注：你们的投资组合对房地产的风险敞口很大，你们应该明智地采取对冲措施来抵消这种风险，特别是考虑到你们的政府背景……"而现实中，希勒得到的回复通常是："房价风险市场还没有形成，因此，我们无法对冲风险。"

在这些会面中，希勒与房地美首席经济学家弗兰克·诺沙夫特（Frank Nothaft）进行了交谈。希勒回忆道："诺沙夫特声称，他们曾考虑过价格下跌幅度达到13.5%。我说：'如果比这更糟呢？''从来没有比这更糟过，'然后诺沙夫特纠正了自己的看法，'除了大萧条。'"几个月后，2006年3月，标准普尔／凯斯－希勒全美房价指数（一种单户住宅价格指数）达到184.36的历史高点（见图9-3）。截至2012年2月，该指数已降至136.53的水平，跌幅近26%，是诺沙夫特预计的最坏情况的2倍。到2016年末，该指数创下新高。

然而，这一下跌与希勒2005年在《巴伦周刊》上的预测是一致的。希勒指出："我没有预测技术或房地产泡沫会破裂，我只是说破裂的可能性是存在的。"

当凯斯－希勒－韦斯公司被出售时，希勒和韦斯保留了他们为Macro-Shares撰写的专利，MacroShares是一种与房地产指数挂钩的多头和空头证券配对的产品。MacroShares可以作为对冲工具，也可作为投机工具。希勒和韦斯随后又成立了一家新公司，继续向标准普尔发放指数使用许可证；他们还与芝加哥商品交易所合作，创建了住房价格期货合约。有些人认为希勒开发MacroShares只是为了赚钱，但凯斯并不这么想，他眼中的希勒，"关心的是让世界变得更美好"。

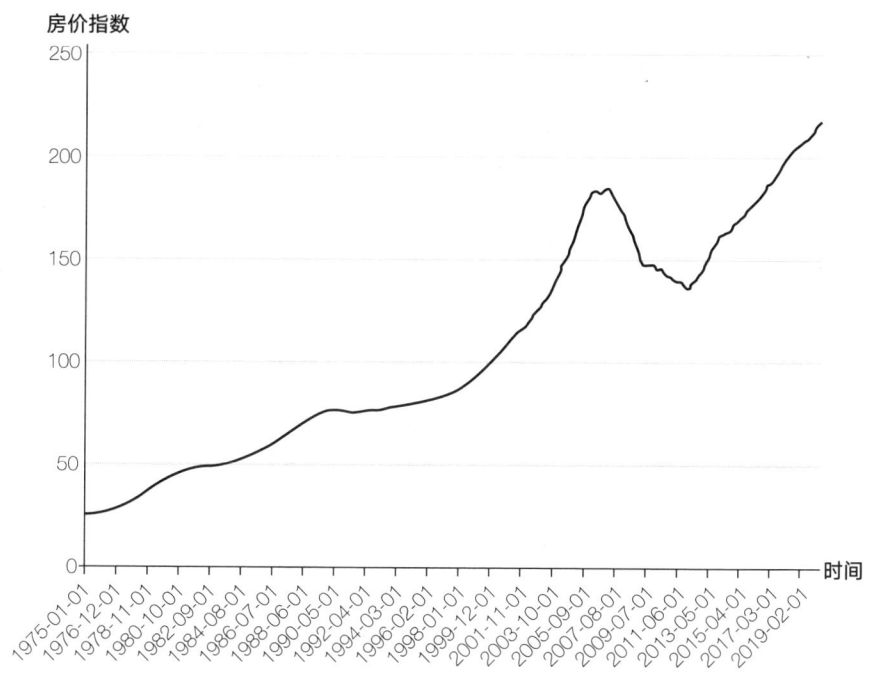

图 9-3　标准普尔凯斯-希勒全美房价指数

资料来源：FIGURE 9.3："S&P Dow Jones Indices LLC,S&P/Case-Shiller U.S.National Home Price Index©"[CSUSHPINSA],Federal Reserve Bank of St.Louis。

根据希勒的说法，MacroShares 的作用是控制风险。他表示："房子的价值可能会下降，飓风可能会袭来……但我们可以建立对冲市场来抵消这些问题。包括医疗和教育成本上升、国民收入危机以及油价波动等在内的一切，我们应该都能够对冲。"遗憾的是，与住宅价格相关的 MacroShares 产品 MacroShares Major Metro Housing Up 和 MacroShares Major Metro Housing Down，在纽约证券交易所停止交易，原因是管理的资产水平较低，均不到 2 100 万美元。然而，全球领先的衍生品市场芝加哥商品交易所还在继续提供基于标准普尔/凯斯-希勒房价指数的期货合约。

希勒的完美投资组合

当谈到完美的投资组合，希勒想到了什么？他从现代投资组合理论和定量模型的早期成果开始谈起："当你说到完美的投资组合时，它让我想到了某些数学理论，比如 CAPM。有些人会说，完美的投资组合与市场投资组合是一样的，因为如果每个人都遵循完美投资组合理论，那么它们就是一样的。但我认为这就是 CAPM 被过度推演的地方。事实上，并不是每个人都能遵循完美投资组合理论，能从定量角度理解它的人不多。"例如，为了创建马科维茨的"最佳"风险资产的有效边界，即在给定风险水平下具有最高预期收益的风险资产，你需要大量的定量信息，如预期收益和风险，以及资产之间的相关性。接着，希勒谈到了数学的作用："你必须做一些诸如转换矩阵一类的事情。我们不知道如何估计预期收益、风险和相关性，未来或许可期。"

尽管纯数学方法的前景令人望而生畏，但现代投资组合理论模型（如 CAPM）仍遵循一些重要的一般投资原则。希勒解释说："它必须是一个广泛多样化的投资组合。我认为，一般来说，人们都太害怕在国外投资，或者跨资产类别投资，而完美的投资组合必须能够应对你自身的脆弱。如果你在汽车行业工作，你就不应该在汽车股票上投入太多。你可能想做空它们，但几乎没有人这样做。"

有人问希勒，当许多资产类别看起来很代价不菲时，投资者应该采取什么么行动。他表示："我不是一名财务顾问，但我想说，对大多数人来说，他们应该多存一些钱，因为他们的投资组合可能不会像他们想象得那样好……人们已经了解了复利的力量，但他们不明白的是，如果利率为零，你就得不到任何复利。**作为一般原则，我认为人们应该在资产和地理上进行分散投资，因为我们无法准确预测任何一种资产的走势**……我会投资一些美国股票，我会在全世界的股票中寻找 CAPE 比率较低的股票买入，我还持有债券、房地产和大宗商品。大宗商品被许多投资者忽视，但它们是投资的重要组成部分。"**大宗商品往往与股票的相关性相对较低。**

2015 年，希勒指出："现在要考虑的投资类别是通胀指数债券（inflation-indexed bonds）。我曾注意到，30 年期国债的收益率不到 1%。虽然不是很鼓舞人心，但至少它们是由政府担保的，而且是通胀免疫的。但我必须承认，它们的确不是很激动人心。"

在股票投资方面，希勒认为择时非常重要。他说："1982 年，我认定当时是牛市，所以把所有的钱都投在了股市。"1998 年以及 2008 年金融危机前后，除了一只 Kmart 股票之外，希勒将所持有的股票全部出清。他回忆道："我母亲给了我 Kmart 的股票，所以我不想卖掉它。"到 2015 年初，希勒将投资组合的大约一半投资于股票。"情况一直在变化。我还有很多固定收益资产，以及两套住房。"他表示，"如果投资于房地产行业，那么你应该将其作为多元化投资组合的一部分；如果你自己投资于单套住房，那么你需要了解更多相关信息。"

然而，希勒认为，对许多人来说，自己动手并不是最好的方法。他解释道："我们真的不想让人们陷入泡沫中，以免他们的正常生活被打乱。因此，我的建议是，把你的资金交给一位口碑良好的财务顾问去打理，他们通常都能做得很好。"

随着新的金融工具和产品的开发，投资的未来可能与过去有所不同。"我还认为，**完美的投资组合将涉及一些金融创新**。例如，我多年来一直主张政府发行 GDP（国内生产总值）挂钩债券。"这是希勒自 20 世纪 90 年代初以来就抱有的想法。希勒解释道："我在与约克大学马克·坎斯特拉（Mark Kamstra）的共同研究中发现了最简单的 GDP 关联债券，我们称之为'Trill'。Trill 是 GDP 的一部分，是指该国 GDP 的万亿分之一。因此，如果美国的 GDP 是 18 万亿美元，那么今年你就可以得到每只债券 18 美元的分红。该分红会永续性地用本币支付。"Trill 实际上代表了经济的一部分，只支付其总"收益"的一小部分。在刚刚的例子中，它是美国整体经济的一小部分。Trill 将为投资者提供增长机会，同时能够像通胀保值债券（TIPS）一样提供通胀保护。息票支付和本金都会随着 GDP 的变化而上升或下降。作为 GDP 的固定份额，Trill 还能维持投资者的生活水平不下降。在投资者年轻时，目标日期基金大量投资于股票，随着时间的推移会更多地投资于债券；随着投资者年龄的增长，这些投资组合可以先小比例地投资 Trill，然后逐步增加配置比例。

希勒认为，Trill 对政府和投资者都有好处："Trill 使政府得以把自己置于杠杆比率较低的位置，与其以固定利率借款，不如像股权融资一样。Trill 还使得政府以其税收收入与债务相符的方式融资。对投资者来说，这将是一个更广泛的多元化举措。GDP 远大于企业利润，对于单个国家来说，GDP 通常是企业利润的 10 倍以上。因此，投资 GDP 是比投资股票更广泛的多元化。"坎斯特拉和希勒认为，Trill 可以提供类似于标准普尔 500 指数这样代表整体股票市场的回报，但其波动性略低。在数据模拟中，使用马科维茨的均值-方差框架，他们估计的最佳投资组合配置或完美投资组合可能是 28% 的长期债券、38% 的美国股票和 34% 的 Trill。他们还估计，Trill 相对于 CAPM 的贝塔值可能在 0.25 左右，远低于市场的自然贝塔值 1.0，并且低于莱博维茨的观察结果，即养老金计划的总体贝塔值往往在 0.6 左右。然而，Trill 的发展不会一蹴而就。"这些事情发展得很慢。投资创新的问题在于，它们不可能立竿见影，人们对金融创新不信任。"尽管如此，土耳其和英国的央行行长都对 Trill 表示过兴趣。保加利亚、波斯尼亚、哥斯达黎加、新加坡和阿根廷等国则发行了至少部分与 GDP 增长相关的证券，尽管并不完全和 Trill 一样。Trill 甚至有可能私下发行，比如希勒的 MacroShares。

作为一个不随大溜的折中主义思想者,希勒对"什么是最好的投资"还有最后的一点思考。他认为,为了取得进步,社会应该投资于房地产以外的东西。他表示:"科学研究和医学研究哪种路径更好?人们更愿意建造大房子并且获得资本收益,还是更愿意把孩子送到医学院,做疾病治疗方面的研究?"希勒建议,与其考虑你自己的投资组合,不如从更广泛的角度来思考;从整个社会的角度来考虑,你应该对你投资的项目和目的三思而后行。

In Pursuit of the Perfect Portfolio
希勒的投资组合箴言

- 作为一般原则，我认为人们应该在资产和地理上进行分散投资，因为我们无法准确预测任何一种资产的走势……

- 避免在自己所处的行业投资过多，例如你在汽车行业工作，你就不应该在汽车股票上投入太多。

- 如果你投资于房地产行业，这也是经济的一个领域，应该是多元化投资组合的一部分；如果你自己投资于单套住房，那么你也许需要更多了解的东西。

- 对许多人来说，自己动手并不是最好的方法，我建议人们找一位口碑很好的财务顾问，他们通常都能做得很好。

- 完美的投资组合将涉及一些金融创新。

- 与其考虑你自己的投资组合，不如从更广泛的角度思考，从整个社会的角度考虑，然后对你投资的项目和目的三思而后行。

THE STORIES, VOICES, AND KEY INSIGHTS OF THE PIONEERS
WHO SHAPED THE WAY WE INVEST

In Pursuit of the Perfect Portfolio

第 10 章

查尔斯·埃利斯与赢得输家的游戏

- "全球十二大投资领袖终身贡献奖"得主
- 被称为"华尔街最聪明的人"
- 以富有洞察力和争议性的文章《输家的游戏》推动了指数基金的发展
- 著有《赢得输家的游戏》、《投资的要素》（与伯顿·马尔基尔合著）、《高盛帝国》、《投资终极战》、《指数革命》等

CHARLES ELLIS
查尔斯·埃利斯

查尔斯·埃利斯被称为"华尔街最聪明的人"。毕竟，在20世纪70年代中期，埃利斯被公认为第一位公开质疑主动投资管理的业内人士。

埃利斯是一位杰出的榜样和思想领袖。他从无到有地创立了一家重要的咨询公司。他的方法非常简单，仔细倾听金融机构决策者们如银行、交易商、经纪人和投资经理的意见，然后向这些客户提供公正的建议。埃利斯那篇富有洞察力和争议性的文章《输家的游戏》（*The Loser's Game*）推动了指数基金的发展。埃利斯还参与了耶鲁大学最具创新性的捐赠基金之一，这使他有机会将投资管理原则付诸实践。作为一位多产且活跃的作家，埃利斯还能够以清晰的见解与广大读者建立联系。关于完美投资组合，埃利斯的观点可以给我们很多启发。

从调频广播电台到哈佛商学院

1937年，埃利斯出生于美国波士顿的罗克斯伯里市（Roxbury），该市于1630年开埠，是马萨诸塞湾殖民地最早的城镇之一。埃利斯的父亲是一名律师，第二次世界大战期间曾在美国海军服役，但对小埃利斯影响最大的是他六年级时的老师，马萨诸塞州马布尔黑德市埃尔布里奇·格里学校的内莉·沃尔什（Nellie Walsh）老师。

沃尔什也是这所学校的校长，有一天，埃利斯意外地被她叫进了办公室。沃尔什告诉埃利斯："我对你很失望。课间休息时，有人发现你在学校操场上和彼得打架。我说得对吗？"小埃利斯承认了，但他解释说，彼得在欺负年幼的孩子，朝年幼的孩子扔雪球，自己则试图阻止彼得。沃尔什说："埃利斯，我对你的期望比对彼得这样的学生高得多。话就说到这里，我点到即止。"埃利斯后来坦言，这是他从别人身上学到的最好的一课。

大约在埃利斯七年级的时候，他的父亲建议他未来不要从事法律工作。他的父亲以律师的典型说话方式概述了三个论点来支持自己的建议：第一，埃利斯不适合从事法律工作，因为从根本上说，他不是一个学者型的人；第二，近期，一大批比埃利斯大10岁左右的很有才华的退伍军人，拿到了《1944年军人再调整法》（Servicemen's Readjustment Act of 1944）发放的教育补助，开始踏入法律界，这将导致竞争变得异常激烈；第三，法律正在从一个职业转变为一门生意，所以埃利斯应该考虑直接进入商业，而不是进入一个本身就处于变动中的领域。埃利斯接受了父亲的建议。

从九年级到十二年级，埃利斯就读于菲利普斯埃克塞特学院，这是一所位于新罕布什尔州埃克塞特市著名的寄宿学校，也是美国最古老的中学之一。早期校友包括美国参议员兼国务卿丹尼尔·韦伯斯特（Daniel Webster）、美国总统富兰克林·皮尔斯（Franklin Pierce）、亚伯拉罕·林肯的儿子罗伯特·林肯（Robert Lincoln），以及小尤利西斯·S. 格兰特（Ulysses S. Grant Jr.）；后来的校友还包括约翰·D. 洛克菲勒（John D. Rockefeller）的曾孙约翰·戴维森·洛克菲勒（John Davison Rockefeller）和戴维·洛克菲勒（David Rockefeller Jr.），当然还有埃利斯。菲利普斯埃克塞特学院采用哈克内斯教育法——学生们围坐成一个巨大的椭圆形，一起交流想法，过程中只保留最低限度的教师干预，类似于苏格拉底式的方法。这可以视为埃利斯后来在哈佛商学院接受教育的前奏曲。

从菲利普斯埃克塞特学院毕业后，埃利斯进入耶鲁大学文科学院学习艺术史。有一段时间，埃利斯是耶鲁大学学生新闻和访谈广播电台 WYBC 的台长。虽然埃利斯在 1959 年成功地获得了艺术史学士学位，但他并没有选择进入这个领域工作。"除非你真的擅长艺术史，否则你很难获得成功。"埃利斯后来回忆道，"艺术史是一个安静而孤独的领域，但我意识到我是喜欢社交的人，所以我决定离开。"

从耶鲁大学毕业后，埃利斯曾短暂受雇于波士顿调频广播电台 WGBH。WGBH 电台创办于 1951 年，并最终成为美国国家公共广播电台（National Public Radio）的特许会员。在 WGBH 期间，埃利斯与一位女性志愿者成为朋友。这位"出色的女性"与埃利斯同龄，吸引了他的眼球。埃利斯想更好地了解她，所以邀请她共进午餐。他们交流频繁，很快就开始了约会。一天，她对他说："埃利斯，你知道吗？你应该去 B 学院。"埃利斯问："什么是 B 学院？"她告诉他，B 学院就是指商学院（business school）。然后，埃利斯问她商学院是不是有很多。她回答说，的确有很多，但如果只选一所的话，那就只选哈佛商学院。后来，埃利斯递交了哈佛商学院的入学申请，并被接受入学。

埃利斯发现，哈佛商学院的教育对他来说堪称一次变革性的经历。他回忆道："学校聚集了一些非常聪明的人，他们每个人都能独立思考，能够甄别别人的观点。因此，你要学会倾听，学会说话，表达自己的观点。"哈佛商学院的案例研究方法要求学生通过自己的方式来解决没有明确答案的问题，这与传统的教科书学习大相径庭。埃利斯后来说："你会意识到世界是多么复杂，做出正确的判断是多么重要，掌握正确的事实是多么重要。"这段经历有助于埃利斯进行创造性的思考。

1963年，埃利斯即将从哈佛商学院毕业，他考虑申请去高盛的工作，因为他的父亲告诉他，高盛是华尔街最好的公司。起薪是每个月4 800美元，但埃利斯意识到这点儿工资根本不够用：他要结婚了，而且他的妻子还要偿还韦尔斯利学院的助学贷款。埃利斯估计他每月至少需要挣5 000美元。

在经历了几次面试无果之后，埃利斯与一位同学共进午餐。这位同学说，他父亲的一位朋友正在寻找一名工商管理硕士毕业生到洛克菲勒工作，问埃利斯是否感兴趣。埃利斯一听就立即表达了兴趣，他以为对方指的是全球性的慈善基金会洛克菲勒基金会。埃利斯很快就与罗伯特·斯特兰奇（Robert Strange）见面了，他发现斯特兰奇是非常深思熟虑和富有吸引力的人。然而，埃利斯很快认识到，斯特兰奇并非为洛克菲勒基金会工作，而是在洛克菲勒兄弟公司供职。洛克菲勒兄弟公司是洛克菲勒的家族办公室，负责管理投资和捐赠。虽然当时的埃利斯对投资一无所知，但他总算得到了一份工作。

当埃利斯兴奋地告诉妻子这个好消息时，他才意识到自己忘了问起薪是多少。事实证明，埃利斯的起薪和洛克菲勒银行大通曼哈顿分行支付给工商管理硕士毕业生的起薪是一样的，标准的6 000美元。这也是洛克菲勒家族支付给初任家庭佣工的工资水平。值得庆幸的是，他的妻子将成为一名教师，月薪为7 000美元，所以他们两人暂时摆脱了经济问题。

与洛克菲勒家族一起摇滚

在洛克菲勒兄弟公司，埃利斯的导师是洛克菲勒家族的高级财务顾问J. 理查森·迪尔沃思（J. Richardson Dilworth）。迪尔沃思还是洛克菲勒医学研究所（现为洛克菲勒大学）的受托人、财务主管以及财务与投资委员会主席，耶鲁大学董事会的受托人耶鲁公司的成员、大都会艺术博物馆副馆长。

埃利斯最初的工作是撰写各种股票的研究报告，他的直接主管是菲尔·鲍尔（Phil Bauer）。在完成第一份关于纺织品库存的研究报告后，埃利斯将报告提交给了鲍尔。读完报告后，鲍尔颇为不悦地找到埃利斯，语带讥讽地问埃利斯在哈佛学习期间是否学过投资方面的知识。埃利斯坦承，哈佛大学只教过一门投资课程，但他没有选，因为这门课被公认为极其枯燥。

可以想象，鲍尔给的压力使得埃利斯产生了学习投资的紧迫感。当天下班时分，鲍尔安排埃利斯参加华尔街公司 Wertheim & Company 的培训课程，加入纽约证券分析师协会，并在纽约大学参加夜间投资基础课程。

埃利斯在 Wertheim & Company 的培训课程中学到了重要的一课。"有一天，该公司的高级合伙人 J. K. 克林根斯坦（J. K. Klingenstein）给我们做演讲。当他即将离开时，一名学员脱口而出：'克林根斯坦先生，我们怎么能像你一样变得富有？'其他人都感到颇为尴尬，而克林根斯坦显然也不觉得好笑。但随后他的脸色缓和下来，你可以看到他非常认真地对待这个问题，并试图总结他在华尔街一辈子学到的一切。当时教室里一片寂静，克林根斯坦先生坚定地说了一句'不要输'，然后便站起来离开了。我从未忘记那一刻，这才是投资者真正应该在意的：不要输，不要犯错误，因为代价太大了。"埃利斯继续解释道，"在投资中，'输'意味着在最糟糕的时候采取果决的行动，或者说在最需要理性的时候你却被情感支配。太想赢，最终可能反而会输。这就如同要赢得印第安纳波利斯 500 英里大奖赛（Indianapolis 500），你首先必须跑完全程。如果你在某一赛段用力过猛，你可能就跑不到终点。"

鲍尔要求埃利斯参加夜间投资基础课程,于是埃利斯去纽约大学申请参加该门课程的学习。当埃利斯总算排完长队时,坐在登记台旁的女士问他是特殊学生还是普通学生。由于不知道两者的区别,埃利斯要求女士给他解释解释。这位女士解释说,特殊学生只修一两门课程,而普通学生修的是学位课程。她问埃利斯毕业的学校和学位是什么。当埃利斯回答"哈佛商学院,MBA"时,她说:"哦,哈佛商学院,著名学府!既然你已经有了MBA学位,那你应该参加我们的博士课程!"因为不需要花太多的费用,课程学习的方式又较为灵活,而且家族里尚没有拥有博士学位的成员,埃利斯最终决定在纽约大学攻读博士学位。

在该博士项目读了大约7年之后,埃利斯开始创办自己的公司,但他仍然没有开始写博士学位论文。就在此时,埃利斯和儿子哈罗德(Harold)在铲雪时谈了一次心。埃利斯回忆道:"我问儿子:'哈罗德,学校怎么样?'哈罗德说:'我喜欢学校,爸爸。我和老师、同学相处得很融洽,我们彼此间互相帮助。你在学校过得怎么样?'我说:'哈罗德,你知道,新公司刚刚创立,我得努力工作,我想我可能得停下学业了。''爸爸,在毕业前你不可以停止学业。'于是,第二天我回到了学校,继续努力。"1979年,埃利斯最终在入学14年之后毕业。

1964年,埃利斯在《金融分析师杂志》上发表了他的第一篇文章,标题为《公司减税》(*The Corporate Tax Cut*)。这篇文章探讨了林登·约翰逊总统颁布的《1964年收入法案》(*The Revenue Act of 1964*)的影响,该法案将公司税率从52%降至48%,同时降低了个人税率。该法案宣称的目标之一是增加资本投资。埃利斯在文章中指出,约翰逊宣称的对整体经济的好处并不像投资者预期的那么简单,他还提醒金融分析师仔细研究增加资本投资的影响。这是埃利斯经常提及的一个主题。

1966年,埃利斯在哈佛商学院时的同学查理·威廉姆斯(Charlie

Williams）打电话给他，建议他去拜访其雇主，一家名为 DLJ 的投资银行。1959 年，威廉·H. 唐纳森（William H. Donaldson）、理查德·詹雷特（Richard Jenrette）和丹·勒夫金（Dan Lufkin）创立了 DLJ。当时，这家银行独特的商业模式是，向美国国内投资者提供独立第三方的高质量公司研究。当时在那个领域，除了 DLJ 和其他几家新公司，几乎没有人进行任何研究。

埃利斯成功地在 DLJ 获得了一个职位，薪水比在洛克菲勒兄弟公司时提高了一倍多，外加奖金、利润分成以及之后的股权。"大多数证券公司都没有研究部门，但我们的主要精力都致力于作研究。而且其他大多数公司发表的报告最多只有 2 页，而我们的报告长达 50 页、75 页、100 页、150 页。我们确实在非常努力地理解这些公司。"在 DLJ 任职期间，埃利斯还获得了与领先机构的顶级投资经理交流的机会，包括共同基金和养老基金等快速发展领域的投资经理。20 世纪 60 年代末是华尔街的沸腾岁月，是"漂亮 50"（Nifty Fifty）的年代，大盘股因其增长潜力而广受关注。据《华尔街日报》的贾森·茨威格（Jason Zweig）称，埃利斯在 DLJ 任职期间，通过敏锐的分析"刺穿了股票泡沫"。埃利斯认为，自己在 DLJ 的时光"非常精彩，也很有趣……我们参与了前沿研究，这是非常重要的"。

在 DLJ 工作期间，埃利斯还在努力学习以获取特许金融分析师头衔，这是投资行业的金标准。为了获得提名，候选人需要通过三轮严格的考试。这三轮考试旨在评估候选人的财务分析和投资组合管理技能。当时每年只提供一次考试机会，考试时间安排在 6 月的第一个星期六。到 1968 年，埃利斯成功地通过了前两轮考试，但由于被认为太过年轻，他无法参加第三轮考试，不得不再等一年。

1969 年 6 月，埃利斯惊喜地发现，在下午的考试中，部分内容都在讨论《机构投资》（*Institutional Investing*）杂志上新近发表的一篇文章，而这篇文章正是自己写的！颇有预见性的是，文章标题是《要获得绩效，你必须组织起来》(*To Get Performance, You Have to Be Organized for It*)。不出意外地，埃利斯在那年获得了特许金融分析师的头衔。

埃利斯在这篇文章中指出，投资绩效需要一个策略性的总览。投资委员会应该给予年轻的以研究为导向的投资组合经理以充分的时间和空间，以实现投资者回报最大化。埃利斯列举了主动投资的显著优点，包括抓住短期盈利机会、在潜在投资机会出现时主动承担风险以及避免价格下跌等。然而，仅仅两年后，埃利斯回忆道："在投资绩效面前，我开始看到了一些乌云。"

回想起来，当时"乌云"也开始出现在埃利斯的写作中。1968年，还在DLJ工作的埃利斯在《金融分析师杂志》上发表了一篇关于绩效投资的文章，他将绩效投资定义为"一种积极的、折中的、勤奋的投资方式，以不断实现投资组合利润最大化"。埃利斯将绩效投资描述为一种"介于跟随短期价格变动的看盘交易者和超长期持有者这两个极端之间"的积极策略。要想获得成功，就得将两种类型交易者的长处结合起来。其中的关键在于，根据各类公司的最新信息，当某些因素表明股价可能发生变化时，投资者们应迅速采取行动。还认为，成功可能反而会破坏业绩表现，特别是当太多的资金追逐类似的策略时，每1美元投资的回报率将有所下降。埃利斯警告说，绩效投资可能"注定要遵循发展、成熟和衰退的生命周期"。

1971年，埃利斯在《金融分析师杂志》上发表了一篇颇有见地的文章，题目是《投资组合操作》(*Portfolio Operations*)，这是他的一本机构投资类著作的一部分。埃利斯观察到，管理良好的投资组合是动态的，因为其中的股票不断变化，公司本身也在变化，大量资本不断地流入和流出。管理者面临的挑战是利用这些不同维度的"推力"，使投资组合运营更加有效。然而，提升效率需要时间。"在基金管理工作变得足够科学或定量化之前，可能还需要再进行10年的探索和检验。"埃利斯强调了将失败的影响降至最低和将成功的效应最大化的重要性。埃利斯还强调了马科维茨在组合多元化和防止过度集中方面研究的重要性："与买入大量不同股票的策略相比，选择集中投资的投资组合经理肯定会满足于获得更高的回报，但这并不容易。"埃利斯还强调了高换手率的代价。最后，埃利斯指出了将投资组合与标准普尔500指数进行比较的作用："能够让投资组合经理对自己所在机构在投资标的选择方面的优势和劣势有着更准确的了解。"

埃利斯的创业之路

埃利斯关于投资组合运营的文章，预示了他自己的咨询公司在次年的成立。1972年，埃利斯以3 000美元资本金创立了格林威治合伙公司（Greenwich Associates），并提出了一种新的商业研究理念，向银行、大型基金经理和华尔街公司提供咨询服务。

埃利斯对自己是如何在从事股票研究的同时冒出这个想法作出了解释："我对于自己到底干得怎么样毫无概念。我只知道我在努力工作，我非常了解我的客户，但我并不清楚我的客户到底是如何看待我的，我也不知道他们是如何看待其他公司的。如果有人能调查一下他们的真实想法，那对每个人来说都是非常有价值的，把它比喻成一盏明灯也毫不为过。"埃利斯继续说道："我的基本理念是，市场上特定机构服务的主要购买者熟悉市场行情，了解行业动态；他们清楚在过去一年中他们有什么收获或损失，他们对市场有着自己的期许。如果你能来和他们坦诚相待，那么或许他们会告诉你一些心得。"

在格林威治合伙公司成立的第一年，埃利斯到过90个城市，宣传他对基准数据重要性的理念，以便让公司了解其为客户提供的服务到底如何。埃利斯的想法是基于高质量的专门研究提供及时、公正、有效的管理信息，与客户维持较为良好的关系。格林威治合伙公司的主要附加值是，在听取某家公司的客户意见的基础上，从中提取良好的建议，再反馈给这家公司，而不是直接反馈。格林威治合伙公司的商业模式是基于对客户进行深度的访谈并分析结果。埃利斯回忆道："这给了高级管理层无法否认的信息。因此，如果他们对你说'看，这就是客户对你的评价'，那你就必须无理由接受。"

虽然费了一番周折，埃利斯最终还是成功了。他在回忆那段时光时说："午夜睡觉时，我把闹钟定在早晨5：30，然后起床再出发。当我飞到一个城市时，我会在机场坐上出租车，对司机说，'我没有喝酒，但我很累，我可以在你的出租车后座上躺一会儿吗？如果我睡着了，可以麻烦你叫醒我吗？'"两年后，格林威治合伙公司现金耗尽，埃利斯不得不借其弟弟持有的证券作为贷款的抵押物。1987年10月市场崩盘后，格林威治合伙公司规模被迫缩减10%，这也是金融服务业普遍萎缩的一个缩影。

尽管经历了这些挫折，但格林威治合伙公司的客户数量依然实现了增长，从其第一年仅限于北美的28个客户增长到全球130个金融市场的250多个客户。目前，格林威治合伙公司有250多名员工、6个全球办事处以及50 000多家机构和公司参与其研究。2000年，伍迪·卡纳迪（Woody Canaday）接替埃利斯担任格林威治合伙公司首席执行官；2009年，史蒂夫·巴斯比（Steve Busby）又接替了卡纳迪。

输家的游戏

当埃利斯忙于为格林威治合伙公司寻找新客户时，他依然抽出时间写了一篇颇具影响力的文章《输家的游戏》。这篇文章发表于1975年，后来赢得了特许金融分析师协会享有盛誉的格雷厄姆和多德奖（Graham and Dodd Award）。埃利斯后来又于1998年出版了畅销书《赢得输家的游戏》（Winning the Loser's Game），各版累计销量超过65万册。

"输家的游戏"到底是指什么？埃利斯的灵感来自西蒙·拉莫（Simon Ramo）的书《普通网球运动员的非凡网球比赛》（*Extraordinary Tennis for the Ordinary Tennis Player*）。拉莫本人是一个生活多姿多彩的人，活到了103岁。作为霍华德·休斯飞行器公司的前员工，拉莫与人合伙创建了私人航天公司，即TRW公司的前身，他也是美国洲际弹道导弹系统的首席设计师。100岁时，拉莫获得了一项基于计算机的学习发明专利，成为当时获取专利年龄最大的人。他撰写及合著了62本涉及不同主题的书籍，其中包括一本电磁场教科书，销量超过100万册。

根据埃利斯的说法：拉莫将网球运动员分为两种类型，他们使用相同的设备、相同的场地，遵循相同的着装规范，并且以相同的方式记分。但除此之外，他们之间的差距简直是天壤之别。在职业网球或专业网球比赛中，的确有一些选手非常出色，比如大威廉姆斯、小威廉姆斯姐妹。这些选手很少犯错，并且会设法给对手施压；当压力越来越大时，对手迟早会出现受迫性失误。在大多数情况下，专业选手就是这样得分的。

但是埃利斯的网球比赛（以及我们大多数人的网球比赛）则与专业选手显著不同。他解释道："当我打网球的时候，我是为了好玩，我会丢分，也会触网，而专业选手几乎从不触网；我会发球双误，但专业选手几乎从不双误；我会在球场外打，专业选手几乎不会在球场外打。专业选手的回球接近底线，但很少会打出界。非专业选手会不停地给对方喂球，让对方轻松得分。"因此，拉莫的意思很简单："你必须了解你是哪一类运动员。如果你是一名出色的网球运动员，那么你应该采取一种赢家游戏策略；如果你的实力较弱，那么你应该做好防守，别被轻易踢出局，即采取输家游戏策略。"换句话说，网球运动员应避免非受迫性失误。

让埃利斯感到震惊的是，拉莫的分类逻辑也适用于投资管理。埃利斯说："人们都在玩赢家游戏。有些玩家在游戏中游刃有余，尽展风采；有些人尽其所能地参与游戏，却屡犯错误，他们高买低卖，投资组合也不合理，因此离设定的目标越来越远。"

埃利斯在书中写道："从相对的角度来衡量，投资经理们表现得并不出色，他们未能击败市场。投资管理业务建立在一个简单而基本的理念之上，即专业的基金经理能够击败市场。这一理念似乎是错误的。"

埃利斯深刻地认识到：投资者需要对错误有着清醒的认知，因为成功的关键就在于避免犯错。新的缺省假设是：由于投资经理无法击败市场，因此投资者不要做任何主动管理，因为你一旦出手，就极易犯错。如果不能击败市场，你就应该考虑与之为伍。怎么与之为伍？埃利斯给出的答案是："指数基金是一种不错的选择。"

在1975年，投资指数基金是一个激进的想法。埃利斯和他的密友们担心，他的文章会引起过大的反响，而且会激怒许多主动投资者。然而，令埃利斯感到惊讶的是："投资者们一致认为，'你的想法很不错，但它并不适用于我们，它适用于其他人，因为我们自认为能够击败市场。'"遗憾的是，投资者们对埃利斯的建议置若罔闻。

埃利斯通过一些简单的数学计算，向我们展示了主动型投资经理人在超越市场方面所面临的困难。假设平均股权回报率为9%，投资组合年度换手率为30%，平均买卖价差和佣金成本分别为3%，资产管理和托管费用为0.2%，基金经理的目标是跑赢20%。从总回报的角度来看，管理者需要取得多少收益才能获得20%的净收益？答案就是下面等式中的 Y：

$$(Y \times 9\%) - [30\% \times (3\%+3\%)] - (0.20\%) = (120\% \times 9\%)$$

结果表明，Y=142%，或者换句话说，基金经理的表现需要超过市场表现的40%。使用同样的公式，为了取得与标准普尔500指数相同的业绩，经理人需要跑赢市场22%！

埃利斯的《赢得输家的游戏》这本书是在他早先文章的基础上进行扩展和更新而成的，书中提供了许多宝贵的智慧。在整本书中，埃利斯提出了强有力的理由来支持指数化投资。例如，埃利斯写道："由于大多数基金经理无法击败市场，投资者至少应该考虑投资于复制市场的指数基金，这样他们就永远不会被市场打败。来自绩效衡量公司的数据显示，指数基金在很长一段时间内的表现优于大多数基金经理。"

根据埃利斯的说法，游戏的真正关键之处在于设定目标，着眼于长期，而不是试图玩一场你注定要输掉的短期游戏。"一个鼓舞人心的事实是，尽管大多数投资者都玩输家游戏，试图击败市场，且将以失败而告终，但每个投资者都可以成为长期赢家。要成为长期赢家，你所需要做的就是专注于设定现实的目标，坚持明智的投资纪律，以实现你的特定目标，并具备自律、耐心和毅力。"为了强调目标设定的重要性，埃利斯写道："实际上，很少有投资者能够制定明确的投资目标。这就是为什么大多数基金经理在投资运作时并不能了解客户的真正目标，也没有明确身为基金经理的使命和责任。这种错误应归咎于投资者。"

那么，从长远来看，主动管理有成功的机会吗？埃利斯指出，从理论上讲，主动管理是有成功可能的，例如使用择时等策略，但他同时指出，这些策略的成功概率很低。"正如有年长的飞行员，也有大胆的飞行员，但没有既年长又大胆的飞行员，几乎没有投资者在市场时机选择方面取得持续的成功。"

2013年，就当前主动型基金经理的素质及其对投资界产生的自相矛盾的影响，埃利斯发表了评论："在其他任何地方，你都找不到比主动型基金经理更聪明、工作更努力、受教育程度更高、更见多识广、拥有更好的设备和工具、能够始终保持在知识前沿的群体……这样做的最终结果是，他们做得如此出色，以致没有人再愿意支付他们全额管理费去参与竞争，以求做得更好。或者，更直截了当的说法是：'我可以并打算用较低的费用来享受他们的工作成果。'对此，我提出了投资指数基金的建议。"

埃利斯强调了"关于投资的四个非常强大的真理"，经验丰富且明智的投资者理解并遵循这些真理。**首先，你选择的资产组合是最重要的投资决策；其次，所选择的资产组合背后应该包含投资者明确的投资目的，比如对增长、收入或安全的渴望，以及如何使用这些资产来扩大收入；再次，资产类别内部和资产之间的多样化至关重要，因为坏事可能会发生；最后，要有耐心和毅力。**人们往往过于强调追逐回报，而没有认识到等式的另一边。"大多数投资者和基金经理以及所有关于投资的广告都只关注投资的一面：回报。"埃利斯写道，"然而，对于长期成功来说，另一面，即风险，甚至比回报更重要，特别是严重永久性损失的风险。"埃利斯描述了一些风险形式，包括造假和欺诈、预期之外的商业风险、个人行为偏差和单一的投资组合。

埃利斯强调了投资于国外市场的重要性。他说："大多数投资者惊讶地发现，最好的'普通'（plain vanilla）或'零假设'（null hypothesis）指数基金组合都是半国际化的。"国际多元化增强了国内多元化所带来的"免费午餐"。通过投资于世界上主要的股票市场，投资者能够得以介入这些不同的经济体。

埃利斯还强调，选择适当的资产组合以真正匹配投资者的投资期限是非常重要的。他指出，如果投资期限为 5 年，那么 60/40 的股票与固定收益比率是合适的，但这样的期限对于"希望为家庭提供财务保障的大多数个人投资者"来说过于短暂了。埃利斯暗示，如果投资者考虑得更加长远，他们会在股票上投入更多资金，从而可以获得更高的长期回报。

除了上面总结的四条强有力的真理外，埃利斯还为个人投资者制定了十条"戒律"，作为投资决策的指南。

1. 尽可能早地多存点钱。
2. 不要投机"热门提示"或每个人都在谈论的个股。
3. 不要出于税收原因做任何投资。考虑到投资的益处，你如果能从投资中享受、税收优惠，就把它们当作锦上添花。
4. 不要把你的房子看作一种投资，也不要把它当作你从银行借钱的抵押品。
5. 不要投资商品，因为它们的价格波动很大。
6. 股票经纪人和共同基金销售人员工作的目的并不只是为你赚钱，所以你要考虑他们对各种产品收取的费用以及他们的动机。
7. 不要投资新的或"时髦"的品种，因为你可能不了解相关风险。
8. 不要仅仅因为听说债券是保守或安全的，就投资债券。了解与之相关的风险，尤其是在预期利率将要上升时。
9. 写下你的长期目标、投资和置业计划，并定期回顾。
10. 不要相信你的感觉，投资决策切勿感情用事。

那么，投资者该如何避免损失呢？埃利斯认为："要战胜市场、要赢得输家的游戏并不容易，所以请远离这个游戏。**我们应该专注于赢家游戏，即定义并忠实遵守符合市场现实和长期目标的合理投资策略**。"因为每个人都不尽相同，所以投资策略也应该有所不同。

耶鲁模型

埃利斯一直保持着对耶鲁大学捐赠基金的深度参与，该基金由戴维·斯文森及其耶鲁大学投资办公室团队管理。埃利斯于1992年加入耶鲁大学投资委员会，并于1999—2008年担任该委员会主席。截至2020年，耶鲁基金会管理的捐赠资产规模超过310亿美元。在过去的30年中，耶鲁大学的投资每年回报率为12.4%，这对于大学捐赠基金来说是前无古人的出色业绩。这一成功是人人可见的，因为捐赠基金支撑着耶鲁大学很大一部分的运营成本。

一家捐赠基金如何才能做到在投资上超越同行？它需要做出两大战略决策：选择"正确"的资产组合，然后在每个资产类别中选择优秀的投资管理人员。在过去30年中，相对于捐赠基金的中位数，耶鲁大学的资产配置决策——在正确的时间选择正确的资产，每年贡献1.9%，而优秀投资经理的选择贡献2.4%。投资组合是利用学术理论包括马科维茨的均值－方差分析和主观判断相结合的方法构建的。1989年，股票、债券和现金等美国国内证券约占耶鲁捐赠基金资产的75%。到了2020年，这一比例已降至不足10%，其余90%都投资于国外股票、私人股本、所谓的绝对收益策略以及房地产等实物资产。由此产生的资产组合变化，导致投资组合具有更高的预期回报和更低的波动性。

埃利斯认为，捐赠基金如果试图通过其资产组合和财务顾问选择来获得优异的表现，那么还需要一个关键的投资理念：**着眼长远，坚持自己的信念**。"在捐赠基金的管理中，开小差的例子不胜枚举。如果我们把选择财务顾问和持有长期资产当作婚姻而不是随心所欲的约会，那么所有人都会过得更好。"

耶鲁大学捐赠基金的代名词是其长期以来备受推崇的首席投资官戴维·斯文森。埃利斯和斯文森彼此尊重对方的才华。根据斯文森的说法，"我和我的同事一直热切地期盼着埃利斯对我们基金会的助益，我们从未失望过。埃利斯总是提出温和的建议，往往是用精巧的故事或者我们所谓的'埃利斯的寓言'来建议。埃利斯对耶鲁的贡献往往在短期之内就能见效，并且会随着时间的推移产生更深刻的共鸣"。埃利斯说:"我有一个难得的特权,就是可以坐在前排观看可能是有史以来最艰难的一场比赛中最优秀的球员之一。这有点像是坐在查尔斯·林白(Charles Lindbergh)[1]身后飞越大西洋的副驾驶。"埃利斯对斯文森的评价则是:"斯文森很像我母亲。我母亲是我心中最好的厨师之一,她很清楚,厨房里炉子和水槽之间的那个角落是属于她的。如果你碍手碍脚,你就得去洗碗。一个委员会能做的最有用的事情之一就是远离这个角落,这样真正做这项工作的人就可以自由地开展工作。"

作为捐赠基金和养老基金经理的顾问,埃利斯鼓励制定投资政策声明。这些声明旨在阐明预期回报目标和可接受的风险,以及任何可能的投资约束,比如流动性需求、时间范围、监管和税收等。埃利斯说道:"投资政策是一份书面声明,说明你作为投资者的信念,以及即使你认识的每个人都对市场感到兴奋或害怕,你依然有着自己的坚持……投资也是一个持续的过程和一种责任,它本不应该是兴趣所致……想象一下,在80岁时回顾往事,你是否进行了明智的投资。问问自己:'在顺境和逆境中,我会坚守什么投资理念?'然后,你可以在一张纸上写下你是什么时候把钱放进股市的、你是如何管理它的、什么时候以及为什么要撤出资金。对我们大多数人来说,最好的计划是坚持购买指数基金而不是做其他事情。良性的忽视是长期投资成功的秘诀。如果你改变投资政策,那么你很可能是错的;如果你急于改变它,那么你肯定是错的。"

埃利斯分享了许多可以从斯文森和他在耶鲁大学的经历中学到的教训:"首先,你要了解自己是谁以及你想要实现的目标;其次,你要时刻关注国际形势;最后,你要做多元化,这样你就不会在某一类型股票上投资太多,

---

[1] 查尔斯·林白是一名美国空军飞行员。1927年5月20日至21日,他驾驶单引擎飞机圣路易斯精神号从美国纽约飞至法国巴黎,跨越了大西洋,且其间并无着陆,用时共计33.5小时。——编者注

而会持有几种不同类型的股票。因此，你会有不同的行为特征，你总体投资组合的表现将比其任何一个组成部分表现得更加持续。"

《东方快车谋杀案》带来的启示

2012年，埃利斯在《金融分析师杂志》上发表了一篇针砭时弊的文章，标题为《东方快车上的谋杀：低于预期表现的谜团》（Murder on the Orient Express: The Mystery of Underperformance）。文章标题的前半部分指的是阿加莎·克里斯蒂（Agatha Christie）谋杀系列小说中的经典作品《东方快车谋杀案》。比利时著名侦探赫拉克勒·波洛（Hercule Poirot）被邀请侦破从伊斯坦布尔开往西欧的东方特快列车上发生的神秘谋杀案。波洛推断出有12名乘客存在杀人动机，并最终得出正确结论，即事实上这12名乘客均犯有谋杀罪。

埃利斯巧妙地利用类似的假设来调查谁应该为基金表现不佳或没有击败市场而负责。是基金经理、财务顾问、基金公司高管，还是投资委员会？埃利斯得出结论说，四方都有错，但"四方中没有一方愿意承认自己确实犯了错"。所以，埃利斯仔细审查了"证据和嫌疑人"。

基金经理们通常都很有才华，工作勤勤恳恳。在会议上，他们积极展示自己的业绩记录，以尽可能给人留下最好的印象，但他们通常不会展示扣除费用后的业绩。他们用过于简单的术语描述了自己的决策过程，并暗示自己比同行更具竞争优势。

财务顾问从事的是咨询业务，因此他们是为自己而不是为客户赚取利润。他们的目标是维持关系和留住现有客户。通过向每个客户推荐多个基金经理，他们一方面降低了只推荐单个基金经理的风险，另一方面也使客户更加依赖他们来监控所有基金经理。

基金公司高管往往坚持要使用单独的账户，而不是集合账户，这增加了成本。此外，他们通常不会培养基金经理，而是出售其管理能力。

尽管投资委员会的初衷是好的，但它们的目标往往含混不清，会议上真正富有成效的时间少得可怜。他们通常认为，他们的目标是锁定业绩表现在前 1/4 分位的基金经理，却没有认识到过往的业绩并不能很好地指引未来的业绩表现。

最后，埃利斯用一个警告总结了他提出的难题：由于没有意识到他们自己是有错的一方，这四个团体将继续在一起创造不佳的业绩。

再探绩效投资

2014 年，埃利斯反思了绩效投资的兴衰。他将绩效投资定义为基金经理为客户积极寻求高于市场指数的增量回报，也称寻求阿尔法回报。随着时间的推移，是什么变化导致了这种兴衰？在埃利斯看来，资产管理的重点已经从几十年前的控制成本转移到了当前的创造价值。例如，养老金资产以前是由保险公司和银行管理的。然而，新近的投资经理们意识到，他们可以通过承诺卓越的业绩来收取更高的费率。随着共同基金和养老基金数量的增加和费率的增长，投资业务的利润也水涨船高，但对投资业务有利的东西并不一定对投资者有利。

随着信息环境的变化，投资管理者能够持续获得优异业绩的能力也产生了变化。"主动投资的秘诀一直是其信息优势。50 年前，占领信息高地相对容易。例如，我通常会花三四周的时间来研究和分析信息，然后花两三天调研公司，与高管们交谈，他们很乐意回答我提出的所有问题。这样，我就能获得信息优势。"埃利斯回忆道，"如今，这种情况不复存在。美国证券交易委员会要求所有上市公司确保同时向所有投资者披露任何有用的信息，信息优势的时代一去不返了……如果说交易员 45 岁退休，投资银行家 55 岁退休，那么基金经理则要工作到 80 多岁，职业竞争的激烈程度可见一斑。"

更高的费率和不断下降的信息优势转变为对投资者回报的破坏。埃利斯用设问的方式点评了较高费用和较弱增量回报的后果："'从数学上讲，你从 100 个基点的增量费用中获得的增量回报有多高？''答案是，平均而言，你获得的增量回报将是一个负数，主动管理实际上减损了一点点回报。''天哪！你是说，费用把增量的回报都吃掉了？''的确如此，100 个基点的增量费用通常大于增量回报。'"

作为回应，许多基金经理们采取了略有区别的策略。他们应用的并不是纯粹的主动管理，而是通过使用某种加权方案，如基于波动性或股息的"智能贝塔"策略，对基于总市值加权的基准指数（如标准普尔 500 指数）进行改造，以期获得更好的风险回报比率。埃利斯对此评价道："'智能贝塔'这个名字听起来颇有'智慧'含量，仅次于把'死亡保险'更名为'生命保险'的苏格兰人的'智慧'。"

埃利斯建议，相比于这些策略，更好的选择是专注于投资低成本的指数基金和交易所交易基金；此外，基金经理和财务顾问应该专注于他口中的"价值发现"，通过一些重要的问题来引导客户。尽管市场不可避免地会出现起伏，但这些问题的答案将决定适合这些客户的长期投资策略。

指数化投资革命

埃利斯大力提倡对低成本和宽基的按市值加权的指数基金进行被动投资："指数化投资能够消除或减少所有像白蚁一样侵蚀回报的'小事'，例如高费用、高税收、基金经理选择错误等。"在他的新书《指数革命》(*The Index Revolution*) 中，埃利斯以 9 个不投指数基金的愚蠢"理由"作为开篇。

1. 指数化投资是为失败者准备的。
2. 被动投资就像放弃尝试。
3. 指数化投资迫使投资者购买定价过高的股票。
4. 通过指数化,一些来历不明的管理者正在帮你选择股票。
5. 不用着急转向指数化投资,保持观望。
6. 目前的点位并不是转向指数化的合适时机。
7. 智能贝塔投资比市值加权的指数基金更好。
8. 主动投资基金正在卷土重来。
9. 由于指数化投资的上年表现出色,主动投资肯定很快会表现得更好。

然后,埃利斯他继续揭穿这些愚蠢的理由。但这些"理由"从何而来?

据埃利斯说,主动管理者为自己制造了三个问题。"第一个问题是,他们将自己的使命定义为击败市场。第二个问题是,他们的职业价值与投资管理业追求本身盈利的关系越来越大。也就是说,衡量他们成功的标准是:利润是否在增加?这是基金经理,特别是主动型基金经理犯下的一个严重错误。第三个问题是,他们没有意识到大多数投资者在设计与其目标相匹配的投资计划时需要帮助。"

埃利斯回忆起传奇价值投资大师本杰明·格雷厄姆的一些令人难忘的话。20世纪70年代,埃利斯为一群成功的主动型基金经理组织了一次为期三天的投资讨论会,并邀请当时已经80多岁的格雷厄姆参加。会议安排在上午和晚上举行,格雷厄姆会在会议期间小睡一会儿。埃利斯清楚地知道,格雷厄姆是与会人员中最聪明的人。虽然埃利斯倾向于指数化投资,但他还是不如格雷厄姆头脑清醒。格雷厄姆在一次会议上说:"在我看来,如果进行指数化投资,那么与会的每个人都会为他们的客户取得更好的业绩。"

埃利斯把 1960 年以来的主动投资划分成四个阶段。第一阶段 1960—1980 年，主动管理者主要通过与个人投资者和保守的共同基金相竞争，能够获得比业绩基准高 2%～3% 的收益，而信托机构和指数基金没有受到关注。第二阶段 1980—2000 年，主动型基金经理经历了一个强劲的牛市，获得了可观的回报，取悦了客户，但成本和费用基本上抵销了增量的业绩收益，指数基金受到了一些关注。第三阶段 2000—2010 年，在扣除费用后，主动型基金经理的表现低于业绩基准，对指数基金的需求更高。第四阶段 2010 年至今，在一个几乎完全由专业人士主导的市场上，越来越多的主动型基金经理表现不佳，对低成本指数的需求也在加速。

埃利斯声称："在过去的 10 年中，83% 的美国主动基金跑输了其选定的业绩基准；40% 的基金波动太大，以致没到 10 年就被清盘了；64% 的基金发生了风格漂移。在任何其他行业，这些令人大失所望的记录都是完全不可接受的。虽然这些都是美国的统计数据，但由于跨国机构主导着几乎所有的股票市场，它们都朝着类似的方向发展。对于大多数主动管理者来说，导致这些糟糕结果的因素众多，而且影响巨大。"

埃利斯的完美投资组合

那么，埃利斯眼中的完美投资组合是什么样的？他指出，**在考虑投资组合之前，你需要从储蓄开始**。埃利斯与金融经典之作《漫步华尔街》的作者伯顿·马尔基尔合著了《投资的要素》(*The Elements of Investing*)一书，他们在书中阐述了关于储蓄的重要建议。有些人认为这些建议只是入门级的，但对其他人来说，储蓄是一门必修课。重要的是，他们建议，不要因为承担信用卡债务而减少储蓄，即入不敷出。**货币的时间价值表明，通过复利的魔力，早期的储蓄可以对以后的财富产生巨大影响**。他们指出，开始储蓄永远不会太晚。

一旦有了储蓄，你就要考虑投资了。当然，埃利斯的完美投资组合中包括指数基金。虽然投资者可能会被引诱去寻找下一只伟大的股票，但"建议散户投资者投资下一个苹果就像建议你和19岁的伊丽莎白·泰勒（著名电影演员）约会一样机会渺茫"。根据埃利斯和马尔基尔的说法，只有少数基金经理击败了市场，但"没有人能不断击败市场，没有人能够提前知道哪些基金会做得更好"。他们还指出，跑赢指数的那些基金的跑赢幅度往往远小于跑输指数的基金的跑输幅度。当然，还有另一种选择，即投资低成本的指数基金。他们声称："我们可以向你保证，基于历史数据，在15～20年的时间里，你将位列基金业绩的前20%。"埃利斯和马尔基尔提出了一个投资真理：通过指数化投资，最小化你的投资成本。他们是许多不同类型指数基金的拥趸，包括债券指数基金和跟踪MSCI EAFE（摩根士丹利欧洲、大洋洲和远东指数）的低成本国际基金。这些指数复制了北美以外发达经济体的股票市场。

虽然债券投资是多元化投资组合的关键部分，但埃利斯对此发出了警告，他说："在低利率环境下，我今天能给长期投资者的最好建议是不要持有国内债券。如果你确实持有这些债券，那么你应该及时撤出。"由于长期国债收益率远低于5.5%左右的历史平均水平，埃利斯指出，任何向平均趋势的逆转都将导致债券价值大幅下跌。不过，埃利斯补充说："如果这一建议过于极端，那么你可以更加多元化。你可以试着持有外国债券或派息股票，尽管你将承担比存单更大的市场风险；或者你也可以选择短债基金，如果利率上升，它的跌幅会相对较小。总之，没有放之四海而皆准的答案。"

埃利斯和马尔基尔提醒我们，**不仅股票的多元化很重要，资产类别、市场甚至时间的多元化也很重要，你不可能一天做完所有的投资**。他们还认为，根据不同资产的合宜长期权重进行再平衡，可以确保投资组合保持有效的多元化。就像输家游戏一样，成功的关键是避免失误。然而，为了避免犯错，我们需要意识到我们都有过度自信的倾向。**对投资者来说，当他们在**

市场顶峰时着急入场，在接近低谷又慌忙逃离时，"择时惩罚"就开始发挥作用。

但埃利斯坚持认为，世上不存在完美的投资组合，因为每个投资者都是独一无二的。"你是行将入土的 99 岁老者，还是有漫漫长路有待探索的 9 岁少年？是否有其他人需要依赖你生活，或者你只是孤家寡人？你是否有朋友需要获得帮助？你是否学过投资？你是否认识许多投资行业的人，你是否总是与他们闲聊与投资有关的一切？所以，很快你就会意识到投资者的处境千差万别。**从投资的角度来看，如果你考虑了年龄、收入、支出、资产、投资知识、风险承受能力、投资兴趣、信息渠道、判断力等所有这些特征，你就会知道你是独一无二的。**同时，不管他们是否愿意接受，每个投资者都是独一无二的。所以，对一个人来说，没有绝对正确，只有相对正确。然后，投资顾问会提出'我不清楚，你是应该持有 60/40 或 70/30 资产组合那种人吗？'。如果你只是袖手旁观，那么你和那位顾问都会犯下明显的错误：你们只顾盯着证券投资组合，而没有注意到其他会产生迥异结果的其他变量。要获得准确的洞察力和感知能力，需要大量的持之以恒的思考。"

埃利斯还强调了其他重要的考量因素。例如，考虑到你的投资组合，你需要将未来收入流资本化，把它作为资产加入你的整体投资组合，你还需要考虑房屋所有权和社会保障。埃利斯在向即将退休的美国人提出退休金可能不足的警告之后，提出了三条建议：第一，尽可能地加入雇主退休计划，尽可能使用指数基金，最大限度地增加储蓄选择；第二，工作到 70 岁；第三，将你的社会保障福利发放推迟到 70 岁。

另一个考量因素是税收的影响。埃利斯提醒我们："你必须关注税收的影响。例如，主动管理的共同基金，其年换手率约为 40%，这就意味着当它们盈利时，产生的是大量相对短期的收益，这些收益是按普通收入税率征税的……指数基金的年换手率通常在 5% 左右，而管理良好的指数基金会更好地匹配收益和损失，将税率降到 0，从而合理避税。如果你是纳税人，那么这确实值得注意。"

不想投资指数基金的投资者又该如何操作呢？根据埃利斯的说法，"**如果你打算选择一只主动管理的基金，那么你应该选择已经经历了两三年低谷的基金经理，静待你的投资翻倍**"。因为每个出色的基金经理都不可避免地会经历可怕的年份。

埃利斯提供了三种投资者可以取得成功的方式。"你可以通过智力、身体或情感取得成功。依靠智力是我们都渴望的方式：变得非常聪明，以至我们能比其他投资者看得更远。沃伦·巴菲特显然是一个杰出的例子，但像他这样的人非常罕见。依靠身体成功的方法就是：没日没夜地更加努力地工作，把装满研究报告的沉重的公文包带回家，周末也不例外。这种方式在华尔街最为常见，几乎每个人都这么努力。我不敢说我遇到过的此类人都取得了成功，但他们一定认为这是可行的，否则他们不会一直这么努力。作为一名投资者，成功的第三条道路是困难的：依靠情感。当那个富有诱惑力的家伙'市场先生'(Mr. Market, 传奇人物本杰明·格雷厄姆创造的寓言)出现时，不管发生什么事，你都不要理他。你必须控制自己的情绪，在大多数情况下最好什么也不做。如果你无法控制自己的情绪，那么进入市场就像穿着装满炸药的背包走进一个炎热的地区。"

投资者并不总是单枪匹马，寻求财务顾问的建议可能是有用的。然而，埃利斯强调，顾问-客户关系中存在的主要问题是，客户经常不与顾问分享应该分享的东西。他指出："没有客户会对顾问说'现在我要告诉你我的个人情况，从投资的角度来看我关心什么，想实现什么目标'，客户通常说的是'我希望拥有一个可以战胜市场的投资计划'。"

最后，埃利斯告诉人们："我能给出的最重要的一个想法是，与经常发表的观点相反，它既不是关于了解市场，也不是关于选择合适的财务顾问，它是关于你、你的价值观、你的过往、你的财务状况，以及什么最有利于你实现你的人生目标。最重要的变量不是市场，也不是聪明的财务顾问。最重要和最突出的变量就是你自己，找到适合你自己的投资组合，你会皆大欢喜。如果你的投资组合不太合适你，那么你就去寻找最适合的那个。"你的完美投资组合始于了解你自己。

In Pursuit of the Perfect Portfolio
埃利斯的投资组合箴言

- 首先，你选择的资产组合是最重要的投资决策；其次，所选择的资产组合背后应该包含投资者明确的投资目的，比如对增长、收入或安全的渴望，以及如何使用这些资产来扩大收入；再次，资产类别内部和资产之间的多样化至关重要，因为坏事可能会发生；最后，要有耐心和毅力。

- 我们应该专注于赢家游戏，即定义并忠实遵守符合市场现实和长期目标的合理投资策略。

- 货币的时间价值表明，通过复利的魔力，早期的储蓄可以对以后的财富产生巨大影响。

- 不仅股票的多元化很重要，资产类别、市场甚至时间的多元化也很重要——你不可能一天做完所有的投资。

- 对投资者来说，当他们在市场顶峰时着急入场，在接近低谷时又慌忙逃离时，"择时惩罚"就开始发挥作用。

- 如果你打算选择一只主动管理的基金，那么你应该选择已经经历了两三年低谷的基金经理，静待你的投资翻倍。

THE STORIES, VOICES, AND KEY INSIGHTS OF THE PIONEERS
WHO SHAPED THE WAY WE INVEST

In Pursuit of the Perfect Portfolio

第 11 章

杰里米·西格尔与股市长线法宝

- 在投资组合中持有股票的重要性这一点上，杰里米·西格尔是最有影响力的支持者之一
- 著有《股市长线法宝》《投资者的未来》等

JEREMY SIEGEL
杰里米·西格尔

今天，大多数投资者一想到投资组合时，脑海中浮现的第一个资产类别便是股票。在投资组合中需要持有股票这一点上，杰里米·西格尔是最有影响力的支持者之一。西格尔经常被称为"沃顿的奇才"（Wizard of Wharton），这是有充分理由的。西格尔关于投资的经典著作《股市长线法宝》于1994年首次出版，目前已发行第5版，这本书为长期投资者为何应该让股票成为其投资组合的重要组成部分提供了一个令人信服的循证案例。

西格尔本来是一名经济学家，但他一直热衷于投资。作为美国一流的商科教授之一，西格尔在沃顿商学院授课时，教室里通常都是座无虚席。很多MBA学生，包括那些因为课程已满而没选上西格尔课程的学生，都会参加他的早会，听取他对市场动态的看法。因此，西格尔非常适合为我们提供他对完美投资组合的看法。

为什么是经济学而不是金融学

1945年，西格尔出生于美国芝加哥，是伯纳德·西格尔（Bernard

Siegel）和格特鲁德·莱维特（Gertrude Levite）的儿子。在西格尔三岁时，全家搬到了位于芝加哥北郊的高地公园。他的父亲是一名建筑工人，在芝加哥交响乐团夏季驻地拉维尼亚公园旁建造了一座房子。西格尔至今仍然记得幼时晚上在家里听到的交响乐。西格尔就读于高地公园高中时，曾担任数学俱乐部的主席。西格尔回忆道："我热爱数学，而且擅长于此。我解决了乔治·托马斯（George Thomas）的微积分教科书中所有的积分问题，那是20世纪60年代美国高中普遍采用的一本教科书。"1963年，西格尔以班级第二名的成绩毕业于高地公园高中。

之后，西格尔就读于哥伦比亚大学，并于1967年以优异成绩毕业，获得数学和经济学学士学位。西格尔回忆说，他最初是在哥伦比亚大学开始对经济和投资感兴趣的。"我上高中的时候，学校没有经济学课。因为擅长数字，所以我主修数学。但随着数学越来越抽象，我对它的幻想破灭了。后来有一位朋友对我说：'西格尔，既然你对股票市场感兴趣，或许可以参加经济学课程的学习。但直到大三的时候，我才上了第一堂经济学课。两周之后，我就与经济学'坠入爱河'，我立志成为一名经济学家。因此，我在哥伦比亚大学完成了数学专业和经济学专业的学习。"

1967年，西格尔获得了伍德罗威尔逊国家奖学金基金会①的奖学金。此外，他还获得了国家科学基金会研究生奖学金。这些奖学金令他得以在麻省理工学院攻读经济学博士学位。在攻读学位期间，他教授经济学，同时也是货币理论研究生课程的助教。

当被问到当年为什么要攻读经济学博士学位而不是金融学博士学位时，西格尔坦言："我一直对金融市场感兴趣，但20世纪60年代的金融学博士学位与今天的有所不同。当时几乎没有理论。我记得我参加过一门关于首次

---

① 该基金会成立于1945年，旨在应对大学师资短缺，为有才华的学生提供攻读博士学位的机会。

公开募股的课程，教授只是费劲地把所有的制度细节介绍了一遍。我感到自己对这样的金融学毫无兴趣。我的导师建议我，既然对利率、宏观经济和金融市场感兴趣，那么可以先学经济学，然后再进入金融和投资领域。我听从了导师的建议。如果我晚出生10年，那么我获得的可能会是金融学博士学位。"

西格尔的博士学位论文完成于1971年，题为《通胀预期下货币经济的稳定性》(Stability of a Monetary Economy with Inflationary Expectations)。西格尔的论文委员会中有很多是当时和之后的诺贝尔经济学奖获得者，比如委员会主席罗伯特·索洛（Robert Solow），以及委员会成员佛朗哥·莫迪利亚尼和萨缪尔森。西格尔也对他的同学罗伯特·默顿和罗伯特·希勒表示了感谢，他们也是后来的诺贝尔经济学奖得主，他们给了西格尔极大的鼓励，并帮助他完成了论文中的一个关键部分。西格尔特别提及了萨缪尔森给他的巨大灵感："只要萨缪尔森在场，哪怕仅仅是看到他如何思考经济学中的主题，对我来说都是一种荣幸。萨缪尔森对任何经济学主题所涉及的问题的思考都很精准，我认为他是20世纪最伟大的理论经济学家。虽然我不认为萨缪尔森是在政治上最有影响力的经济学家，因为相较而言，凯恩斯和米尔顿·弗里德曼在政治上更有影响力，但在推动经济学的发展方面，萨缪尔森没有对手。他既是我的老师，又是我的论文委员会成员，这令我备受鼓舞。"

西格尔这篇长达128页的博士学位论文以著名经济学家凯恩斯、唐·帕廷金（Don Patinkin）、菲利普·卡甘（Phillip Cagan）和弗里德曼的研究为基础，探讨了通胀预期变化对宏观经济的影响。论文中甚至涉及了计算机模拟。西格尔解释了这篇论文背后的写作动机："当我读研究生时，当时的通胀和利率超过10%，经济非常不稳定。凯恩斯主义模型没有论及通胀预期下的经济稳定性问题，因此我想试着研究一下。我的论文以卡甘关于恶性通胀的研究为基础，并将其理论应用于凯恩斯－帕廷金型经济体

（Keynesian-Patinkin economy）。这是一个理论问题，也是我非常喜欢研究的课题。"

西格尔论文中的首个参考文献是弗里德曼1969年的一篇论文。事实上，在这篇论文中，西格尔总共引用了15篇弗里德曼的论文，弗里德曼后来也成为西格尔的同事和导师。"在哥伦比亚大学求学时，我便开始阅读弗里德曼的《资本主义与自由》（Capitalism and Free），我发现我也有很多和他类似的自由主义倾向。麻省理工学院不是崇尚自由主义的地方，事实上，它非常'凯恩斯主义'和'反弗里德曼'。业界充满了凯恩斯主义者和非凯恩斯主义者、古典主义者和货币主义者之间的斗争，我莫名地感到激动。我想听听故事的另一面，所以我选择去芝加哥大学继续深造。"

1972年，西格尔在著名的《经济学季刊》（Quarterly Journal of Economics）上发表了他的第一篇学术文章，名为《风险、利率和远期汇率》（Risk, Interest Rates and the Forward Exchange）。在这篇文章中，西格尔考察了风险、远期汇率（指在当下签署的协议，约定在未来某个时间将一种货币兑换成另一种货币，例如，在6个月后将美元兑换成英镑），以及外贸型国家的均衡利率这三者之间的关系。西格尔指出，远期汇率不仅仅与未来汇率的预期有关，还与个人的风险偏好有关。事实上，西格尔表明，远期汇率不太可能是本国和外国投资者对未来汇率预期的无偏估计；如果全世界都是风险中性的投资者，那么就不可能存在均衡。西格尔的这一结论被称为"西格尔悖论"（Siegel's Paradox），后来对中央银行产生政策影响，因为中央银行普遍使用远期汇率作为汇率走向的预测指标。

尽管被冠以正式的名称，但这个结论听起来相当微妙。菲舍尔·布莱克解释了这一悖论及其对国际股票投资者的影响：假设有两个国家，这两个国家的人们只吃苹果或橙子。虽然当下这两个国家间的汇率为1∶1，但明年是2∶1或1∶2的概率是相等的。令人惊讶的是，用苹果换橙子对每个国家的消费者都是有益的，反之亦然。更广泛的含义是，投资者一般不应完全对冲其国外投资。

西格尔的文章广受欢迎，他本人对此感到惊讶："'悖论'并不是我这篇文章的重点，我只是有一些好奇而已。这篇文章的重点是如何推导货币贬值的概率，但这一悖论却引起了许多经济学家的兴趣。多年以后，我收到了一些人的文章，他们声称'西格尔博士，我想我已经解决了你的悖论'。而我从未致力于解决这个悖论，因为国际经济学不是我的主修领域。另外，芝加哥大学教授、2013 年诺贝尔经济学奖得主拉斯·汉森（Lars Hansen）在一次会议上自豪地向与会者介绍了我，并说：'获得了诺贝尔奖的经济学家有不少，但很少有人以他们的名字命名一个悖论。'我向汉森表示感谢，并说我很愿意用我的悖论换取他的诺贝尔奖！"

1972 年，西格尔的首个学术任命来自芝加哥大学，但是在商学院，而不是经济系，因为当时经济系没有招聘计划。尽管如此，西格尔还是为能和弗里德曼在同一所机构共事而感到兴奋。西格尔后来回忆起和弗里德曼做同事的时光："我喜欢弗里德曼分析世界的方式，喜欢他看待政治问题的方式。弗里德曼对经济和金融市场的发展变化非常感兴趣，而这也是我的兴趣所在。所以，对我来说，拥有这样一位同事和亲密的朋友是可遇而不可求的。"西格尔经常会和弗里德曼一起参加芝加哥大学教工俱乐部四合院俱乐部（Quadrangle Club）的午餐会："弗里德曼不仅是一个一流的知识分子，他也是一个真正热情的人，和他交谈简直是一种享受。我们会讨论很多话题，比如货币主义、通胀和利率以及世界各地的政治趋势。"

巧合的是，弗里德曼离开学术界时，西格尔也准备赴任宾夕法尼亚大学沃顿商学院。"我在芝加哥的四年（1972—1976 年）是弗里德曼在那里的最后四年。后来我去了沃顿商学院，弗里德曼则在退休后去了旧金山。朋友们开玩笑地问：'西格尔，你离开是因为弗里德曼离开了，还是弗里德曼离开是因为你不在那里了？'当然不会是因为我，弗里德曼早就计划退休了。他和他的妻子罗丝（Rose）几乎一辈子都生活在芝加哥，而来自西海岸的罗斯渴望更温暖的天气！"

1976年，西格尔来到沃顿商学院，后来一直留在那里。西格尔回忆道："在沃顿的时光给了我许多美好的回忆。学生们非常喜欢我在正式上课前的市场形势讨论。我很享受与我的得意弟子共进晚餐。我们在教师午餐会上讨论从经济学到政治到学生的方方面面。我们邀请了沃伦·巴菲特到沃顿商学院发表演讲，这是他半个世纪前离开学校之后，第一次回到校园。我们还可以在巨大的安嫩伯格剧场采访本·伯南克和珍妮特·耶伦。这样的例子不胜枚举。"

1990年，西格尔在费城联邦储备银行做了一年研究员。他回忆道："美联储总是让我着迷。1968年夏天，在麻省理工学院度过一年之后，我开始在美联储担任研究员。货币政策和经济是我最喜欢的主题，美联储总是有人就相关主题与我接洽。"

热衷于投资的经济学家

尽管受的是经济学家的训练，西格尔对投资也抱有浓厚的兴趣。他特别擅长将学术经济学概念应用于投资领域。西格尔最早的尝试之一是，研究股票市场和商业周期之间的关系。

商业周期的概念有时会引起混淆，也许是因为它的名字暗示着一种有规律的、周期性的运动。但商业周期并非如此，它反映了以一国的GDP衡量的整体经济活动的变化，而这些变化的发生是相当不可预测的。经济活动有四个关键驱动力：消费（包括我们购买的商品和我们支付的服务）、企业投资（如公司的资本支出）、政府开支和净出口。如果经济活动增加因而GDP

增长，那么经济就处于商业周期的扩张阶段；如果 GDP 下降，根据非正式定义，至少持续两个季度，那么经济则处于衰退阶段。

股票市场和商业周期之间有着紧密的联系。随着经济的增长，公司利润和股票价格都在上涨。由于股票反映了预期的未来现金流，所以我们认为股票市场是经济走势的领先指标。然而，没有一个领先指标是完美的预测指标。正如萨缪尔森那句著名的调侃所言，"股市预测了过去 5 次衰退中的 9 次"。

西格尔能够证明，如果投资者能够预见商业周期的转折点，他们就可以通过在股票和债券之间来回转换以提高回报。这也是西格尔第一次尝试研究长时间序列的数据，这些数据几乎跨越两个世纪之久。西格尔使用的是罗切斯特大学教授比尔·施沃特编制的 1802—1990 年的股票收益指数。西格尔还追踪了短期利率和由美国国家经济研究局的经济学家所确定的经济衰退。在西格尔样本内的 41 次衰退中，有 38 次（93%）衰退之前或同时伴随着股市 8% 以上的跌幅。对于第二次世界大战以后的衰退，股市峰值和经济峰值之间的平均领先时间为 6.4 个月。

在这两个世纪的数据中，股票平均回报率为 9%，而短期无风险债券的平均回报率为 4.3%。在这段时间里，经济衰退的时间不到 1/3，而经济扩张的时间超过 2/3。毫不奇怪，在经济扩张期间，股票表现优于债券，而在经济衰退期间，情况正好相反。

西格尔想知道，如果投资者能够准确预测经济扩张和经济衰退的转折点，并在经济衰退时将所有资金投资于债券，在经济扩张时投资于股票，那么相对于买入并持有型投资者，他们会跑赢多少？提前 3～6 个月预测转折点将使投资者的平均年回报率提高近 5 个百分点。但是，即使知道每个转折点发生的准确时点，也只能将回报提高半个百分点。然而，知道自己正处于转折点并不容易，经济学家可能需要一年或更长的时间才能确信转折点已经到来。此外,投资者只需要错过转折点几个月时间,那么与买入并持有型投资者相比,他们就会跑输。西格尔由此得出结论,预测商业周期转折点的能力有可能提高股票投资回报,但这是一项很少有人能够实现的壮举。通过分析实体经济活动战胜股市需要一定程度的先见之明,但鲜有预测者具备这种先见之明。

六解"股权溢价"谜题

1992年,结合自己的经济学背景、投资兴趣和创造性分析数据的特长,西格尔发表了三篇文章。这三篇文章都在试图解决拉尼什·梅拉(Rajnish Mehra)和诺贝尔奖获得者爱德华·普雷斯科特(Edward Prescott)也试图衡量的所谓"股权溢价"谜题。

为了解释这个谜题,我们需要介绍一些背景知识。股权溢价是股票回报率(如市场投资组合)与无风险收益率(如国库券收益率)之间的差额。股权溢价很重要,因为它有助于我们估计股权成本,进而帮助我们估计股票的内在价值。在公用事业等受监管的行业,股权溢价同样重要。在公用事业行业,股权溢价事先确定了合理回报水平,进而决定了公用事业的价格。梅拉和普雷斯科特将其实证结果与基于消费的资产定价模型(夏普的CAPM的一种变体)的预测值进行了比较。资产定价模型考虑了消费因素,以计算投资的预期回报。根据美国1889—1978年的数据,梅拉和普雷斯科特发现,股票回报远高于预期,而无风险回报则低得多。为什么股票的回报如此之高?

在其发表于1992年的第一篇文章中,西格尔利用早先的实证研究构建了一个长时间的经通胀调整后的利率数据序列,将美国和英国的数据回溯到了1800年。有趣的是,西格尔部分参考了马蒂·莱博维茨妻子的叔叔悉尼·霍默收集的利率数据。西格尔发现,梅拉和普雷斯科特的样本期之外的债券实际回报率要高出 4%，这在很大程度上解释了股权溢价谜题。换句话说，虽然梅拉和普雷斯科特的样本期很长，但其债券收益率可能并不能代表未来债券收益率的特征，因为他们的样本序列回溯得不够久远。

西格尔 1992 年发表在《金融分析师杂志》上的第二篇文章获得了格雷厄姆和多德奖。与前一篇文章一样，西格尔使用了近两个世纪的数据来研究股权溢价。这篇文章是他两年后出版的著名著作《股市长线法宝》的缩影。西格尔的研究表明，1802—1990 年，股票提供的回报优于债券、黄金或大宗商品。西格尔惊讶地发现，股票的实际回报率或经通胀调整的回报率非常稳定，而债券的实际回报率却急剧下降。西格尔总结说，展望未来，股票回报可能会继续超过债券回报，但不会像大萧条以来那样显著。西格尔指出："然而，股票似乎仍然是实现长期财富积累的最佳途径。"

西格尔 1992 年发表的第三篇文章研究了 1987 年 10 月的股市崩盘。对许多人来说，比如那些在 21 世纪才开始投资的人，这只是一个历史性的注脚。1987 年 10 月 19 日标准普尔 500 指数下跌 20.5%，这仍然是历史上最大的单日跌幅。当时，许多评论员将之与 1929 年 10 月的股市崩盘和大萧条相提并论。西格尔指出，这两次崩盘前后，都没有任何突发的新闻事件促使市场下跌。然而，尽管 1929 年崩盘之后是企业利润暴跌、大规模破产和有史以来最大的经济萧条，但 1987 年的崩盘之后却是企业利润增长和经济持续扩张。西格尔分别研究了股票预期回报的变化是否可以合理解释股价的大幅下跌，以及公司利润预期的变化是否可以解释这一现象。西格尔得出结论，如果是股票预期回报的变化所致，那么股权风险溢价必须从 1987 年 1 月的 5% 左右下降到 1987 年 10 月的 2% 以下，然后在 1988 年初回到 5%。这是前所未有的溢价变化。如果考虑第二种可能，即公司利润预期的变化，西格尔发现 1987 年 10 月左右，市场对公司利润增长的预期存在相当大的分散性。使用最乐观的 20% 预测者和最悲观的 20% 预测者的盈利预测，西格尔计算出的股票估值相差两三倍。鉴于这种差异，西格尔得出结论，最乐观的预测者和最悲观的预测者之间的情绪跳跃可能是1987年崩盘的一个关键因素。

几年后，西格尔再次与后来的诺贝尔奖得主理查德·塞勒合作研究股票溢价。他们研究了先前试图解释股权溢价的实证结果，包括西格尔1992年的文章，并对这些论文在多大程度上解决了这个难题进行了评价。西格尔在早先的文章中提出，在计算股权溢价时，需要选择更长的时间维度。其他研究还表明，数据中存在一种生存偏差：这些数据几个世纪以来关注的一直是美国单一市场，其经济不断增长，股市充满活力。数据忽略的是投资者的理性担忧，即投资者认为，尽管可能性很小，但仍有发生经济灾难的可能。西格尔和塞勒还研究了解决股权风险溢价谜题的几种理论解释，包括导致投资者行为偏差的衡量风险厌恶程度的模型，这些模型在很大程度上解释了股权溢价谜题。

在他们的评论中，西格尔和塞勒认为，股票溢价应该保持在3%左右的较低水平。他们用瑞普·范·温克尔①来做了一个类比，假设一个投资者做出资产配置决策之后，睡了20年。"对于年轻人的养老储蓄、养老金计划和捐赠基金等长期限投资者来说，我们发现股票的情况令人信服。然而，如果你读到这里决定把更多的养老储蓄投资于股票，那么请记住，我们强调的是长期结果，我们20年内不会接受投诉。2017年之后，如果你有需要，可以再联系我们。"具有讽刺意味的是，2017年正是塞勒获得诺贝尔经济学奖的那年，在这段时间里，股票回报率远远超过了债券回报率。

西格尔在1999年的另一篇获奖文章中再次尝试解决股权溢价问题，该文章发表在《投资组合管理杂志》上，并获得了1999—2000年

---

① 瑞普·范·温克尔（Rip Van Winkle）是美国作家华盛顿·欧文（Washington Irving）创作的同名短篇小说《瑞普·范·温克尔》的主人翁。——编者注

伯恩斯坦·法博齐/雅各布斯·利维奖（Bernstein Fabozzi/Jacobs Levy Award）。在文章中，西格尔进一步指出，鉴于1999年末股票市值相对于公司盈利的水平（市盈率倍数）约为32倍，其隐含的动态股票风险溢价可能大大低于梅拉和普雷斯科特估计的约6%的历史平均水平。西格尔还认为，这个经风险调整的股票历史回报率夸大了投资者实现的实际回报，一方面，它没有考虑交易成本；另一方面，在大部分时间里，投资者都没有充分地多样化。

从1998年初，即西格尔与塞勒的文章发表之时，到2017年末（包括互联网泡沫破裂和大萧条以来最严重的衰退）这20年期间，股票与无风险投资品相比究竟如何？ Ken French网站的数据表明，美国股市的年平均复合回报率为7.6%，而美国国债的年平均复合回报率为1.9%。在此期间，股票溢价为5.7%，与梅拉和普雷斯科特的历史估值一致，几乎是西格尔和塞勒保守预测的股票溢价的两倍。尽管他们的估值很低，但投资者对他们的观点应该不会有任何抱怨，因为投资者听取了他们的建议，把更多的养老金投入了股市！

长线投资股票

1994年，西格尔出版了他最受欢迎的著作《股市长线法宝》。该书成了畅销书，出了5个版本，总销量达数十万册。最新版本的副标题是"金融市场回报和长期投资策略的权威指南"（The Definitive Guide to Financial Market Returns and Long-Term Investment Strategies）。《华盛顿邮报》将这本书列入了十大最佳投资书籍名单。有趣的是，在埃德加·劳伦斯·史密斯（Edgar Lawrence Smith）的另一本关于同一主题的图书《作为长期投资的股票》（Common Stocks as Long Term Investment）出版70年后，这本书才姗姗来迟。

关于《股市长线法宝》这本书的诞生，背后有一个有趣的故事。根据西格尔的说法："1987年，大约是我在沃顿商学院工作的第10个年头，我的同事、芝加哥大学最顶尖的博士生群体的一员——马歇尔·布卢姆（Marshall Blume）给我打电话说：'西格尔，我刚接到纽约证券交易所的电话，他们即将迎来200周年纪念日，他们想写一本关于交易所历史的书。我看到你做了很多宏观经济研究，我知道你喜欢股市，你想和我一起做这个项目吗？'我说：'我很愿意。'当时，我已经做好了改变的准备。在这个项目中，我决定由我自己来研究历史回报率，布卢姆负责撰写机构材料。我用比尔·施韦特（Bill Schwert）的数据一直将历史回报率回溯到1800年，然后使用考尔斯基金会的数据来获取长期回报率。我们向纽约证券交易所提交了这些材料。他们说：'我们喜欢这项研究，但是很遗憾，我们不得不淘汰它，我们可能更加需要政策和制度方面的研究成果。'布卢姆非常友好地说：'西格尔，你是这项研究的共同作者（尽管他也做了大部分工作），为什么不自己写一本关于长期投资的书呢？'我的好友罗伯特·希勒也鼓励我写一本书。我之前为《金融分析师杂志》和《投资组合管理杂志》写了几篇同类型的文章，都获得了很好的反响，所以我决定要写一本关于长期投资的书。这些年来，我一直在思考股票市场以及股票市场如何融入宏观经济学，现在到了收获的时候。良好的宏观基础是读者喜欢这本书的原因之一，这在当时的其他金融文献中并不多见。这是我的特殊贡献之一。"

西格尔以"最重要的一张图"（见图11-1）作为《股市长线法宝》一书的开篇。该图以对数坐标系展示了1802—2002年股票、债券、国债、黄金和美元的总实际回报率，曲线的斜率代表了实际回报率。这张图的显著特点是，股票实际回报率的稳定性，即股票的长期趋势呈一条直线。股票的年实际回报率略低于7%。这意味着，在过去的两个多世纪里，一篮子充分多元化的股票的购买力平均约每10年翻一番。

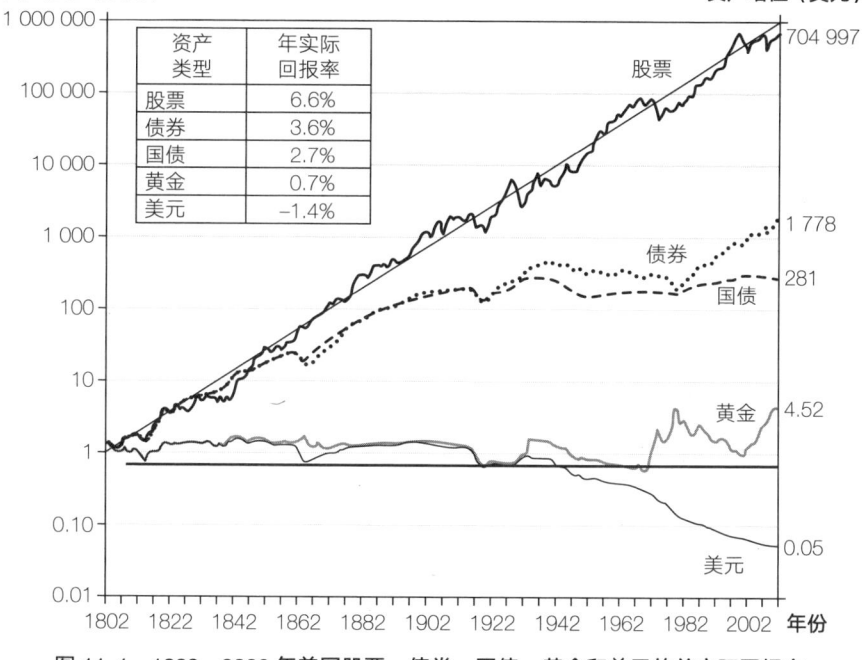

图 11-1　1802—2002年美国股票、债券、国债、黄金和美元的总实际回报率

股票回报率有时可能在趋势线上方或下方波动，但最终会回到正轨，这是一种被称为"均值回归"的统计特性。西格尔指出，其他资产类别中没有一种表现出这种特性。他强调，虽然短期内股票可能波动会相当大，例如，受到与公司盈利相关的商业新闻、利率变化等经济因素，或者投资者乐观（贪婪）或悲观（恐惧）等心理因素的影响。与总体的上升趋势相比，困扰投资者和媒体的短期因素似乎只是昙花一现。换句话说，从长远来看，我们应该投资股票。

西格尔还研究了一些可能影响股票未来回报的主要宏观经济趋势。作为一名乐观主义者，西格尔希望能在2007—2009年大衰退后的2010年，消除美国民众的大部分悲观情绪。当时，超过一半的美国人认为，他们的孩子可能会比他们的父母更糟糕。西格尔认为确实存在"可能重振美国梦、恢复

第 11 章　杰里米·西格尔与股市长线法宝　317

经济增长的力量"。一方面，发达国家进入退休年龄的个人数量前所未有，由此产生的问题是：谁将生产商品和提供服务供他们消费，谁将购买他们为了退休生活而出售的资产。如果一个国家只依赖本国人口，那么出生率低的国家的退休年龄必须提高，才能实现退休经济模式的可持续发展。另一方面，中国和印度等新兴经济体的强劲增长能够生产足够的商品，产生足够的储蓄，以购买低出生率发达国家退休人员的资产。西格尔的结论是，这种增长仍可能使未来的股票回报率保持在历史水平附近。

西格尔最重要的见解之一是关于投资股票的风险。虽然他指出股票在短期内比债券风险大得多，但西格尔的研究表明，对于希望保持财富购买力的长期投资者来说，持有股票实际上比持有债券更安全。例如，1802—2012年，任意一年之内的实际股票回报从最差到最好的范围是 -38.6% ～ 66.6%，而长期政府债券的范围为 -21.9% ～ 35.2%。然而，在30年的时间里，股票的年度实际回报率在 2.6% ～ 10.6%，而长期政府债券的年回报率则处于 -2% ～ 7.8%。西格尔总结道："历史数据表明，如果往后看30年，我们更有把握的是多样化股票组合的购买力，而不是30年期美国国债本金的购买力。"

萨缪尔森等人认为，股票回报表现为随机游走。如果这是真的，那么投资组合的相对风险就与投资期限毫无关系，但西格尔持有不同看法。事实上，正如西格尔所指出的，短期与长期是不同的。这与萨缪尔森的立场相矛盾，萨缪尔森认为："长期投资组合的配置不应该与短期投资组合有什么不同。财务顾问一直这么认为，但无法证明这一点。事实上，如果你确实有一个长期的投资期限，那么你应该更多地投资股票。"

《股市长线法宝》这本书中意义最为深远的发现正在于此。西格尔说："我认为打动人们的主要观点并不是说股票有更好的回报，因为每个人都知道，从长远来看，股票有更好的回报。然而，人们不知道的是，一旦拉长研究周期，股票的相对波动性就会降低。换句话说，从长远来看，股票回报不是随机游走的，实际回报会向趋势线回归。在这本书的第 1 版出版时，这条趋势线是去除通胀因素后每年 6.7% 的回报率。但在 20 年后的更新版中，实际回报率也还是 6.7%。在经历了过去 20 年的波动之后，股票的长期实际回报率保持不变。因此，股票从长期来看是均值回归的，这使得股票相对于债券的长期风险状况远没有短期呈现的那么可怕。"

关于科技灾难的预言

截至 1999 年 4 月，道琼斯工业股票平均价格指数首次突破 10000 点，而以科技股为主的纳斯达克指数在过去 5 年中从 744 点升至 2484 点，涨幅超过 233%。西格尔对此表示担忧："我担心股票价格已经达到了很高的水平，隐含的回报率会很低。我很想敦促投资者抛售股票，等待价格回落，然后再入场。但当我深入研究市场时，我发现只有科技行业的市值被严重高估，其他股票的估值尚在合理范围之内。"西格尔观察到，科技行业的市值几乎达到了整个标准普尔 500 指数的 1/3，纳斯达克交易所的交易量首次超过纽约证券交易所。此时正是西格尔决定表明立场的时候。

西格尔在《华尔街日报》上发表了一篇专栏文章，题目是《互联网股票被高估了吗？它们曾经被高估过吗？》。这是他第一次公开对互联网公司的市场估值敲响警钟。在文章中，西格尔指出，只有让后来的投资者相信互联网股票明天的价值将高于今天，买家才赚得到钱。"但历史上没有一个市场能够毫无限制地持续上涨，"西格尔写道，"最终，资产的价值必须符合经济学定律。该定律规定，任何资产的价值必须与支付给资产所有者的未来现金回报挂钩。"

西格尔认为，互联网公司的销售利润率可能很低，因为与实体购物相比，网购的消费者对折扣商品更感兴趣。西格尔提出了警告："以天文数字般的价格收购竞争对手这一做法很难持续。最终,大型互联网公司必须将所有垄断资金转化为实实在在的收益,否则它们的价格将崩溃。"西格尔举了美国在线的例子,该公司的估值是其以往年度利润的 700 多倍,是其预期利润的 450 多倍,其 2 000 亿美元市值的合理性值得商榷。当时,美国在线的股价为 139.75 美元,较 1996 年 9 月的 29 美元大幅上涨。在与时代华纳合并前不久的 2001 年 1 月,美国在线股价将跌至 32.39 美元的低点。西格尔以互联网革命和市场估值之间的区别来结束他的文章:"我毫不怀疑,互联网将彻底改变商品和服务的营销方式,互联网将为消费者节省多达数十亿美元,但这并不能保证这数十亿美元会回流到互联网的提供商。"

2000 年 3 月 8 日,星期三,西格尔接到《华尔街日报》编辑的一通电话,对方询问他是否想再写一篇介绍纳斯达克上市的科技股情况的专栏文章。西格尔同意了,几天后,他提交了一篇题为《历史的教训》(The Lessons of History)的文章。2000 年 3 月 10 日,星期五,纳斯达克指数升至 5 048 点的历史高点,比前一年高出一倍多。西格尔应斯图尔特·瓦尼(Stuart Varney)的邀请,在 CNN(美国有线电视新闻网)的老牌财经节目 Moneyline 节目中担任嘉宾。在节目中,西格尔想谈论思科这些科技类公司,但又不打算公开谴责它们。一开始,西格尔态度温和,评论说思科是一家伟大的公司,但它的股票在 150 倍市盈率的历史高位。他接着指出,大盘科技股的估值在过去 5 个月里大幅上涨,投资价值也随之迅速消失。当被瓦尼问及科技行业是否存在泡沫,以及泡沫会不会很快破裂时,西格尔回答说:"会的……我认为今年该行业将出现大幅下跌。"后来,瓦尼一直声称西格尔是市场顶尖人物。

2000 年 3 月 14 日,星期二,西格尔在《华尔街日报》上发表了后续文章。发表时,编辑们擅自改了一个新的标题《大盘股科技股是一个坑人的赌局》(Big-Cap Tech Stocks Are a Sucker Bet),西格尔看到后感到十分震惊。虽然西格尔准备为这个并非出于自己的标题道歉,但他几乎没有受到批评，因为毕竟，这篇文章发表的时间恰好在市场顶部。后来，在谈及这篇文章的发表时间时，西格尔谦逊地说："现在，人们会问：'西格尔，你基本上预测到了纳斯达克的绝对高点。你是怎么做到的？'我说：'这是幸运女神的眷顾'。说实话，我真的不知道顶点在哪里，我只知道市场疯了。"西格尔的直觉源于他早期对"漂亮 50"股票的研究，例如宝丽来和 IBM，它们在 20 世纪 70 年代以很高的市盈率交易。他补充道："我说过，没有大盘股真正值 50 倍或 60 倍以上的市盈率。"

西格尔在他的文章中解释说，一旦公司达到这样的估值，其盈利增速就很难与之匹配。西格尔指出，在未来 25 年内，市盈率超过 50 倍的股票都无法跑赢标准普尔 500 指数。他在市值排名前 50 位的公司中找出了 9 只大盘股，它们的市盈率都超过了 1999 年的 100 倍。然后西格尔假设，在未来 5 年，它们的收益增长率将是标准普尔 500 指数的 2 倍。即便根据这个乐观的预测，这些股票的平均市盈率也会下降到 89 倍。

西格尔再次指出，虽然技术和通信革命带来了红利和便捷，但这并不一定会转化为股东价值的提升。西格尔的结论是："价值来自高于成本的销售能力，而不仅仅是销售收入……在一个竞争激烈的环境中，每一家盈利的公司都会受到挑战。当其他公司加入竞逐看似唾手可得的利润时，利润率必然会下降。无论一项资产看起来前途多么光明，其价值也是有限度的。尽管我们对未来的看法乐观，但投资者不能抛弃过去得到的教训。"在接下来的两年半时间里，纳斯达克指数下跌了 75% 以上，而纳斯达克指数再次达到 5 000 点还需要 15 年的时间。

陷阱与浪潮

2005 年，西格尔出版了他的第二本重要著作《投资者的未来》(The Future for Investors)。在这本书中，西格尔回答了在演讲中听众不断问他的两个问题，即"我应该长期持有哪些股票""当'婴儿潮一代'[①]退休并开始清空他们的投资组合时，我的投资组合会发生什么"。为了回答这些问题，西格尔创造了新的术语"增长陷阱"，并讨论了即将到来的老龄化浪潮的全球解决方案。

为了解决长期股票回报问题，西格尔列举了两家公司，一家是代表旧经济的新泽西标准石油公司（后来的埃克森美孚公司）和一家新经济公司IBM，并提出了一个问题：如果回到1950年，你会选择哪只股票持有接下来的50年，并用所有现金股息买入更多股票？西格尔还向他们提供有关实际收入、股息、收益和行业增长方面的信息，帮助他们进行决策。从各方面来看，IBM公司都是不折不扣的赢家。那么，你会选择IBM作为投资对象吗？如果你的答案像大多数读者一样是"是"，那么你就会成为增长陷阱的受害者。1950—2003年，对IBM的1 000美元投资将增长到96.1万美元，但对新泽西标准石油公司的同样金额的投资将增长到126万美元。

关于增长陷阱是如何发生的，西格尔认为："因为新泽西标准石油公司的价格较低，当你在较低价格用股息再投资，或者当公司长期以较低的价格进行回购时，你的收益率就会提升。这让我很吃惊，因为在华尔街，一切都是以盈利增长为导向的。从短期来看，盈利固然重要，但从长期来看，市盈率更为重要。股息率在长期回报中的作用可见一斑。"

西格尔继续深挖，他研究了标准普尔500指数于1957年首次问世时的500只成分股。西格尔发现，最初的公司表现优于后来者，许多后来者来自高科技领域和新兴行业。此外，最初的公司在表现更出色的同时承担着较低的风险。增长陷阱基于一种错误的信念，即创新和经济增长的领导者会自动为投资者提供更高的回报。虽然新公司的盈利、销售收入甚至市值的增长速

[①] 指美国在1946—1964年生育高峰时期出生的一代人。——编者注

度都快于老公司，但其要价对于投资者来说往往过高。这是因为更高的价格意味着更低的股息收益率，而股息再投资是获得更高累计回报的关键。西格尔的基本投资者原则专门指出，仅增长本身并不能带来良好的投资回报，只有超过市场乐观预期的增长才能带来回报。西格尔总结道："无论增长率是高还是低，只有当盈利增长率高于预期时，投资者才能获得更高的回报。"

为了解决第二个问题，即"婴儿潮一代"的退休对投资者投资组合的影响，西格尔研究了美国、欧洲和日本人口迅速老龄化的经济后果："这也让我担心，因为我知道人口确实有波动。我是'婴儿潮一代'中的一员，我知道我们即将退休，我们将出售我们的投资组合中的资产，以为养老生活筹资。那么，谁将购买我们的资产？年轻一代能富有到可以购买我们的资产这个程度吗？这些都是问题。"西格尔首先观察到，世界上许多地区的人口结构都很年轻，经济增长迅速。西格尔创建了一个模型，从广泛的角度来预测世界经济，并得出结论：如果发达国家的增长能够持续，这将减轻发达世界老龄化浪潮的负面影响。西格尔说："未来半个世纪将出现大规模的商品交换资产浪潮，这不仅会使世界经济中心向东转移，还会抵消年龄波动对资产价格和退休机会的破坏性影响。我称之为'全球性解决方案'。"

牛市与熊市的对决

西格尔与罗伯特·希勒是多年的朋友。西格尔说："1967年9月，我到麻省理工学院研究生院报道的第一天就见到了希勒。所以到现在，我们已经有了50多年的交情。我们很快就喜欢上了彼此，而且一直保持着非常亲密的个人友谊。"希勒说："我是在排队做X光胸透时遇到西格尔的。他们按名字的字母顺序叫号，希勒（Shiller）和西格尔（Siegel）挨着……我们写的书在书店里往往也是相邻摆放的。"他们两人在麻省理工学院经济学博士课程中同处一个班级。然而，他们在某些宏观观点方面存在着相当大的反差。鉴于希勒对2000年估值过高的股市和2006年估值过高的房地产市场的警告，他以"熊市"代表而著称。相反，因为其畅销书《股市长线法宝》的主题，西格尔被称为"牛市"代表。这对于一对好朋友来说，算是意外吗？

根据西格尔的说法："人们说'希勒一直看熊市'，或者直接称希勒为'死空头'（perma-bear），称我为'死多头'（perma-bull）。为什么我们能相处融洽？因为我们尊重彼此的观点。众所周知，希勒比我更厌恶风险，他总是担心现实世界中的风险。例如，当我想看风景而走在悬崖或建筑物的边缘时，希勒会说：'西格尔，请不要以身犯险！'我总是比希勒更愿意冒险，也许这与我们的心理有关。尽管如此，我们仍然保持着非常密切的友谊。"

西格尔和希勒曾在无数场合共同成为焦点，他们既有共识也有分歧。回想一下，在科技股繁荣期间，西格尔为《华尔街日报》撰写了两篇评论文章，警告股票估值过高，希勒也发出了警告。西格尔评论道："我同意希勒'非理性繁荣'的观点。别忘了，最初的非理性繁荣是2000年的泡沫，而且该观点提出的时机再好不过了——希勒的《非理性繁荣》一书于2000年3月出版。可以说，我们都中了头奖，我们在针对泡沫方面是完全同步的。"

2016年唐纳德·特朗普当选美国总统时，西格尔和希勒对特朗普可能对股市产生的影响也持有类似观点。西格尔回忆道："特朗普当选后，我们都说，他和共和党对市场有利。信不信由你，希勒是一头公牛！特朗普执政初期，我们在纽约参与拍摄，美国国家公共广播电台的主持人问了我们一个问题：'你们认为一年后市场会走高吗？'我们两人都明确地说：'当然！'"

让西格尔和希勒之间产生激烈讨论的主要是希勒的CAPE领域。如本书第9章所示，它的基本思想是：投资者愿意为一只股票支付几倍于其盈利的价格，因为投资者预期公司未来会有更多的盈利。为了避免商业周期引起的盈利波动，希勒和他的合作者约翰·坎贝尔在计算中使用了滚动10年的平均收益。他们发现，随着 CAPE 比率恢复到正常的水平，高估值或高 CAPE 时期之后往往跟随着估值的回归。2016 年，西格尔在《金融分析师杂志》上发表了一篇评论该模型的文章。西格尔称 CAPE 为"股票未来长期收益的最佳预测模型之一"，但他补充了一句埋下伏笔的话"但是……"。

西格尔对希勒 CAPE 的担忧是基于公认会计原则（GAAP）的变化，这可能导致该模型过于悲观。西格尔认为："它在过去 10 年中不是一个很好的预测模型，原因是在希勒写了那篇文章之后，财务会计标准委员会（FASB）改变了公司强制报告美国公认会计原则的收入方式……特别是要求公司按市价对资产进行估值。这意味着，在金融危机之后的经济衰退期间，由于新的会计规则，盈利完全塌陷了，甚至比大萧条时期还要严重。因此，当希勒计算 10 年平均值时，会得到一个非常低的分母（10 年平均收益），市场会看起来被高估了。所以，我说应该重新计算 CAPE 比率，我还提议了计算 CAPE 比率的其他方法，比如使用营业收入，这将大大降低市场高估的程度。我和希勒谈过这件事，他说：'没错，你可以用另一个盈利概念。'我说：'但你的网站上只采用美国公认会计原则。'希勒说：'是的，每个人都习惯了，我懒得去管它了。'"

西格尔指出，一些亏损严重的公司可能会扭曲股票指数的总市盈率倍数。例如，2007—2009 年金融危机期间，美国国际集团、花旗集团和美国银行总共损失了 800 多亿美元。2008 年第四季度，仅美国国际集团的亏损就抹去了标准普尔 500 指数中 30 家最赚钱公司的总利润。西格尔提出了一种替代性的盈利计量方法，避免了美国公认会计原则的变化：国民收入和产品账户，这是一种由经济学家编制的利润计量方法，可以追溯到 1928 年。西格尔调整后的 CAPE 比希勒的传统 CAPE 更能解释未来 10 年收益的变化。

截至 2018 年 8 月，美国股市经历了历史上最长的牛市，标准普尔 500

指数从 2009 年 3 月 9 日的低点 676 点上升到 8 月 22 日的 2862 点左右，并且在此期间没有下跌超过 20%。当时，市场是否被高估存在很大的不确定性。为了回答这个问题，沃顿商学院在纽约召开了研讨会，会议主题为"10 年后的金融市场、波动性和危机"（Financial Markets, Volatility and Crises: A Decade Later）。会上，"死多头"西格尔和"死空头"希勒各自提出了自己的观点。

西格尔首先提出了他看多的理由。应用标准普尔 500 指数成分公司的营业利润，西格尔测算的 1954—2018 年期间的平均市盈率为 17 倍，其中低点出现在 1980 年 3 月，约为 7 倍；高点出现在 1999 年 6 月，约为 30 倍。在 2018 年 9 月，根据过去 12 个月的盈利测算的静态市盈率为 20 倍左右，如果根据当年的利润测算，则市盈率降至 18 倍，而根据 2019 年的预测利润测算，市盈率则降至 16 倍，并没有脱离历史平均水平的区间。根据目前的估值比率，西格尔预测实际回报率约为 5.5%（或者假设通胀率为 2%，名义回报率为 7.5%）。实际 10 年期国债收益率为 1%，股票风险溢价估计为 4.5%，略高于历史平均水平 3%～3.5%。

西格尔的结论是："从长期视角来看，股票被高估，但债券被大幅高估。股票相对于债券的相对估值实际上处于历史上较有吸引力的位置。"最后，西格尔指出，今天的投资者能够以几乎零成本购买指数基金，这是前所未有的。指数基金的可及性可能是支持更高的均衡市盈率的理由。

希勒随后介绍了他看空的理由。希勒同意西格尔的观点，即历史很重要，但强调市盈率的大幅变动并不经常发生，但当它们真的发生时，他会一探究竟。例如，在第一次世界大战前后，公司的利润大幅增加，但股市却没有大幅上涨。希勒声称，在 1916 年，市场"做了正确的事情"，没有对利润的突然增加做出过度反应，因为这只是一个暂时现象。

相比之下，当 1921—1929 年利润增加时，市场反应剧烈。希勒认为 1929 年的顶峰是一种过度反应，因为"那是一种不同的气氛，那是咆哮的 20 世纪 20 年代，投资者为之疯狂"。相比之下，20 世纪 80 年代早期的利润增加并没有带来股价上涨。时代的精神是非常不同的，过去两位数的通胀和非常高的利率让人惊叹。希勒继续说道："市场是由活生生的人组成的，他们讲着自己的故事，想法也会不时改变。那么，我们应该像 1916 年那样思考吗？这是暂时的吗？"

希勒得出结论，1921—1929 年的市场又再次反应过度了。他表示："对股市来说，这可能是一个糟糕的时期。"当时的 CAPE 水平为 33，希勒测算的未来 10 年平均回报率不到 1%。希勒仍然坚信，股票估值"目前太高了"，接下来就让时间来证明一切吧！

ETF 的智慧

目前，西格尔在智慧树投资公司（WisdomTree Investments）公司担任高级投资战略顾问。WisdomTree Investments 是一家资产管理公司，截至 2021 年管理着近 700 亿美元的资产，专注于交易所交易基金。该公司于 2006 年首次推出交易所交易基金，目前在许多资产类别和全球范围内都有布局。WisdomTree Investments 公司由沃顿商学院毕业生、索尔·斯坦伯格（Saul Steinberg）之子乔纳森·斯坦伯格（Jonathan Steinberg）创建。索尔·斯坦伯格还是沃顿商学院的主要赞助者，西格尔的办公室就位于以索尔·斯坦伯格命名的教学楼内。

自 20 世纪 90 年代末以来，斯坦伯格一直在研究重新编制指数基金的方法。他是基本面加权投资的先驱之一，不同于传统的市值加权指数。斯坦伯格的意图是模仿指数基金的好处，包括低费用、高流动性和充分分散化，同时以较少的风险产生更好的回报。大约在 2003 年或 2004 年，斯坦伯格联系到了西格尔，西格尔描述道："斯坦伯格问我：'西格尔，你知道，我一直在研究各种指数。与其按市值加权，不如按盈利或股息加权，但只有你有能力完成那些计量经济学和数学计算。你有兴趣看看吗？'我回答说：'好的，我来看看。'接下来我们真的一起看了，然后我们说：'这些指数的历史风险回报特征非常好。'"

西格尔解释了产品背后的逻辑："不同于市值加权，你是通过公司的盈利或股息来加权，这显然意味着每年或你选择的任意时间段，你都必须对投资组合进行再平衡。涨幅超过盈利增长幅度的品种，你会减仓；那些没有充分反映盈利增长的品种，你会加仓。因此，根据基本面因素对投资组合进行的调整称为基本面加权指数。我问斯坦伯格：'你打算如何利用这些指数？'斯坦伯格说道：'我打算推出交易所交易基金。'当时是 2004 年，市场上除了标准普尔和纳斯达克外，再无他家染指交易所交易基金……我告诉斯坦伯格：'你知道，我一直是先锋集团的粉丝，所以我们不能收取太多费用。'斯坦伯格回答道：'我同意你的看法。'因此，当真正推出 nonindex 时，我们的费率是最低的。"

西格尔提出警告说，要想验证 WisdomTree Investments 公司的理论，需要数十年的业绩记录。先锋集团的创始人约翰·博格对此持怀疑态度，而尤金·法玛则将该策略视为对"价值溢价"的重新包装。至此，基本面权重法的有效性仍不明确。

西格尔的完美投资组合

关于西格尔对完美投资组合的看法，其中很多都源于他早期的著作，包括《股市长线法宝》。西格尔对这部经典之作进行了总结，并提出了 6 条成功投资的准则。

1. 预期要与历史保持一致，经通胀调整后的股票回报率为 6%～7%，市盈率倍数约为 15 倍。
2. 投资期限越长，投资股票的比例就应越大。
3. 将股票投资组合的大部分仓位投资于低成本的股票指数基金。
4. 将至少 1/3 的股票投资组合投资于国际股票。
5. 将投资组合向价值型股票倾斜，比如市盈率低或股息率高的股票。
6. 建立严格的规则，使你的投资组合保持在正轨上，以消除情绪的影响。

关于为什么要进行长期投资，西格尔后来叙述了他的推理过程："在《股市长线法宝》中，我建议投资者将其投资组合中的股票持仓与宽基的股票指数联系起来，如标准普尔 500 指数或威尔希尔 5000 指数（Wilshire 5000）。**我曾看到太多投资者受到'择时'的诱惑，试图抄底逃顶，最终折戟。我相信简单的、有纪律的指数化方法就是最佳策略**。"西格尔的建议尤其适用于那些为养老而储蓄的人："如果你着眼于长期，或者任何在为 401（k）计划、IRA 计划（个人退休账户计划）而储蓄的人，他们都是在为退休后的生活做准备，那么他们的大部分资产应该是股票。"

在 2005 年出版的《投资者的未来》一书中，西格尔通过其三管齐下的 D-I-V 指令（股息、国际和估值）扩展了对纯指数基金投资方法的建议。首先，购买具有可持续现金流并向股东支付股息的股票。其次，认识到经济实力正在从美国、欧洲和日本流向中国、印度和其他发展中国家。在他的书中，西格尔建议了高达 40% 的国外股票配置。西格尔写道："对投资者来说，只持有美国股票是一种有风险的策略……只有那些拥有完全多元化的全球投资组合的投资者，才能以最低的风险获得最佳回报。"最后，购买估值相对于预期增长率合理的股票，同时避免热门股和 IPO。

基于这些考虑，西格尔建议在股票持仓中包括50%的世界指数基金（30%的美国指数基金和20%的非美国指数基金），然后将剩下的50%分配给4个领域的收益提升策略，每个领域占10%～15%的权重。这4个领域分别是：（1）高股息策略，如高收益股票以及房地产投资信托；（2）全球性公司，比如标准普尔全球100指数成分股和多元化的跨国公司；（3）石油和自然资源、医药和品牌消费品等行业；（4）股价相对增长率较低的股票，比如市盈率较低的股票。

即使已经过了大多数人退休的年龄，西格尔仍然喜欢股票胜过债券。他说："我没有持有任何美国国债，特别是在收益率极低的今天，我更喜欢用现金作为缓冲，而不是长期债券。"然而，西格尔确实也表示："我喜欢TIPS。"如前所述，TIPS等证券是政府发行的债券，其中票息支付和本金随着通胀的变化而调整。至于股票，西格尔仍然喜欢低市盈率股或价值股并表示"肯定会更倾向于价值股"。西格尔信奉定投的概念，即定期（如每月）将固定金额的资金投入投资组合，并指出："定投能减轻人们的心理负担，即人们不愿意在某一时点买入后看到价格下跌。"尽管西格尔告诫人们要警惕高成本的财务顾问，但他也看到了拥有一名财务顾问的好处。他说："如果你想专注于自己的主业，又想即便在经济不好时继续投资股市，那么毫无疑问，一名财务顾问可以在这方面帮你大忙。"

作为乐观主义者，西格尔仍然看好股市和整体经济。他说："我认为会有好事发生。我的意思是，我们已看到人工智能、纳米技术和机器人技术的进步，它们小荷已露尖尖角。你不必真的投资这些公司，因为激烈的竞争在所难免。我认为每个人都会从中受益。正如我所说的，要'专注并着眼于长期'。"西格尔仍然看好中国、印度和韩国等新兴市场："这些国家有着难以置信的增长潜力，他们也将购买我们的产品。你不一定要购买他们的公司来获得回报，因为我们的公司也将为他们服务。"西格尔最后送给大家一句寄语："**长期的真理会战胜短期的波动。**"

In Pursuit of the Perfect Portfolio
西格尔的投资组合箴言

- 我曾看到太多投资者受到"择时"的诱惑,试图抄底逃顶,最终折戟,我相信简单的、有纪律的指数化方法就是最佳策略。这一建议尤其适用于那些为养老而储蓄的人。

- 建议在股票持仓中包括50%的世界指数基金(30%的美国指数基金和20%的非美国指数基金),然后将剩下的50%分配给4个领域的收益提升策略,每个领域占10%～15%的权重。这4个领域分别是:(1)高股息策略,如高收益股票以及房地产投资信托;(2)全球性公司,比如标准普尔全球100指数成分股和多元化的跨国公司;(3)石油和自然资源、医药和品牌消费品等行业;(4)股价相对增长率较低的股票,比如市盈率较低的股票。

- 我看好中国、印度和韩国等新兴市场,因为这些国家有着难以置信的增长潜力。

- 长期的真理会战胜短期的波动。

THE STORIES, VOICES, AND KEY INSIGHTS OF THE PIONEERS
WHO SHAPED THE WAY WE INVEST

In Pursuit of the Perfect Portfolio

结　语

到底什么是完美的投资组合

在黑泽明的代表作电影《罗生门》中，一桩可怕罪行的四名目击者对同一事件做出了截然不同且相互矛盾的描述，且每名目击者都有个人动机以自己的方式陈述这桩谋杀事件。那么，究竟谁的描述最接近真相？黑泽明选择了让观众自己决定，这一技巧至今仍然有助于增加剧目的吸引力。今天，心理学家将这种相互矛盾的描述现象称为"罗生门效应"。

　　同样，对不同的人来说，完美的投资组合意味着不同甚至是矛盾的事情。考虑到我们访谈的 10 位名人背景各异，其主张没有达成共识也就不足为奇了。他们的不同观点凸显了投资组合管理固有的复杂性，我们应该承认，世上并不存在适合所有人的投资模式。事实上，这个问题甚至比"罗生门效应"更为复杂，因为完美的投资组合是一个变动的目标。这类似于"我应该做些什么才能保持健康"，这个问题的答案不仅取决于你目前的医疗状况，还取决于医学的进步程度以及目前可用的医疗器械。此外，即使是对同一个体来说，如何保持健康也并非只有一个答案，饮食、运动、药物和保健品或"营养食品"的多种组合都可以延长寿命或提高生活质量。对于我们的健康问题，理论上正确的答案是说"以上都是"，但这对于那些想确切知道

结　语　到底什么是完美的投资组合　335

如何获得"最佳健康状态"的人来说，并没有什么实质性的帮助。我们都在寻找适合我们的饮食、运动和药物的特定方案。这就是为什么我们需要保健医生，以及诸如专业运动员等能够为什么要花费巨资寻求私人教练、营养师甚至体育心理学家的帮助。

同样，对于"良好的财务健康状况是什么样"这个问题，也没有统一的答案，这就是为什么我们访谈了美国投资界有史以来 10 位最伟大的人物，然后写就本书的初衷。他们的完美投资组合实际上是我们自己的完美投资组合的基石，虽然单个专家的投资组合只能满足一部分特定投资者的少数需求，但如果能正确地组合在一起，则能够满足所有投资者的目标和约束。

那么，正确的组合是什么？正如哈姆雷特所承认的，"这是一个值得考虑的问题"。关键在于如何将他们的深刻见解结合起来，以帮助自己建立完美的投资组合。在试图综合他们的观点之前，我们首先回顾他们观点的要点。

来自 10 个伟大头脑的建议

哈里·马科维茨

早在 70 多年前，马科维茨就意识到，对于一个股票组合来说，重要的是组合中的股票价格之间的相对变化。现代投资组合理论诞生于芝加哥大学图书馆的那非凡一刻。马科维茨为我们提供了将股票作为投资组合进行分析的过程和原则。他是第一个用数学方法使投资多样化的想法成形的人，通过持有彼此不完全相关的股票组合，可以在不牺牲预期回报的情况下降低风险，从而帮助我们更接近投资的圣杯。

感谢马科维茨，我们现在明白了多元化是构建完美投资组合的关键。这需要一个自上而下的过程：先从股票或债券等资产类别开始，然后再考虑单个证券的选择，如是否投资可口可乐、沃尔玛、谷歌或特斯拉。如果你遵循一个纪律严明的流程，将使你站上或接近有效前沿，你无须成为像巴菲特那样的选股人，就能在长期投资中取得好成绩。马科维茨的有效前沿意味着，你不需要关注投资组合中的每一种证券，只需要关注在给定风险水平下具有最高预期收益水平的证券投资组合，或者相反，在给定预期收益水平下具有最低风险水平的证券投资组合。换句话说，你不需要绝对正确，你只需要相对正确。

在这一点上，马科维茨的流程变得几乎不可思议。你不仅可以将有效前沿应用于股票等特定资产类别，还可以应用于债券、房地产、商品或其他类型的投资。这意味着你可以进行跨资产类别分析，以获得理想的投资组合，如股票和债券。当你估计不同资产类别的预期收益、方差和相关性这些关键参数时，你应该遵循历史的教诲。

然而，你得到的结果只会和你的输入相当，正如资深程序员们常说的那句话："垃圾进来，垃圾出去。"因此，你需要合理估计预期值。例如，如果利率在过去10年中有所下降，债券价格有所上升，那么历史债券回报率看起来将相当不错。但如果你选择较低的利率水平作为起点，那么你预期的债券收益率可能就会比历史债券收益率低很多。

你还需要对自己的风险承受能力有一个良好的认知。一旦你明白了这意味着什么，你就可以寻找一个符合你风险承受能力的充分多元化的投资组合。这并不简单，因为人们生来就不愿意去思考资产回报的波动性对退休资产意味着什么。通过积累经验，或者在理财顾问的帮助下，你会对适合你的资产配置组合做到心里有数。

如何实现这种资产配置也很重要。从马科维茨的角度来说，最简单的方法是通过低成本的交易所交易基金来投资股票，以及通过单个债券来投资固定收益。你可能还想限制某些行业的权重。令人惊讶的是，马科维茨并不认为由所有资产组成的市场投资组合有什么特别，也不认为这是必须选择的投资方式。但多元化仍然是完美投资组合的最重要因素。

对于马科维茨来说，一旦接收到新的信息，完美的投资组合就需要再次进化。你应该更新你的信念，使之与你认为生活中会发生的事情以及对你来说重要的事情相关联。在完美的投资组合中，"完美"这个概念既是指我们的追求，也是指适合我们的组合。然而，资产配置比例仍然是最基本的决策。随着年龄的增长，你的风险偏好和财务目标可能会有所改变，因此你的完美投资组合也应该改变。此外，在进行分析时，不要忘记税收的影响：任何分析都应建立在税后基础上。

最后，马科维茨提醒我们要放眼全局。请记住，**完美的投资组合不仅仅是使用马科维茨的流程进行理性投资，它还是关于整体财务规划的理性决策。**

威廉·夏普

夏普创建完美投资组合的方法可能是我们访谈的所有专家中最直截了当的方法，也是最具体的方法。

根据夏普的资本资产定价模型及其近亲证券市场线，你应该投资于无风险资产和市场投资组合的结合，以获得完美的投资组合。夏普的建议非常具体：你应该投资 TIPS 作为无风险资产，再投资以理想化的市场比例来复制世界上所有可交易债券和股票的指数基金或交易所交易基金，作为近似的市场投资组合。夏普为完美的投资组合推荐了 1 只美国总体股票市场基金、1只非美国总体股票市场基金、1 只美国总体债券市场基金和 1 只非美国总体债券市场基金，以及 1 只全球货币对冲基金。夏普是使用低成本投资构建完美投资组合的大力推动者。

夏普关于完美投资组合的另一条建议是，做一些关于长期的功课，现在多存点钱，为养老阶段的长期财务稳定做出一些牺牲。

尤金·法玛

1992 年，法玛说出了那句著名的"贝塔已死"，如果用"罗生门效应"作为类比，或许可以证明他就是凶手。然而，令人惊讶的是，法玛的完美投资组合仍然是从市场投资组合开始的。法玛在更广泛的风险回报权衡的背景下考虑股票回报，由市场投资组合以外的其他因素驱动，例如小盘股与大盘股之间的回报差异、价值股与成长股之间的回报差异、高利润率公司与低利润率公司之间的回报差异、积极投资与保守投资之间的回报差异。法玛建议，你可以将你的完美投资组合向市值较小的股票倾斜，同时也向所谓的价值型股票倾斜，这些股票的市盈率较低。和我们访谈的一些名人一样，法玛也是低成本投资的倡导者。

法玛把投资组合的风险敞口视为投资者的个人选择，同时将市场投资组合视为我们的锚。然而，无论你想往什么方向倾斜，都要确保它是通过多元化的投资组合来实现的，且再怎么多元化也不为过。记住，世上没有免费的午餐：你只有承担更多的风险，才能获得更高的预期回报。最后，要谨防仅仅根据过去的业绩表现来制定投资决策，因为即便在 5 年的时间里，这些业绩中也可能充满噪声。

约翰·博格

先锋集团创始人约翰·博格认为，完美的投资组合包括投资多元化的低成本指数基金，这并不奇怪。然而，在博格建造的"投资大厦"的地基之下，是他的投资关键四要素：风险、时间、成本和回报。虽然我们不能控制回报，但可以控制其他因素。**我们可以通过多元化投资来降低持有个别证券的风险。**更长的投资期限可以帮助我们建立投资组合，同时也有助于降低风险。重要的是，你要忽略短期噪声。最后，正如博格的成本问题假说所强调的，**更低的成本会增加你的财富。**

完美投资组合的资产配置应该随着时间的推移而改变，一开始大量投资股票，但同时持有一些债券指数基金和股票指数基金。根据经验，投资者的债券持仓比例应该接近于我们的年龄：当你退休或接近退休时，你应该持有相当比例的债券指数基金。如果你的资金不在你的退休计划中，那你就要小心被征税。博格特别喜欢市政债券基金，因为它们具有税收方面的吸引力。博格说，不要为重新平衡投资组合而烦恼，当然，你每年最多只能进行一次重新平衡。你不应该过多地关注你的资产价值，而应多重视它每月能带来的现金流。

毫不奇怪，博格个人的完美投资组合几乎全部投资于股票和债券指数，但他也投资了一小部分新兴市场指数基金和黄金。然而，你的完美投资组合并不需要考虑太多股票和债券之外的投资。博格是美国市场的大力支持者，他只主张将20%的资金分配给国际股票。然而，无论你做什么决定，你都应该采取买入并持有的方式。记住博格的"咒语"："别老想着做些什么，站在那里等就行了！"

迈伦·斯科尔斯

与先前强调从市场投资组合开始的专家们不同，迈伦·斯科尔斯另辟蹊径。对斯科尔斯来说，**完美的投资组合就是风险管理。**斯科尔斯从一个假设出发，即对你来说最重要的是你的最终财富，比如养老储蓄，它将让你以你想要的生活方式退休。你的投资成功将主要取决于避免下跌的"尾部风险"，即那些相对罕见但严重的股市下跌，比如2007—2009年的金融危机和新冠疫情的蔓延，同时利用正面的"尾部收益"盈利。

要正确管理风险，你需要留意波动率指数等衍生品市场传达出的信息。例如，当波动率指数低于其历史平均水平时，你可能会觉得将更大比例的资产投资于高风险股票会更安心。你应该通过尽量减少投资组合价值从高峰到低谷的下降，即回撤，将投资组合的风险保持在目标水平。然而，你可能不仅仅希望避免负的尾部风险，还希望利用正的尾部收益。不要只维持低风险水平，而要在盈利概率很大时承担更多风险。

虽然我们访谈的大多数杰出人士都强烈主张投资指数基金，但斯科尔斯对此却谨慎得多。他提出，投资者需要了解这些指数基金策略的内在和不断变化的风险。例如，在20世纪90年代末和21世纪初，宽基的美国股市指数比如标准普尔500指数中科技股占有巨大比重。在芬兰，诺基亚在其巅峰时期占据了该国股票市值的70%。这种波动性的变化会损害复合回报，而复合回报反过来又会损害你的最终财富。指数基金的另一个问题是，在动荡时期，成分股之间的相关性可能会急剧上升，但这正是你的完美投资组合最需要多样化的时候。想想你对投资指数基金设定了哪些限制。

鉴于斯科尔斯参与了第一只指数基金的开发，他反倒认为主动管理在完美的投资组合中扮演着重要角色，这多少有点讽刺意味。另外，有谁能比创始人更能看到被动投资的风险呢？你需要首先确定你可以忍受的最大回撤，然后随着各资产类别中预期风险的变化，改变股票和债券等资产配置比例。

罗伯特·默顿

一开始，默顿和马科维茨一样，提出在给定的风险水平下，投资者应该力争在完美的投资组合中最大化自己的回报。然而，风险远不止股票的波动性，它还包括无法满足退休需求的风险等，而分散投资可以降低股票的波动性。最终，完美的投资组合应该是属于你个人的无风险资产，就像通胀保值国债一样。对于你的退休目标，在理想情况下，你会在退休时拿出你的储蓄，购买一份年金，这份年金将在你的余生提供收入以满足你的预期需求。如果仅投资无风险资产似乎无法赚到足够的钱，那么你需要将部分资金投资于风险更高的资产，以实现你的目标。

默顿认为，财务顾问可以在这方面提供帮助。用他最喜欢的汽车作为比喻，默顿认为，你无须费心研究你的完美投资组合引擎盖下有什么。你不知道如何在压缩比为 10∶1 的发动机和 14∶1 的发动机之间进行选择，你只想尽可能安全快速地从 A 点到达 B 点。因此，让值得信赖的财务顾问来管理你的风险敞口，特别是在你即将退休的时候，他们可以通过类似于目标日期或调降路径基金来管理你的风险敞口，这些产品可以随着时间的推移来改变资产配置，使之转向风险较低的资产，但调整的方式更加精细，并不只是考虑你的年龄。

根据默顿的说法，你需要有意义的信息来做出有意义的选择，而压缩比对于一般的司机来说是没有意义的。所以，你无须担心你的完美投资组合中股票和债券配置比例是 70/30 还是 65/35；相反，你真正需要从财务顾问那里了解的是，通过某个特定的投资策略，你在退休后维持生活水平的可能性有多大。你需要向你的顾问提供关键信息，包括当前的年龄、期望的退休年龄、收入、期望的社会保障福利以及你能接受的退休时期的最低收入；然后让财务顾问告诉你达到目标的概率，以及你需要做些什么才能达到目标。但是，如果面临潜在的资金短缺，你就要更现实地看待实现目标的概率：**你可能现在需要多储蓄，计划更长的工作时间，承担更多的风险，或者调整你的财务目标。**

让我们来看看全球顶级资产管理机构 Dimensional Fund Advisors 的产品结构，默顿在此担任常驻科学家。该机构的固定缴款养老产品与一个全球股票指数和两个不同久期的 TIPS 债券投资组合相关联，其中一个是中期，另一个是长期。其目标日期退休收入基金也与此类似。默顿自己的完美投资组合也与这些产品类似，但包括了一只对冲基金。默顿还拥有住宅房地产，这就引出了他的最后观点：**要考虑在一个你计划长期居住的地方拥有自己的房子。**

马蒂·莱博维茨

莱博维茨认为，完美的投资组合如何构成，完全取决于投资者能承受多大的风险。如果股市大幅下跌，通常的做法是什么也不做，但并非总是这样。虽然你希望避免在错误的时间降低风险的情绪反应，但如果市场风险水平高于你的承受能力，那么你可能需要减少股票敞口，以便晚上睡得踏实。这就意味着，虽然你的完美投资组合可能基于买入并持有的策略，但也存在例外情况。

那么投资者如何知道自己能承受多大的风险呢？莱博维茨希望你像养老基金经理那样思考，先去估算自己的融资比率：你拥有的投资资产以及这些资产能够产生的未来收入与你未来负债的现值的比值。换言之，把你现在拥有多少和你将来需要的做一下比较。如果你有一个高的融资比率，那么你的完美投资组合可以承担更多的风险，投资更多风险更高的资产，比如股票。

但请记住，投资没有绝对的事情。**你可以承担更多的风险并不一定意味着你就应该承担更多的风险。**当市场风险高于历史平均水平（比如希勒的周期调整市盈率 CAPE 指标），并且收益风险比远低于合理水平时，尤其如此；或者当你即便承担更多的风险也无法获取任何额外的回报时，也是如此。如果你的完美投资组合中已经有足够的资产来满足你的需求，那么你可以简单地投资于更安全的资产。

你要准备好在完美的投资组合中做出一些艰难的抉择,要考虑到你所有的境况,包括潜在的生活事件、当前的税收和遗产税,实际情况可能远不止于此。你要认识到你的目标可能会随着时间的推移而改变。莱博维茨认为,如果你希望随着年龄的增长而降低风险,那么目标日期基金可能会有所帮助,但与默顿一样,他也担心大多数目标日期基金的僵化。

莱博维茨主张,**一个完美的投资组合除了股票之外,还应该包括债券和其他固定收益资产**。债券可以降低投资组合的整体波动性,并提供相对稳定的回报。这一切又回到了马科维茨提出的多元化带来的好处。莱博维茨对夏普的 CAPM 表示赞同,他指出,你应该承担你想要承担的风险水平,由你选择相应的贝塔来决定。不要忽视通胀的风险,即使通胀在相当长的一段时间内处于适度水平,也会削弱你的购买力。最后,莱博维茨提醒投资者,要确保有一个应急计划来处理严重的不良事件。

罗伯特·希勒

正如大家猜测的那样,希勒偏爱独特性和个体。**完美的投资组合应该广泛多样化,不仅是在主要资产类别之间,而且在国别上也要如此,因为你无法准确预测某一特定资产类别或国家的表现**。你可以从投资美国股票开始,但在经周期调整的 CAPE 比率相对较低的国家要建比一般情况更重的仓位。你的完美投资组合还应该包括债券、房地产、通胀保值国债和商品,因为这些投资品种与股票的相关性相对较低,然后再考虑你自己的个人风险。你应该避免在你所从事的行业中投资股票,因为当你公司的股票行情低迷时,你可能还会面临失业的双重打击,你甚至应该考虑在你的完美投资组合中放一个做空的头寸来抵消这种风险。

希勒本人就喜欢择时。尽管希勒的 CAPE 比率可以作为衡量市场低估或高估的指标，但他也对择时提出了警告。然而，要识别市场泡沫的顶部并不容易。最后，**你需要多了解新的金融工具和产品，比如希勒提出的 Trill，让其成为你完美投资组合的一部分。**

查尔斯·埃利斯

作为一名浸淫在投资领域超过 50 年的消息灵通的"观众"，埃利斯见证了许多不同的玩家试图玩转完美投资组合。专业人士真的能打败市场吗？埃利斯很想知道。他得出的结论是，这一假设似乎是错误的。对埃利斯来说，你的完美投资组合当然应该包括指数基金，特别是如果你想在未来 20 年内跻身于前 20% 的基金之中。这一切都是为了最小化你的投资成本。但是，你应该投资不同类型的指数基金，包括债券指数基金和以 MSCI EAFE 指数为基准的低成本国际基金。你应该把不同的资产类别再平衡到你长期的合意权重。此外，就像在输家的游戏中一样，避免犯错至关重要：注意自己的过度自信倾向，控制自己的情绪。

对埃利斯来说，个人的完美投资组合最重要的方面是，它应该取决于投资者是谁：投资者的年龄、受投资者抚养的人、投资者的投资知识、投资者的收入、投资者的消费习惯、投资者的资产、投资者对风险的承受能力以及投资者的信息获取渠道。同时，投资者必须关注自己的税收情况，包括主动管理型基金的换手率。最后，埃利斯建议：**你的价值观、你的过往能够帮助你实现目标的完美投资组合。**

杰里米·西格尔

西格尔的完美投资组合从一些基本准则开始，这些准则是他从基于长期的研究中得出的。首先，你要有符合历史情况的合理预期。其次，你的投资期限越长，你的完美投资组合中股票所占的比例就应越大。你的主要投资品种应该是低成本的股票指数基金；另外，至少 1/3 的股票投资组合应该投资于国际股票；你还要将你的投资组合向低市盈率的价值股倾斜。最后，你得控制你的情绪。

如果你真的要为你的完美投资组合投资个股，那么西格尔建议你买入具有持续的现金流以及愿意支付股息的公司，优先考虑中国、印度和世界其他国家及地区的股票，再考虑美国、欧洲和日本。但是，西格尔建议**只考虑相对于预期增长率而言估值合理的股票**，避免"新经济"概念和首次公开募股中的热门股。也就是说，长期自有长期的逻辑。

综上所述，西格尔的秘诀是，完美投资组合的股票仓位中要包括 50% 的世界指数基金：其中 30% 是美国基金，20% 是非美国基金。你应该把剩下的 50% 留给收益增强策略，比如高股息股票和房地产投资信托基金，标准普尔全球 100 指数中的全球顶级公司和多元化的跨国公司，医药、石油、自然资源和品牌消费品等行业的公司；以及相对于增长率而言估值较低的股票。对于固定收益投资，你应该考虑通胀保值国债。西格尔还建议对你的完美投资组合进行定投，以避开心理陷阱。最后，如果你想专注于自己的主业，又想在经济不好时继续投资股市，那么毫无疑问，一名财务顾问可以在这方面为你提供极大的帮助。

构建完美投资组合的 7 大原则

就如同罗生门事件一样，我们有多个完美投资组合的见证人，该领域 10 位最杰出的人物就像进行了几个世纪的观察和分析。他们的许多答案在广义上都是相似的，这并不令人惊讶。毕竟，没有人会让你买入你无法负担的、价格处于高位的投资品种。

正是这些思想者之间的差异以及差异背后的原因,展现了他们思考完美投资组合的过程。他们的观点是他们作为学者和实践者所累积的智慧和经验的函数。从适应性市场假说的角度来看(本书作者之一罗闻金为调和行为金融学和理性金融学之间的明显冲突而创建的框架),专家们的不同叙述是对他们各自独特经验的适应性反应。因此,我们也对他们早期生活和职业生涯中的事件加以了关注和叙述,以观察他们对完美投资组合的信念是否从中萌芽。

适应性市场假说背后的基本思想是,有效市场假说与其说是错误的,还不如说是不完整的。它没有涵盖金融市场运行的所有方面,特别是在危机期间,投资者的反应是情绪化的,而不是理性的。适应性市场假说应用生态学和进化生物学原理表明,投资者可能并不总是按照经济理论预测的方式行事,而是能够适应环境,并以可建模的方式对经济刺激做出反应,在某些情况下,其反应是可以预期的。适应性市场假说的一个现实含义是,随着时间的推移,风险和回报之间的关系不一定是稳定的。比如,与安全的政府债券相比,股票的风险溢价有时可能为5%,有时可能为1%。另一个实际含义是,投资策略会时起时落,在某些环境中表现更好,而在另一些环境中表现较差。比如,具有较低市盈率的价值型股票可能在较长时期内表现更好,但在较短时期内可能表现得不如具有较高市盈率的成长型股票。

适应性市场假说还能够解释专家们的完美投资组合之间的差异。当面对不同的环境或不同的投资者偏好时,个人可能会以不同的方式去适应,从而产生不同的完美投资组合。这样的结果无可厚非,也不意外。正如凯恩斯对金本位观点的翻转,当事实发生变化时,改变你的观点是可以的。

从马科维茨开始,我们可以看到,投资组合多元化作为降低风险手段的想法已被普遍接受,这可能是我们的专家们能达成一致的唯一观点。即使是像市场投资组合这样的基本理念,即全球市场上所有资产的投资组合,我们的大多数专家也只将其视为完美投资组合的起点。例如，西格尔倾向于多配置发展中国家的股票，尽管它们的成交量可能不足，而博格则建议专注于美国市场的指数。马科维茨本人并不认为市场投资组合有那么重要，而斯科尔斯和莱博维茨的分析中甚至根本没有涉及市场投资组合。

这 10 位杰出人物的大多数通过考虑风险与回报的平衡来构建他们的完美投资组合，但斯科尔斯和莱博维茨的与众不同之处在于，他们将风险视为首要考量因素，并从风险因素开始展开分析过程。从纯粹的统计角度来看，这是有道理的，因为风险往往比预期回报更容易衡量。如果"你无法管理你无法衡量的东西"这句古老的格言真的有道理，那么下一句应该是"你应该能够更好地管理那些你可以更为精确地衡量的东西"。这也契合了博格的成本问题假说：你可能无法准确衡量"热门"的主动基金经理未来的表现，但你肯定可以精确衡量该基金经理收取的费用。考虑到投资可能碰到的各种风险，比如市场风险、流动性风险、信用风险和操作风险等，从这些不同的逻辑起点出发，基于市场投资组合和无风险资产这一共同的主线，我们就可以推导出各不相同的完美投资组合。

我们还可以根据专家们在其完美投资组合中对主动管理和被动管理的偏好对其进行分类。博格和夏普偏向于被动，而斯科尔斯和希勒则偏向于主动。另外，默顿主张让财务顾问帮助管理你的完美投资组合，你不必操心如何去打理它。

如今，在充满指数基金和交易所交易基金的世界里，是否还有空间为完美的投资组合挑选股票？信不信由你，确实有。虽然没有指明任何特定的股票，但法玛主张超配某些因子以改善你的完美投资组合，西格尔也提出了多种可能的收益增强策略供你选择。同时，希勒建议做空你雇主公司的股票作为对冲，尽管这可能会引发老板与你的不甚愉快的谈话。

如果有一种资产是我们大多数专家都推荐加入组合的，那就是 TIPS，即美国财政部发行的通胀挂钩债券。近年来的通胀一直稳定在低位，但总有宏观经济变化的风险，莱博维茨作为债券大师，在 20 世纪 70 年代的滞胀时期非常敏锐地感受到了这一点。从长期来看，默顿还推荐了一项特别的资产：拥有自己的住宅。

最后，虽然专家们强调，在制定完美投资组合时了解你的目标和风险偏好非常重要，但马科维茨、夏普、博格、莱博维茨和埃利斯也强调了不得不面对的税收问题。事实上，这可能是博格的成本问题假说的必然推论：所有成本中最稳固的是政府施加的成本。

我们现在终于走到了追求完美投资组合的尾声，我们希望在这里提供一些规划和指导。但请记住我们的重要投资免责声明：我们不会向你提供理财规划建议。理财规划建议是注册理财规划师（CFP）或特许财务分析师（CFA）的工作，他们有提供建议的资格，他们的日常工作就是专注于私人财富管理。

正如前文所述，完美的投资组合是一个不断变化的目标，在极大程度上取决于我们是谁、我们在职业生涯中所处的位置、我们的人生阶段，以及当前市场情况对我们的短期和长期目标的影响。如果你是一名刚刚加入一家科技初创公司的 24 岁计算机工程师，那么你的完美投资组合将与一名 65 岁的打算在未来几年退休的图书管理员截然不同。

我们用一个精炼的词组来作为追求完美投资组合的高潮：3P 投资。这 3 个与投资相关的 P 是指原则（Principles）、过程（Process）和路径（Path）。我们将提出 7 条普遍适用的投资原则，并提供一份重要的清单供你在投资前进行自我检视。我们的过程包括对你的关键特征的简单自我评估，包括投资、储蓄和支出，以及你所处的投资环境。正如查尔斯·埃利斯所说，"这关乎你这个人、你的价值观、你的过往和你的财务状况"。你对这些简单问题的回答将有助于你认识到自己属于哪种类型的典型投资者（具体分类详见后文）。这一分类可以帮助你对自己的财务状况进行快速评估，从而指引你通往完美投资组合的路径，并包括确定你今天可能需要采取的行动。

让我们从构建完美投资组合的原则开始，这对每个人来说都是相同的起点。

- 原则1：明确你在理财规划方面有多少专业知识，以及你愿意投入多少时间和精力来管理你的完美投资组合。这将决定你是否可以独自展开你的投资之旅，或者是否以及何时应该寻求专业帮助。如果用我们的健康作为类比，那么就像你可能需要看产科医生、外科医生或过敏专家一样，你也可能需要寻求在抵押贷款、税收或房地产规划方面具有专业知识的金融专家的帮助。
- 原则2：确定你当前和未来的财务需求。这并不容易，需要深思与大量的时间投入，以及定期回顾和一些财务方面的专业知识，因此你也可能需要专业人士的帮助。你可以从明确你当前的收入开始，包括职业的收入和投资收入。接下来，你需要确定当前的开支，真正困难的部分是确定未来的收入和支出，同时不要忘记社会保障以及何时加入的问题。其中可能会涉及一些艰难的决定，包括成家的打算、教育储蓄和退休计划。整体来说，关键在于先明确总体的生活目标，然后将其转化为财务目标。
- 原则3：在投资收益和损失方面找到你的舒适区。在你开始发疯似的将资产转移到更安全的地方之前，你能承受多少储蓄或退休账户的损失？在你决定兑现收益之前，你会容忍投资组合的净值增长多少？考虑一下你工作或生意的风险，以及你可能持有的非流动资产，即使你无法对冲风险，你也不能加杠杆。例如，你可能不想投资你自己所在的公司（如果是上市公司的话），甚至不想投资你所在行业的任何其他公司。如果经济衰退会导致你的生意出现大问题，那么持有一个可能在经济衰退中崩盘的组合，或者会跟你的工作一样失去流动性的组合，就不是一个好主意。

- 原则 4：思考你的投资哲学和你对市场的看法。我们希望，与投资先驱们共度的这段旅程会激发你反思和改进自己的理念。例如，你是否在法玛的阵营中，你是否确信市场总体上是有效的，尤其是美国股市？如果是这样，那么指数基金就是起点。一般投资者可能会这么做。只有当你认为自己与一般人不同时，你才能去尝试别的事情。但是，你也要认识到，正如希勒和其他行为学家所指出的那样，几乎每个人都认为自己比一般人聪明。因此，你应该随时准备根据最新的、令人信服的依据来更新自己的投资理念。

- 原则 5：列出你已经拥有的所有资产和你想要持有的资产，如共同基金、交易所交易基金、股票、债券、房地产等。请记住，共同基金和交易所交易基金有许多不同的形式和规模。博格指出，传统的指数基金是一种宽基的、低成本的、免费率的指数基金，其设计目的是买入后长期持有。那么衍生品呢？你是否像斯科尔斯和默顿那样对衍生品感到舒服？你甚至可能不知道，许多投资产品实际上是伪装的衍生品。你列出的资产菜单就是你构建完美投资组合的基础。另外，不妨回顾一下你不愿意持有的资产，想想莱博维茨所谓的"巨龙风险"。请记住，如果你不知道会发生什么，你永远不应该根据你认为会发生什么来进行投资，这是许多人在 2007—2009 年金融危机期间费尽艰难学到的一课。

- 原则 6：了解当前的投资环境，以及该环境相较于历史情况的稳定性。在一个稳定的环境中，稳定的投资规则，如 60% 的股票和 40% 的债券可能就足够了，但在快速变化的经济环境中，投资规则可能也必须同样动态变化。这里的关键是管理你的完美投资组合的风险，以便你做好以下方面：只暴露于你能够承受的风险中（基于原则 2 和原则 3）；最大程度地分散投资，选择收益风险比最佳的投资品种；定期监控你的投资，尤其是在市场状况和你个人情况随时间变化的情况下。

- 原则 7：避免明显的投资错误。博格和埃利斯提醒我们，投资错误可能包括支付过高的费用、换手率过高、不必要的税收，以及完全基于信任和友情对主动型基金经理进行投资。那个叫伯尼的基金经理在高尔夫球场上可能很迷人，但你要对他的投资经验和历史业绩等做出全盘考量。如果你决定通过借贷来投资，承担大量的额外风险，那么你要确保你有追加保证金的现金储备。希勒提醒我们，我们的行为往往不如自己想象般理性。

如果这个原则清单看起来很复杂的话，那就对了。这就是为什么我们的 10 位专家最终得到了 10 个不同的完美投资组合。没有任何一个组合在所有时间适用于所有投资者，但它们都符合我们刚才提出的 7 条原则，并且在适应性市场假说的语境下，它们都是对的，因为它们是对不同环境和不同类型投资者的不同适应形式。

16 类典型投资者，你是哪一类

接下来是我们的过程，它直接源自以上所述的原则。让我们更好地了解你是谁、你目前的情况，然后我们就可以看到你在 16 种不同类型的典型投资者之中的位置，我们希望这将成为你寻找完美投资组合的起点。**这 16 种类型的分类取决于 4 个关键特征：你的风险厌恶程度、你当前和未来的财富体量以及你的收入状况、你当前和未来财务需求的大小，以及投资环境。**我们称之为 RISE[①] 标准，你需要把它们看作力图解决的问题，从而实现你的目标。

为了让事情变得具体而又简单，我们为上述每个特征的两个极端进行

---

① 这 4 个字母分别指代风险（Risk）、收入（Income）、支出（Spending）和环境（Enviroment）。

命名（见图12-1）。在风险偏好方面，我们将风险厌恶型投资者称为"鸽"（Dove），而把寻求风险的投资者称为"鹰"（Hawk）。马科维茨创建了均值-方差框架，而斯科尔斯和默顿都强调了关注风险的重要性。这里我们指的是你对风险的承受能力，或者你愿意承担的风险量。我们称高收入投资者为"迈达斯"（Midas，他接触的一切都会变成黄金），称低收入投资者称为"珀涅亚"（Penia，希腊贫困女神）。我们将称挥金如土的人为"盖茨比"（Gatsby，出自斯科特·菲茨杰拉德同名小说），称吝啬鬼为"史克鲁奇"（Scrooge，出自查尔斯·狄更斯的经典中篇小说《圣诞颂歌》）。最后，我们将市场环境分为"扩张"和"衰退"。当然，要区分扩张性环境和衰退性环境说起来容易做起来难，因为经济学家通常需要在衰退开始或结束后6个月或更长时间才能做出这样的判断。然而，西格尔的研究告诉我们，如果我们能够预测商业周期的转折点，在商业周期的低谷加大对股票的投资力度，然后在商业周期达到峰值之前卖出股票，投资者就可以跑赢买入并持有的策略，但这也是说起来容易做起来难。你可能想依靠经济学家等专业人士来回答这个问题，他们常常依赖商业周期模型来试图解答我们在当前经济环境中所处的位置。

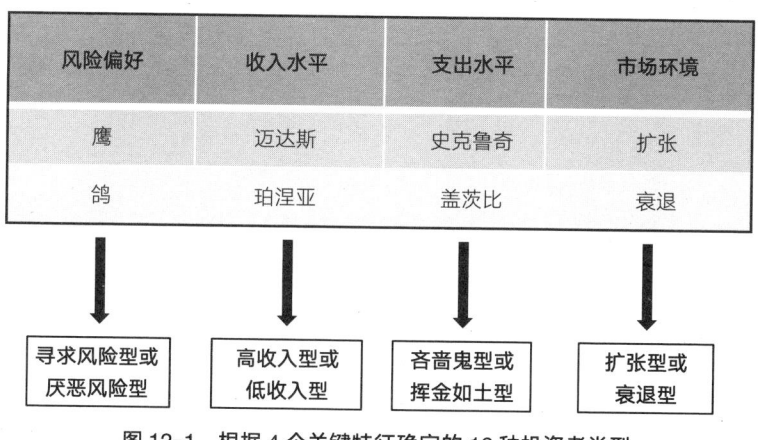

风险偏好	收入水平	支出水平	市场环境
鹰	迈达斯	史克鲁奇	扩张
鸽	珀涅亚	盖茨比	衰退

| 寻求风险型或厌恶风险型 | 高收入型或低收入型 | 吝啬鬼型或挥金如土型 | 扩张型或衰退型 |

图12-1 根据4个关键特征确定的16种投资者类型

通过这些简单的二元分类，我们可以将投资者群体细分为16（2×2×2×2）种典型（见图12-2）。每个典型投资者在特定环境中都有不同的财务问题，以及能解决他们问题的不同完美投资组合。例如，一个生活在扩张的经济环境中、收入较高、风险偏好较强但支出需求较低、正值壮年的人，他可以全仓投资于股票市场，包括主动型投资策略（如果这与他的投资理念一致的话）以及生物技术等行业基金，以充分利用股权风险溢价。然而，一个生活在衰退的经济环境中、收入较低、厌恶风险但是支出需求较高的人，不仅要非常小心照看自己的投资组合，还要注意控制家庭花销和应对某些意外支出，比如医疗费用或财产损失。对于这个人来说，一个偏向于固定收益证券，并持有少量被动股票头寸的平衡的投资组合可能更合适。

当然，这16种典型是对不同类型投资者的简化描述。尽管我们是受迈尔斯-布里格斯（Myers-Briggs）人格工具类型学的启发而开发此框架的，但请记住，我们的分类不仅取决于投资者的财务特征，还取决于外部条件，如市场环境。此外，即使是收入水平和消费模式等个人特征也不是你不变的心理属性，很容易因环境的变化而改变。二元分类显然是极端的，可能无法反映日常经验中更普遍的中间特征：**有时我们是鸽派，有时我们是鹰派，大多数时候我们处于两者之间。**

尽管如此，这些分类对于找到通往完美投资组合之路非常有帮助。图12-2列举了所有16种典型，每种典型都分别用椭圆形（良好）、矩形（小心）或六边形（危险）加以标注，以反映你对财务健康的关注程度。椭圆形表示在实现财务目标方面没有严重问题；矩形表示可能需要在短期内调整支出、储蓄或投资模式；六边形则预示着即将发生的财务危机，需要你立即关注。表12-1包含叙述性描述，提供了所有16种典型投资者的具体示例。

我们得出"良好/小心/危险"的评价是基于对4个方面特征的等权重打分：4分或3分被视为"良好"，2分为"小心"，1分或0分为"危险"。

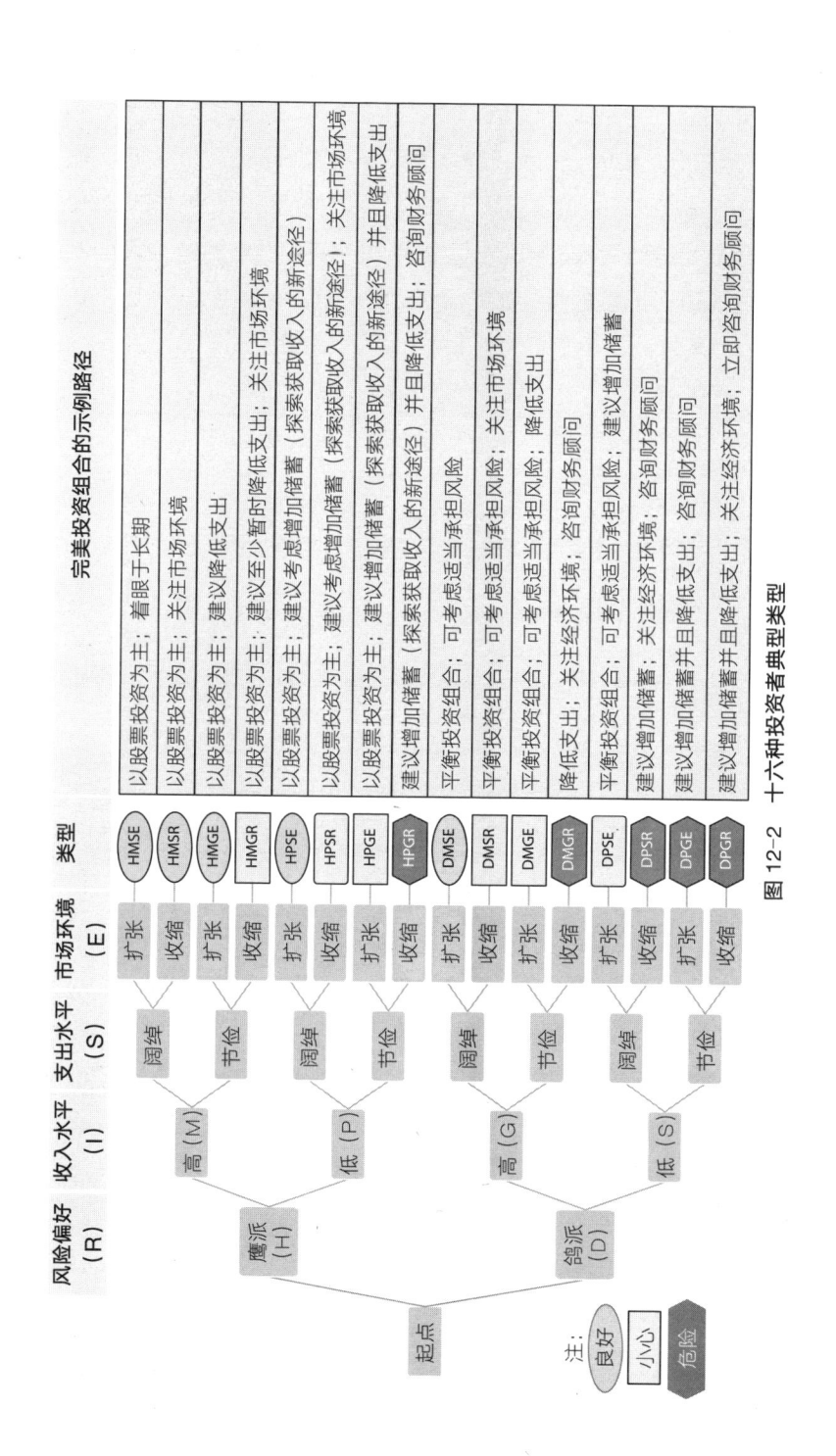

风险偏好 (R)	收入水平 (I)	支出水平 (S)	市场环境 (E)	类型	完美投资组合的示例路径
鹰派(H)	高(M)	阔绰	扩张	HMSE	以股票投资为主；着眼于长期
			收缩	HMSR	以股票投资为主；关注市场环境
		节俭	扩张	HMGE	以股票投资为主；建议降低支出
			收缩	HMGR	以股票投资为主；建议至少暂时降低支出；关注市场环境
	低(P)	阔绰	扩张	HPSE	以股票投资为主；建议考虑获取收入的新途径（探索获取收入的新途径）
			收缩	HPSR	以股票投资为主；建议增加储蓄（探索获取收入的新途径）；关注市场环境
		节俭	扩张	HPGE	建议增加储蓄；可考虑适当承担风险
			收缩	HPGR	建议增加储蓄（探索获取收入的新途径）并且降低支出；咨询财务顾问
鸽派(D)	高(G)	阔绰	扩张	DMSE	平衡投资组合；可考虑适当承担风险；关注市场环境
			收缩	DMSR	平衡投资组合；可考虑适当承担风险；降低支出
		节俭	扩张	DMGE	平衡投资组合；关注经济环境
			收缩	DMGR	平衡投资组合；关注经济环境；咨询财务顾问
	低(S)	阔绰	扩张	DPSE	降低支出；关注经济环境；建议增加储蓄
			收缩	DPSR	建议增加储蓄；咨询财务顾问
		节俭	扩张	DPGE	建议增加储蓄并且降低支出；咨询财务顾问
			收缩	DPGR	建议增加储蓄并且降低支出；关注经济环境，立即咨询财务顾问

图12-2 十六种投资者典型类型

注：良好 小心 危险

结 语 到底什么是完美的投资组合

我们打分背后的含义如下：鹰愿意承担比鸽更大的风险，因此愿意投资于股票等风险更高的资产，从历史上看，股票给投资者带来了更高的预期回报。迈达斯的收入高于珀涅亚，因此具有更大的储蓄和投资潜力。史克鲁奇的花费比盖茨比少，因此也有更大的储蓄和投资潜力。最后，在经济扩张期，股票往往比债券表现更好，但在经济衰退期则不然。

表 12-1　十六种投资类型的描述性案例

类型	举例
HMSE	一名住在安静郊区的牙科医生，工作出色，想趁着当前的市场环境好赚一笔钱，提前退休
HMSR	一家顶级律师事务所的律师，善于储蓄，但今年全年市场环境都不太好，比较迷茫
HMGE	一名正值职业生涯巅峰的高级建筑师，品位高，花销较大，拥有优质的客户群
HMGR	一家知名企业的系统工程师，喜欢高品质生活，但是意识到近期的泡沫已经破灭
HPSE	一名单亲父亲（母亲）竭尽全力地为孩子们能拥有美好的未来而存钱
HPSR	一名苦苦挣扎的小企业主，亲自在商店工作以节省人员开支，尽管意识到零售业正走向衰败，但仍想奋力一搏
HPGE	一名习惯于纵情玩乐的大学生将要走入职场，发现好的工作并不难找
HPGR	一名习惯于纵情玩乐的大学生将要走入职场，发现好的工作非常难找
DMSE	一名在手术室整日与风险为伴的心脏外科医生，不想再听关于高尔夫球课程的介绍
DMSR	一名麻醉师记得小时候在自己出生的国家发生的经济崩溃，并将最近的经济低迷视为历史的轮回
DMGE	一名乐观的儿科医生，在他看来，股市和赌博在性质上是相同的
DMGR	一名喜欢在拉斯维加斯中途停留的飞行工程师，尽管航班数随经济低迷而下滑，但他从不在那里赌博
DPSE	一名非营利组织的工作人员看到捐款在增加，但不确定资本主义制度是否能用她或他的积蓄做任何有价值的事情
DPSR	一名工资不高的零售店员，经济也不景气
DPGE	一名自掏腰包为学生改善生活的教师，以至于没有钱去度假，他虽然意识到目前经济环境还不错，但仍然想为未来存一些钱
DPGR	一名刚刚结婚成家的经理助理，在激烈的职场竞争中终于找到了工作

当然，我们过于简单的分类有很多局限性：不同的分数和分类可能具有不同的权重，可能我们没有囊括进来的其他特征也很重要，并且很少有人会是我们分类中的极端情况。这项操作的要点是，让你仔细思考 RISE 标准的特征，及其对你实现财务目标的影响，并认识到何时需要寻求专业建议。

我们的最后一个因素是通往完美投资组合的路径，如图 12-2 的最后一列所示。根据你愿意或不愿意承担风险的程度，这些描述指明了你是应该以股票为主（占比超过 50%）还是更加平衡（股票和债券大致相等）。这些简单的样本投资组合不包括其他重要资产，如对许多人来说最大的投资类型房地产，也不涉及对主动与被动投资、行业或个股的建议。你完美投资组合中需要包含的品种取决于前文讨论过的投资原则 5。其他描述则鼓励旨在增加投资的增加储蓄或减少支出，这取决于你是迈达斯还是珀涅亚，抑或是史克鲁奇还是盖茨比，以及在衰退期的市场环境监控。最后，图 12-2 最后一列的其他描述指出你应该何时真正向财务顾问寻求帮助，以获得具体建议。回到我们的医学类比，我们正在尝试做患者分类。

在通往完美投资组合的路上，需要强调 4 个要素：你的财务目标的体量规模，你愿意并能够定期地进行储蓄和投资的金额，你需要实现目标的时间长度，以及你储蓄和投资的预期回报。这与博格对风险、时间、成本和回报的强调相吻合，也与默顿在面对财务挑战时向我们提出的建议相吻合："更多地储蓄、工作更长时间或承担更多风险。"当谈论完美投资组合时，实际上我们只关注最后一个要素，即投资组合的预期回报。这是因为预期回报取决于你所选择的投资资产，而通往完美投资组合的道路涉及 4 个要素。我们来进一步探讨这些要素。

第一，你的财务目标的体量。例如，在退休时，你希望有足够的金融资产来支付预期的花销。你可以把这些资产想象成在退休之时转换成年金，以提供稳定的现金流来支付预期的花销。当然，你还需要考虑到预期的通胀、意外的医疗费用、继承人的遗赠等。如果你预计会出现短缺，或者只是想为短缺做好准备，那么你可能不得不重新调整你的财务目标，比如每年只能有一次长假，而不是两次。

第二，你的储蓄和投资。你需要考虑你的收入和支出，两者之间的差值才是关键。也许你有机会变得更像迈达斯，通过另一种收入来源补充你的收入，比如释放你沉睡的创业精神，创立一个副业。也许你可以削减一些开支，这样你就可能变得更像史克鲁奇。正如我们的专家夏普所呼吁的那样，这一切都是为了储蓄，必须做出一些牺牲。

第三，时机是关键。开始投资和储蓄的最佳时机是昨天，下一个最好的时机是今天。博格吹嘘复利的魔力，沃伦·巴菲特则用了一个滚雪球的比喻。为了实现你的财务目标，你可能需要推迟一些人生目标，并选择多工作几年。

第四，我们可以做出不同的投资选择，改变预期回报，例如把股票/债券的比例设为75%/25%，而非25%/75%。但我们必须认识到这些选择对风险的重要影响。西格尔告诉我们，股票具有更高的预期回报，但在短期内比债券具有更大的风险，尽管从长期来看未必如此。要想获取股权溢价，即超过政府债券回报的部分，就意味着你要承担更多风险。那么，如果你有"鸽"的倾向，你是否准备让投资组合承担更多的风险，更多地投资于股票等风险资产？在你这么做之前，你可能需要真正了解这些额外风险的本质，以及什么可能导致股价的突然下跌。

我们现在的完美投资组合实际上只是在此刻和当前环境中最适合你的组合，因为预期回报是不断变化的。20世纪90年代初，要找到收益率超过通胀4%或以上的安全政府债券还相对容易。而在21世纪20年代，经通胀调整的收益率为负值。追求完美的投资组合就是要适应我们当前的收入、消费习惯、财务目标、市场环境和预期回报。如哲学大师所说，人不可能两次踏入同一条河流，你如果尽可能地适应环境，也永远不会拥有两个相同的完美组合。然而，即使是最智慧的禅师对此也不会有异议：无论你走进哪条河流，你的鞋都会被弄湿。

因此，回到前述的典型投资者，在实践中，随着年龄的增长、财务和生活环境的变化以及投资环境的变化，你可能会从一种典型转换到另一种典型。尽量熟悉这些不同的类别及其特定的财务影响，你将更加适应生活和经济环境的变化。毕竟，这是生存最重要的关键点：适应。最后，我们对完美投资组合的研究得出了一个重要结论，即古希腊哲学家的格言"了解你自己"。说起来容易做起来难，但至少我们有原则、流程和路径来指导我们从何处开始设计自己的完美投资组合。

自从英国哲学家约翰·洛克（John Locke）创造了"追求幸福"（the pursuit of happiness）这一短语以来，已经过去了三个多世纪；托马斯·杰斐逊将这一短语纳入《独立宣言》以来，也已经过去了近两个半世纪。洛克指出，追求幸福是自由的基础。同样，追求完美的投资组合是财务自由以及它可能带来的所有福祉的基础。我们希望你能与金融先驱们一起享受这个旅程，并祝愿你在追求完美投资组合的过程中获得巨大的成功和幸福。

未来，属于终身学习者

我们正在亲历前所未有的变革——互联网改变了信息传递的方式，指数级技术快速发展并颠覆商业世界，人工智能正在侵占越来越多的人类领地。

面对这些变化，我们需要问自己：未来需要什么样的人才？

答案是，成为终身学习者。终身学习意味着具备全面的知识结构、强大的逻辑思考能力和敏锐的感知力。这是一套能够在不断变化中随时重建、更新认知体系的能力。阅读，无疑是帮助我们整合这些能力的最佳途径。

在充满不确定性的时代，答案并不总是简单地出现在书本之中。"读万卷书"不仅要亲自阅读、广泛阅读，也需要我们深入探索好书的内部世界，让知识不再局限于书本之中。

湛庐阅读 App: 与最聪明的人共同进化

我们现在推出全新的湛庐阅读 App，它将成为您在书本之外，践行终身学习的场所。

- 不用考虑"读什么"。这里汇集了湛庐所有纸质书、电子书、有声书和各种阅读服务。
- 可以学习"怎么读"。我们提供包括课程、精读班和讲书在内的全方位阅读解决方案。
- 谁来领读？您能最先了解到作者、译者、专家等大咖的前沿洞见，他们是高质量思想的源泉。
- 与谁共读？您将加入优秀的读者和终身学习者的行列，他们对阅读和学习具有持久的热情和源源不断的动力。

在湛庐阅读 App 首页，编辑为您精选了经典书目和优质音视频内容，每天早、中、晚更新，满足您不间断的阅读需求。

【特别专题】【主题书单】【人物特写】等原创专栏，提供专业、深度的解读和选书参考，回应社会议题，是您了解湛庐近千位重要作者思想的独家渠道。

在每本图书的详情页，您将通过深度导读栏目【专家视点】【深度访谈】和【书评】读懂、读透一本好书。

通过这个不设限的学习平台，您在任何时间、任何地点都能获得有价值的思想，并通过阅读实现终身学习。我们邀您共建一个与最聪明的人共同进化的社区，使其成为先进思想交汇的聚集地，这正是我们的使命和价值所在。

CHEERS

湛庐阅读 App 使用指南

读什么
- 纸质书
- 电子书
- 有声书

怎么读
- 课程
- 精读班
- 讲书
- 测一测
- 参考文献
- 图片资料

与谁共读
- 主题书单
- 特别专题
- 人物特写
- 日更专栏
- 编辑推荐

谁来领读
- 专家视点
- 深度访谈
- 书评
- 精彩视频

HERE COMES EVERYBODY

下载湛庐阅读 App
一站获取阅读服务

In Pursuit of the Perfect Portfolio

Copyright © 2021 by Andrew W. Lo and Stephen R. Foerster

All rights reserved. No part of this book may be reproduced or transmitted in any form or by any means, electronic or mechanical, including photocopying, recording or by any information storage and retrieval system, without permission in writing from the Publisher.

本书中文简体字版经授权在中华人民共和国境内独家出版发行。未经出版者书面许可，不得以任何方式抄袭、复制或节录本书中的任何部分。

北京市版权局著作权合同登记号　图字：01-2023-4313

版权所有，侵权必究
本书法律顾问　北京市盈科律师事务所　崔爽律师

图书在版编目（ＣＩＰ）数据

完美的投资组合 /（美）罗闻全（Andrew W. Lo），（美）斯蒂芬·R. 福斯特（Stephen R. Foerster）著；安昀译 . -- 北京：中国财政经济出版社，2023.8
书名原文：In Pursuit of the Perfect Portfolio
ISBN 978-7-5223-2443-2

Ⅰ.①完… Ⅱ.①罗… ②斯… ③安… Ⅲ.①组合投资—研究 Ⅳ.① F830.59

中国国家版本馆 CIP 数据核字 (2023) 第 162198 号

责任编辑：潘　飞　　　　　　责任校对：胡永立
封面设计：ablackcover.com　　责任印制：张　健

完美的投资组合
WANMEI DE TOUZI ZUHE

中国财政经济出版社　出版

URL: http://www.cfeph.cn
E-mail:cfeph@cfemg.cn

（版权所有　翻印必究）

社址：北京市海淀区阜成路甲 28 号　邮政编码：100142
营销中心电话：010-88191522
天猫网店：中国财政经济出版社旗舰店
网址：https://zgczjjcbs.tmall.com
唐山富达印务有限公司印装　　各地新华书店经销
成品尺寸：170mm×230mm　16 开　24.25 印张　359 000 字
2023 年 9 月第 1 版　　2023 年 9 月河北第 1 次印刷
定价：139.90 元
ISBN 978-7-5223-2443-2
（图书出现印装问题，本社负责调换，电话：010-88190548）
本社图书质量投诉电话：010-88190744
打击盗版举报热线：010-88191661　　QQ：2242791300